Heather Morris
Geschichten der Hoffnung

Heather Morris

Geschichten der Hoffnung

*Von der Begegnung mit
inspirierenden Menschen*

Aus dem Englischen von Elsbeth Ranke

Mit 11 Schwarz-Weiß-Abbildungen

Mehr über unsere Autorinnen, Autoren und Bücher:
www.piper.de

Von Heather Morris liegen im Piper Verlag vor:
Der Tätowierer von Auschwitz
Das Mädchen aus dem Lager – Der lange Weg der Cecilia Klein
Geschichten der Hoffnung

ISBN 978-3-492-06312-8
Die Originalausgabe erschien 2020 unter dem Titel *Stories of Hope*
bei Manilla Press, ein Imprint von Bonnier Books UK, London
© Heather Morris, 2020
Für die deutsche Ausgabe:
© Piper Verlag GmbH, München 2021
Satz: Fotosatz Amann
Gesetzt aus der Adobe Caslon Pro
Litho: Lorenz & Zeller, Inning am Ammersee
Druck und Bindung: CPI books GmbH
Printed in the EU

Für Christopher Charles Berry, meinen Urgroßvater,
der mir als Erster beibrachte zuzuhören.
Allen Rettungskräften weltweit, die so tapfer für unsere
Sicherheit kämpfen und uns während dieser Pandemie
Hoffnung auf eine hellere, bessere Zukunft geben.
Den Mitarbeitenden, Patienten und ihren Angehörigen,
mit denen ich in meiner Zeit im Monash Medical Centre
in Melbourne arbeiten durfte. Sie brachten mir bei,
für andere zu sorgen.

Inhalt

Einleitung

1. Januar 2020. Ein neuer Tag, ein neues Jahr, ein neues Jahrzehnt. Ein leises Gefühl von Hoffnung, für uns Einzelne und für uns als Mitglieder der globalen Gemeinschaft, dass es ein »gutes Jahr« wird. Oder wie Lale Sokolov sagte, mein lieber Freund, dessen unglaubliche Geschichte ich im *Tätowierer von Auschwitz* erzählt habe: »Wenn du am Morgen aufwachst, ist es ein guter Tag.« Gute Vorsätze, neue und alte aus den letzten Jahren, werden gefasst, vielleicht unseren Nächsten, unseren Liebsten zugeflüstert. Wenn wir unsere Hoffnungen und Wünsche für das Jahr formulieren, so heißt es, dann ist es wahrscheinlicher, dass sie sich erfüllen.

Das Feuerwerk von letzter Nacht, egal ob wir es am Nachthimmel oder vor dem Fernseher verfolgt haben, ist erloschen, die Partys sind zu Ende, alle möglichen Hausmittel gegen Kater kommen zum Einsatz. Ich wohne in Melbourne an der Ostküste von Australien. Bei uns wurde dieses Jahr zurückhaltend gefeiert, an vielen Orten gab es kein Feuerwerk. Trotzdem formulierten wir unsere Wünsche, Hoffnungen und Träume, aber auch die waren zurückhaltend. Wir alle sorgten uns wegen der Waldbrände, die vor etwa einer Woche ausgebrochen und noch längst nicht unter Kontrolle waren. Nein, sie wüteten immer schlimmer. Viel schlimmer.

In den folgenden Wochen wurden Städte ausgelöscht, Menschen verloren ihr Leben, ihre Häuser, ihre Nachbarschaft. Die Folgen für Flora und Fauna waren verheerend. Es gingen Bilder um die Welt, auf denen die beiden bekanntesten Symbole Australiens – Kängurus und Koalas – zu Symbolen der Zerstörung und Verzweiflung wurden. Neuseeland, Kanada und die USA schickten Feuerwehrleute zur Unterstützung in dieser schon bald nationalen Katastrophe. Drei von ihnen kehrten nicht heim zu ihren Familien – sie starben, als bei einem Einsatz ihr Löschflugzeug abstürzte.

Prominente aus der ganzen Welt spendeten hohe Summen für die Betroffenen. Kleine Kinder verzichteten auf ihre Sommerferien und verkauften auf der Straße Kekse, um irgendwie Geld zu sammeln. Vom britischen Königshaus trafen gute Wünsche und Gebete ein. Aus der ganzen Welt kamen Künstler nach Australien und veranstalteten das größte Livekonzert, das es hier je gegeben hatte. Viele Millionen Dollar gingen an die Einsatzkräfte und an die Hilfsorganisationen, die sich um die Betroffenen kümmerten.

Mehrere Wochen lang schien es, als könnte nichts diese ungeheuerliche Feuersbrunst stoppen, zu der sich kleinere Brände vereint hatten und die aus den Bergen auf die Küste zuhielt. Das Schlimmste erwarten, das Beste hoffen. In diesem Fall war das Beste sintflutartiger Regen. Alle beteten wir um Regen. Und am Ende kam er. Der Himmel öffnete sich, und tagelang regnete es – eine große Hilfe beim Löschen vieler Feuer. Die Wassermassen richteten auf den ausgetrockneten Böden weitere schlimme Schäden an, es kam zu Erdrutschen, wo das Gelände durch den Verlust stabilisierender Bäume brüchig geworden war. Jetzt überflutete das Wasser kleine Städte, ertränkte Vieh, zerstörte noch mehr Häuser.

Die Ereignisse, die Australien im Januar 2020 heimsuchten, fanden weltweit Beachtung, nicht etwa, weil so etwas sonst nirgends vorkommt, sondern weil Australien wegen des Sommers auf der Südhalbkugel das einzige Land war, das am Anfang dieses neuen Jahrzehnts in Brand stand. Die nördliche Halbkugel erholte sich noch von ihrem eigenen Höllensommer. Dabei stand das Schlimmste noch bevor. Genau in dieser merkwürdigen Zeit der Verunsicherung hörten wir zum ersten Mal das Wort Coronavirus oder Covid-19.

Seither hat sich die Welt über alle Maßen, über allen Glauben, ja über jedes Verständnis hinaus verändert. Wir alle erleben eine Pandemie ungekannten Ausmaßes; niemand, der heute auf der Welt ist, hat so etwas schon einmal mitgemacht. Für uns als Einzelne und als Gemeinschaft ist das Stressniveau wie nie zuvor gestiegen. Jobverluste. Scheidungen. Eine Krankheit, von der viele sich nur langsam oder auch gar nicht erholen werden. Tod. In unseren klassischen und sozialen Medien werden jeden Tag neue tragische Geschichten erzählt. Rund um die Uhr sind sie verfügbar, und wir wenden uns ab und sehen doch wieder hin, so groß ist unser Bedürfnis, bei solchen Katastrophen Zuschauer zu sein. Wir sind zusammengerückt, aber leider sind wir auch auseinandergerückt. Vielleicht können einige von uns das emotionale, gesundheitliche und ökonomische Leid auch nur eingerollt in der Embryonalhaltung ertragen.

Seitdem versuchen wir, füreinander zu sorgen. Schließlich sind wir Herdentiere, brauchen menschliche Verbindungen und Kontakt. Wir suchen das Positive in unserem neuen Leben. Das Lächeln eines kleinen Kindes, das den Überlebensschmerz vergisst, kann in einem emotionalen Tief ein gewaltiger Antrieb sein. Aufzustehen, weil ein Haustier auf sein Futter wartet, bringt viele von uns durch den ganzen Tag. Isolierung wirkt sich auf viele von uns verheerend aus. Wo ist meine Herde? Wo ist mein Stamm? Erinnern wir uns: Sie sind da, wie wir selbst, und warten auf den Tag, an dem wir sagen können: »Wir haben das gemeinsam durchgestanden. Jetzt sind wir stärker.« Die vielen Memes, die uns daran erinnern, dass unsere Großväter für uns einen Krieg ausgefochten haben, während von uns lediglich verlangt wird, auf dem Sofa zu sitzen und Netflix zu schauen, verharmlosen das echte Trauma, das es für so viele Menschen bedeutet, sich gezwungenermaßen isolieren zu müssen. Lale sagte immer: »Man braucht einfach nur morgens aufzuwachen.« Vielleicht sind wir heute aufgefordert, in mehr als einer Hinsicht aufzuwachen.

Könnte es sein, dass unsere Erde uns auffordert, das Tempo zu drosseln? Fleht sie uns nicht seit Jahrzehnten an, uns besser um sie zu kümmern? Wie oft muss sie uns noch warnen, bis wir anfangen, ihr zuzuhören? Viele tun das längst. In fast jedem Land streiten Regierungen und Wissenschaftler in den letzten Jahren immer heftiger über die Auswirkungen des Klimawandels. Bewundernswerte, inspirierende Aktivisten, Jung und Alt schließen sich dem Anliegen an und erklären den Mächtigen, erklären uns allen, dass es höchste Zeit ist, den Mund zu halten und unserer Erde zuzuhören.

Covid-19 ist ein gemeinsamer Feind, der keinen Unterschied macht zwischen Religion, Politik, sexueller Orientierung, Hautfarbe oder Alter, und seine Auswirkungen sind weltweit spürbar. Angesichts dieses unbekannten, neuen Feindes machen wir Dinge anders, und das hat unerwartete, positive Folgen. Nach nur wenigen Wochen in dieser Krise berichteten China und viele europäische Städte von sauberer Luft und weniger Verschmutzung. Während wir uns drinnen verschanzten, wurde der Himmel heller, die Flüsse sauberer. Wir konnten sehen, was uns draußen erwartete.

Von meinem Schreibtisch aus sehe ich durchs Fenster auf die Straße. Heute sehe ich da keine Autos und Lieferwagen, sondern Menschen. Männer und Frauen jeden Alters, allein, zusammen, viele mit kleinen Kindern, noch mehr mit Hunden. Sie spazieren über die Straßen, sie reden miteinander, ich höre sie bis hier. Sie hören einander zu. Ihre Hunde bellen andere Hunde an, die sich hinter Holzzäunen verstecken, aber doch präsent sind. Sie halten Abstand, sie nehmen einander wahr. Viele bleiben für einen kleinen Plausch stehen. Was sagen mir diese Interaktionen? Zum ersten Mal seit Menschengedenken haben wir ein gemeinsames Ziel. Einen gemeinsamen Feind, den wir besiegen werden, wenn wir alle unseren Beitrag dazu leisten.

Mitten im Lockdown beobachtete ich einmal einen Lieferwagen, der vor einem Nachbarhaus parkte; ein junges Mädchen holte eine Kiste voller Lebensmittel aus dem

Laderaum. Unwillkürlich musste ich lächeln, denn mit dem Baguette, das oben herausragte, wirkte die Szene fast hollywoodreif. Ich sah zu, wie das Mädchen an die Tür klopfte, die Kiste auf die Veranda stellte und einen Schritt zurücktrat. Die ältere Dame, die in dem Haus wohnt, hatte sie wohl kommen sehen, denn die Tür ging augenblicklich auf. Ich hörte, wie sie sagte: »Danke, danke«, wieder und wieder. Ich hörte das Zittern in ihrer Stimme. Hätte ich in diesem Moment sprechen müssen, hätte ich keinen Ton herausgebracht. Mit einem breiten Lächeln und einem »Sehr gerne, dann bis übermorgen!« hüpfte das Mädchen zu ihrem Wagen zurück.

Wenn ich später an diese Szene zurückdachte, ging mir nicht die ältere Frau durch den Kopf, sondern das junge Mädchen. Hatte sie sich für diesen Dienst gemeldet, weil sie ihren Job verloren hatte? Studierte sie, hatte aber gerade keine Seminare? Woher stammten die Lebensmittel, die sie lieferte? Waren es Spenden, oder hatte sie sie selbst bezahlt?

Wir können nie wissen, was im Leben anderer Menschen los ist – außer es geht um unsere Familie und Freunde. Was bringt jemanden dazu, mitleidig und großzügig zu handeln? Was bringt jemanden dazu, verbal aggressiv oder handgreiflich zu werden oder sogar jemanden anzupöbeln, der ihm helfen möchte? Bei meiner Arbeit im Krankenhaus ist mir diese Reaktion oft begegnet. Und meine Tochter und mein Schwiegersohn, beide Polizisten, erleben sie nur allzu häufig. Wieder einmal werde ich daran erinnert, dass wir niemals über andere urteilen sollten, bevor wir nicht eine Meile in ihren Schuhen gelaufen sind. Ende Mai löste die brutale Ermordung von George Floyd durch einen Polizisten in den

USA eine Welle der Wut aus und stärkte weltweit die Forderungen nach Anerkennung des Grundsatzes »Black lives matter«. Mich erinnert das an etwas, was Lale einmal zu mir sagte: »Es ist nicht wichtig, welche Farbe deine Haut hat, welches deine Religion, deine Ethnie, deine sexuelle Orientierung ist. Wir bluten alle in derselben Farbe.« Er brachte es auf den Punkt. Wir sind alle Menschen.

Zurzeit ist es sogar schwierig, freiwillige Hilfe anzubieten, weil wir überall Abstand halten müssen. Viele wollen gerne, vielen ist es ein Bedürfnis zu helfen, wo sie können. Für Menschen, die alleine leben, ist die Isolierung besonders hart, bis zu dem Zeitpunkt, an dem das junge Mädchen, das ich beobachtet habe, das Haus der älteren Dame wieder betreten darf, ihr beim Auspacken und Einräumen der Lebensmittel helfen und vielleicht bei einer Tasse Tee noch mit ihr plaudern darf. Auf physischen Kontakt verzichten zu müssen, ist besonders schwer zu ertragen – Menschen brauchen Berührung, eine Umarmung oder einen Kuss von einer Freundin, einem Verwandten, einem Enkelkind.

Wir werden in den nächsten Monaten oder vielleicht Jahren alle einen Schritt zurücktreten müssen, bis die Auswirkungen von Covid-19 verarbeitet sind. Arbeitslosigkeit und die damit verbundenen Probleme stellen bereits jetzt alle Länder vor große Herausforderungen. Einige Karrieremöglichkeiten kehren vielleicht nicht zurück, man wird nach neuen Formen von Ausbildung und Arbeit suchen müssen. Auch in den Familien werden die Auswirkungen immens sein, wir kennen das von der Weltwirtschaftskrise. Andererseits wissen wir, dass wir anpassungsfähig sind, dass wir uns für ein anderes Leben entscheiden können.

Vielleicht ist es nicht so wie vorher, vielleicht ist es sogar besser. Unser Blick auf die Welt wird sich möglicherweise eine Zeit lang auf die Gemeinschaft und die Nachbarschaft beschränken, in der wir leben. Das muss nicht unbedingt schlecht sein. Indem wir uns zusammenschließen und unsere Geschichten teilen, wie wir persönlich durch die Pandemie gekommen sind, können wir zuhören und lernen, und wir werden lachen und weinen. Es wird eine neue Welt sein und häufig eine dunklere Welt, aber vielleicht wird es auch eine bessere. Wir müssen jetzt akzeptieren, was vor uns liegt, wir dürfen nicht der Nostalgie verfallen, sondern müssen offen sein für die unvermeidlichen Veränderungen, die vor uns allen liegen.

Ja, wenn wir Covid-19 hinter uns haben, fährt die Industrie wieder hoch, und dann brauchen wir viele schlaue Menschen, die für uns sicherstellen, dass alles läuft. Aber können wir mit der sauberen Luft um die Nase nicht überlegen, wie unsere Industrie sich digital umstellen, die Emissionen verringern und sie irgendwann ganz zurückfahren könnte? Wenn wir so schlau sind, Covid-19 zu bekämpfen, sollten wir auch so schlau sein, diese Gelegenheit zu ergreifen und für einen sauberen Planeten zu kämpfen. Wie stark sich Covid-19 wirklich auf den Klimawandel auswirkt, wird momentan immer sichtbarer, und in kürzester Zeit wird uns gerade bewusst, wie schnell wir eine sauberere, sicherere Umwelt schaffen können. Vielleicht sollten wir wirklich alle einmal innehalten und horchen, was unsere Erde uns gerade vorführt. Sie kann sich regenerieren, aber sie kann es nicht alleine: Wir, ihre Bewohner, müssen mithelfen. Wir müssen unserer Erde zuhören.

In *Geschichten der Hoffnung* geht es ums Zuhören; wie wir, indem wir anderen zuhören, Inspiration im Alltagsleben der Menschen um uns herum finden können.

Als ich Lale Sokolov ein paar Wochen nach dem Tod seiner Frau zum ersten Mal begegnete, sagte er mir, er hoffe, er werde noch lang genug leben, um mir seine Geschichte erzählen zu können. Aber eigentlich wollte er nicht bei mir sein, sagte er jedes Mal, wenn ich vor seiner Tür stand, er wollte bei Gita sein. Das sagte er mir jeden Tag, bis er dann irgendwann hoffte, er werde zumindest noch so lange leben, dass er reden und ich zuhören konnte, um seine Geschichte aufzuschreiben.

Vorbereitet war ich darauf nicht. Was ich aber mitbrachte, ohne dass ich damals darüber nachgedacht hätte, war meine Gabe zum Zuhören. Zum echten, aktiven Zuhören. Tag für Tag ging ich zur Arbeit in den sozialen Dienst eines großen Melbourner Krankenhauses. Dort hatte ich mit Patienten zu tun, mit Angehörigen, Pflegerinnen und anderem Krankenhauspersonal: Sie redeten, ich hörte zu. Häufig wussten sie nicht, was sie sagen sollten oder *wie* sie sagen konnten, was sie dachten, fühlten – ja, eher fühlten als dachten. Aber das war nicht wichtig. Indem ich ganz ruhig blieb und ihnen vermittelte, dass ich nicht weggehen würde, dass ich da war und zuhörte und helfen würde, wenn ich konnte, fanden sie häufig die nötigen Worte. Es war ein Privileg, der Mensch zu sein, mit dem ein Fremder plötzlich redete, und gelegentlich sogar in seiner tragischen oder traumatischen Lebenssituation etwas Kleines bewirken zu können.

Inzwischen wird mir dieses Privileg, Geschichten hören zu dürfen, durch die Zuschriften von Lesern des *Tätowie-*

rers von Auschwitz und des *Mädchens aus dem Lager* zuteil. Staunend und dankbar empfange ich die tiefen Emotionen, die mir entgegengebracht werden, und es berührt mich, dass mein Erzählen von Lales und Cilka Kleins Geschichten so viele Menschen angesprochen hat, dass die Lektüre ihrer Geschichten sich umfassend ausgewirkt hat auf Männer und Frauen, Alte und Junge überall in der Welt, dass sie ihnen in einem dunklen Moment ihres Lebens geholfen hat. Ich hoffe aufrichtig, dass ich, wenn sie mir schreiben und mir von ihrer Hoffnung berichten, am nächsten und übernächsten Morgen wieder aufzuwachen, weiterhin etwas Kleines bewirke. Ich habe keinen physischen Kontakt zu meinen Leserinnen, aber oft stelle ich mir ihre Gesichter vor, male mir sie und das Umfeld, das sie beschreiben, aus. Und indem ich die Briefe der Menschen lese, höre ich ihnen auch zu.

Inzwischen ist mir klar, dass Zuhören eine Kunst ist; und ich habe die Hoffnung, dass Sie, angeregt durch die Lektüre dieses Buchs, vielleicht auch beschließen, dies aktiver zu betreiben. Ich verspreche Ihnen, wenn Sie das tun, werden die Geschichten, die Sie zu hören bekommen, Sie verändern – und zwar zum Guten. Nur wenn wir die Geschichten der anderen hören, können wir Empathie für sie empfinden, ihnen eine Stimme sowie die Hoffnung geben, dass jemand anderem etwas an ihnen liegt. Wir müssen ihrem Mut mit Offenheit und ihrer Verletzlichkeit mit Mitgefühl begegnen, und wir müssen sie ermuntern, es wieder zu tun.

In diesem Buch werde ich erzählen, was es für mich bedeutet hat, meinem geliebten Urgroßvater zuzuhören, und wie lehrreich und lustig es sein kann, unseren Alten zuzuhören. Ich werde berichten, wie wichtig es ist, Kindern zuzuhören. Ich bin Mutter und Großmutter, und wenn ich auch nicht behaupten kann, eine perfekte Mutter gewesen zu sein (wie meine Kinder sicher bestätigen würden!), so denke ich doch, dass ich das eine oder andere gelernt habe, indem ich meinen Kindern zugehört und den Wert ihrer Gedanken und Gefühle anerkannt habe, egal wie klein oder trivial sie damals wirken mochten. Ich werde Sie an ein paar weiteren Geschichten über meine Zeit mit Lale teilhaben lassen und erzählen, was ich gelernt habe, indem ich diesem einzigartigen Menschen zugehört habe und auch den vielen anderen, die den Mut hatten, mir aus äußerst persönlichen und emotionalen Phasen in ihrem Leben zu berichten. Und ich werde Ihnen von allen Lektionen, die ich gelernt habe, die schwierigste mitgeben: dass man vor allem *sich selbst* zuhören muss.

Ich möchte Ihnen in diesem Buch ein paar Gedanken dazu anbieten, wie aktives Zuhören aussehen kann. Durch Zuhören und Lernen kommt man womöglich selbst in die Lage, anderen Hoffnung zu geben. Es gibt keinen Anfang und kein Ende im Kreislauf des Hörens und Weitergebens dieser Geschichten. Sie gehören niemandem, und niemandes Lebenserfahrungen sind gültiger als die eines anderen. Sie sind einzigartig, individuell, aber indem wir sie anhören, können wir *alle* ein bisschen klüger werden, ein bisschen mehr Mitgefühl und Verständnis entwickeln, und wir können unser eigenes Leben mit dem bereichern, was andere uns über ihr Leben zu erzählen haben.

Außer meiner Lebenserfahrung qualifiziert mich nichts dazu, anderen Ratschläge zu geben, wie sie ihr Leben leben sollen oder für welchen Weg sie sich entscheiden sollen, wenn mehr als einer vor ihnen liegt; auch schließe ich mich keinem Glauben und keiner Religion an. Was ich anbieten kann, ist nur, was ich aus meinem persönlichen Glück gelernt habe, dass andere bereit waren, mir ihre Geschichten zu erzählen – und aus meiner Bereitschaft, ihnen zuzuhören. Kinderleicht? Ja, tatsächlich. Probieren Sie es einfach.

1 Der Weisheit der Alten lauschen

Hören Sie auf den Rat der Alten, nicht weil sie immer recht haben, sondern weil sie mehr Erfahrung darin haben, sich zu irren.

Girly. Er nannte mich Girly. Er war mein Urgroßvater, und er hat mir beigebracht zuzuhören. Nicht nur ihm oder anderen Menschen, sondern auch den Geräuschen um uns herum: Tieren, Vögeln, Maschinen – oder einfach dem Nichts. Manchmal ist im Leben nichts angenehmer als der Klang der Stille. Wenn Sie ihn zulassen, finden Sie vielleicht eine Mitte, Ruhe, Zufriedenheit darin, wer und wo Sie gerade sind, in Zeit und Ort. Manche nennen das Meditieren; heute spricht man von Achtsamkeit.

Ich bin im ländlichen Neuseeland in einer großen Familie aufgewachsen. Das hatte Vor- und Nachteile, für mich aber war es einfach die Realität, meine Kindheit, alles, was ich kannte. Meine Urgroßeltern wohnten zwei Obstgärten weg von dem Haus, in dem ich mit meinen Eltern und vier Brüdern lebte. Ich war das zweite Kind, zwei Jahre und zwei Tage jünger als mein großer Bruder. Die drei kleineren Jungs betrachtete ich als Ärgernis, das ich am besten ignorierte. Pirongia, meinen Heimatort, kann man nicht als Stadt bezeichnen, ja nicht einmal als Dorf. Über uns herrschte der Berg, nach dem die Gegend benannt war, seine Hänge, Wälder, Bäche und Flüsse waren mein Rückzugsort. Dorthin flüchtete ich, oft zusammen mit meinem großen Bruder. In der Gegend gab es vor allem Milchwirtschaft, die Kühe beherrschten unser Leben. Das zweimalige Melken am Tag, das Kalben, alles, was mit Kühen zu tun hatte, lag uns im Blut. Bis heute sind sie meine Lieblingstiere. Für unsere komplette Ernährung sorgten wir selbst; was wir nicht anbauten, hatte ein Nachbar, und dann tauschten wir. Auch die Arbeitskraft wurde mit den Nachbarn geteilt. Zu meinen liebsten Erinnerungen gehört es, wenn ich bei Nachbarn war, während mein Vater zusammen mit den anderen Männern aus der Gegend das Heu einfuhr oder bei der Aussaat war – kurz, bei dem half, wo er gebraucht wurde.

Als ich Jahre später den Film *Der einzige Zeuge* sah, der bei den Amischen in den USA spielt, fühlte ich mich mit einem Schlag in meine Kindheit zurückversetzt. Es war genau dasselbe. Nachbarn halfen Nachbarn, nur ohne die religiöse Bindung. Es war ganz normal, dass wir in allen Schulferien zu Verwandten fuhren und ihnen bei der Arbeit halfen. Ich hatte einen Onkel und eine Tante, die etwa zwei Stunden entfernt wohnten, eine Schafzucht betrieben und fünf Töchter hatten. Geschlecht bedeutete hier gar nichts, wir Mädchen packten genauso an wie die Männer. Zu Pferd trieben wir kilometerweit verteilte Schafe zusammen, scheuchten sie zu den Becken mit Insektiziden, in die sie getaucht wurden, bevor sie zum Scheren in die Pferche kamen.

Mein anderer Fluchtraum war die Schule. Es gab nur vier Klassenzimmer und weniger als fünfzig Schüler in den sechs Grundschulklassen; die Auswahl an Freunden war begrenzt, das Geschlecht spielte dabei keine Rolle. Da die meisten Kinder Buskinder waren, war es unmöglich, nach der Schule mit Freunden zu spielen. Meine Brüder und ich gingen zu Fuß zur Schule; auf unserer Strecke gab es keinen Bus. Ich liebte den Schulweg im Winter, wenn die Pfützen an der schlecht geteerten Straße vereist waren. Mit dem Absatz meines Schuhs zerhackte ich das Eis, weshalb ich dann den übrigen Tag häufig in nassen Schuhen und Strümpfen herumlief.

Männer waren Männer. Frauen waren, nun ja, Frauen, aber nicht solche Frauen, wie ich eine werden wollte. Es spricht nichts dagegen, Hausfrau und Mutter zu werden, wenn man das möchte. Doch in den 1950er- und 1960er-Jahren beschwerten sich Frauen wie meine Mutter, meine Tanten und andere Bekannte immer nur über ihr Schicksal. Sie beneideten ihre Männer, aber ich weiß gar nicht, worum eigentlich – sie arbeiteten rund um die Uhr und wirkten genauso traurig und unerfüllt wie die Frauen. Der einzige Unterschied bestand, soweit ich mich erinnere, darin, dass sie sich nicht einmal beklagten. Noch einmal: Ich lebte im ländlichen Neuseeland, ich weiß nicht, wie es den Neuseeländerinnen in großen Städten ging.

Ich bin sehr stolz auf Neuseeland. Es war das erste Land

der Welt, das das Frauenwahlrecht einführte, und seit 1997 regieren dort drei Premierministerinnen in Folge: eine großartige Leistung. Jenny Shipley und Helen Clark bereiteten den Weg für die derzeitige Amtsinhaberin Jacinda Ardern. Jacinda verkörpert alles, was ein Anführer braucht, besonders in dieser Zeit der Pandemie. Ihr Mitgefühl, ihre Empathie und die Art, wie sie ihren Landsleuten zuhört, zieht den Neid vieler anderer Länder auf sich: Sie wird gesehen, sie wird angehört, sie hört zu.

Kinder sollte man sehen und nicht hören. Das war der Spruch meiner Kindheit. Nur nicht bei einem: meinem Urgroßvater. Wenn ich darüber nachdenke, wollte leider kein anderes Familienmitglied uns Kinder hören und uns ganz bestimmt nicht zuhören, wenn wir etwas sagen wollten; sie nahmen sich nie viel Zeit, um mit uns zu sprechen, und schon gar nicht, um uns praktischen Rat oder gar Lebensweisheiten mitzugeben. Nur mein Urgroßvater – und wenn man ihn allein erwischte und er in der richtigen Stimmung war, gelegentlich auch mein stiller, nachdenklicher Vater.

Und dann war da meine Mutter. Man sagt, alle Mutter-Tochter-Beziehungen sind schwierig. Die zu meiner Mutter würde ich als praktisch inexistent bezeichnen. Außer um mir zu sagen, dass ich etwas tun sollte, sprach sie selten mit mir. Zuneigung gab es nicht, und ich mochte es nicht, wenn ich meinen Brüdern nachräumen oder ihre Pausenbrote vorbereiten sollte. Ich hatte im Haus mitzuhelfen, und zwar ohne zu murren. Sie folgte darin ihrer Mutter und meiner verwitweten Großmutter, die direkt auf der anderen Straßenseite wohnte. Auch Cousinen, Onkel und Tanten wohnten in der Nähe. Eine ausgedehnte Familie, überall in dem kleinen Dorf verstreut.

Seit ich etwa zehn war, musste ich auf dem Heimweg von der Schule bei meinen Urgroßeltern vorbeigehen und fragen, ob sie etwas brauchten. Meine Mutter war dann immer schon dort gewesen und hatte ihnen ein Abendessen zum Aufwärmen gebracht. Ich traf meine Urgroßmutter immer im Haus an, entweder rumorte sie in der Küche oder lag, als es später gesundheitlich bergab ging, im Bett. Sie hatte mir nie viel zu sagen. Sie warf mir einen mitleidigen Blick zu, den ich auch von meiner Großmutter und meiner Mutter kannte. Ich war ein Mädchen. Meine Mutter hatte mir oft gesagt, wie leid es ihr tat, dass sie mich hatte, als Mädchen sei ich verdammt zu einem Leben mit harter Arbeit und wenig Freiheit. Meine Brüder dagegen hatten Glück, sie würden in die Welt hinausziehen und Entscheidungen treffen können, die mir nicht zustanden.

Ich erinnere mich, dass meine Mutter, als ich Teenager war, manchmal Bemerkungen zu ein oder zwei Jungen aus dem Dorf machte, mit denen ich aus ihrer Sicht mehr Zeit verbringen sollte. Ich begriff nicht, was sie meinte – ich sah sie, so oft ich wollte. Sie waren ganz in Ordnung, um einen Tag mit ihnen zu verbringen, aber am nächsten wollte ich nichts mehr mit ihnen zu tun haben. Einmal sagte sie mir, ich sei zum Abendessen bei einem Nachbarn eingeladen. Wir gingen nie zum Essen aus. Manchmal, wenn die Männer auf einer Nachbarfarm arbeiteten, versammelten die Familien sich dort und aßen zusammen; aber als ich gesagt bekam, ich würde allein zu einem Abendessen gehen, war das etwas völlig Neues. Als ich sie fragte, warum, hieß es, ich sollte etwas Zeit mit einem der Söhne verbringen und die Familie besser kennenlernen. Ich kannte sie schon mein Leben lang, was sollte ich da besser kennenlernen? Da hieß es, ich sollte eben hingehen, Punkt. Ich vertraute mich meinem großen Bruder an, der eng mit dem Jungen befreundet war, und fragte ihn, was er wusste. In seiner gewohnten Offenheit erzählte er mir, dass unsere Mütter befunden hatten, wir sollten zusammenkommen; es wäre für unsere Familien sehr passend, wenn wir heiraten würden. Ich tat, was mir gesagt wurde, und ging zur Familie des Jungen zum Abendessen. Seine Mutter kochte besser als meine.

Doch im Lauf des nächsten Jahres floh ich, sowie mein Erspartes reichte, nach Australien. Ich war noch nicht ganz achtzehn. Bis ich schließlich heiratete und ihr ein Enkelkind gebar, kam meine Mutter in meinem Leben nicht vor. Es war hilfreich, dass ich im Ausland war. Selbst nachdem ich ihr zwei weitere Enkel geschenkt, auf dem zweiten Bildungsweg ein Studium abgeschlossen und einen guten Job gefunden hatte, schrieb sie mir weiterhin als Mrs (Vorname meines Mannes) Morris. Es gab nie irgendwelche emotionalen oder persönlichen Gespräche. Im Rückblick weiß ich, welches Glück ich hatte, als junges Mädchen einen Menschen im Leben gehabt zu haben, der mit mir sprach: Gramps, mein Urgroßvater.

Bei jedem Wetter fand ich Gramps auf der hinteren Veranda in seinem gemütlichen Armstuhl, die Füße auf einen kleinen Hocker vor ihm gelegt. Neben ihm stand Grandmas Stuhl, aber ich sah sie nur selten darauf sitzen – vielleicht tat sie das tagsüber, wenn ich in der Schule war.

Wenn ich aus der Küche auf die Veranda trat, wandte er beim Schlagen der Fliegentür den Kopf. Wissen Sie, immer, wenn er mich sah, hellte sich sein Gesicht auf, und er klopfte auf Grandmas Stuhl, das Zeichen, dass ich mich setzen sollte. Es vergingen Minuten, bis er zu sprechen anfing. Wir sahen beide in den Garten, den riesigen Kastanienbaum rechts, den Gemüsegarten links, daneben die Koppel mit der grasenden »Hauskuh«, die Nebengebäude, Schuppen, Garage ganz hinten, sowie das Tor und den Weg, auf dem ich die zwei Obstgärten bis nach Hause durchqueren würde. Neben der Kastanie machte ein sehr geschätzter Kaki-Baum seinem Nachbarn Konkurrenz. Wenn sich die Blätter verfärbten und vom Ende des Sommers kündeten, wurden die Kaki reif. Die Kakifrucht ist nur genießbar, wenn man sie so reif pflückt, dass sie schon fast faulig ist – sonst wird beim Essen der Mund ganz pelzig.

Kakis waren die Lieblingsfrüchte meiner Urgroßmutter, und Gramps hatte dafür zu sorgen, dass sie genug davon bekam. Allerdings waren die Früchte auch bei den heimischen Vögeln sehr beliebt. Wenn es also wieder so weit war, dass die Früchte reiften, band Gramps mehrere Schnüre an sorgfältig ausgewählte Äste und befestigte an jeder eine Kuhglocke. Das andere Ende der Schnüre lief über etwa hundert Meter durch den ganzen Garten und wurde an die Armlehne seines Verandastuhls gebunden. Ich kann nur vermuten, dass er mehrere Wochen lang den ganzen Tag dort sitzen musste, während zwischen ihm und den Vögeln die Schlacht um die Kakis tobte. Wenn ich nach der Schule bei ihm saß, wurden unsere Gespräche vom Gebimmel der Kuhglocken untermalt, denn er zog an seinem Schnurende, sobald ein Vogel beim Vorbeifliegen auch nur ein bisschen langsamer wurde. Häufig bat er mich, an einer bestimmten Schnur zu ziehen, und wir lachten uns scheckig, wenn ich das Läuten so lange hinauszögerte, bis der Schwarm eine unsichtbare Linie am Himmel überquerte und dann auseinanderstob. Das war echte Präzisionsarbeit. Natürlich taten wir bei unserer Kaki-Schutzmission keinem Vogel etwas zuleide, und ich war glücklich auf meinem Platz neben Gramps.

Er war der einzige Mensch, der mich fragte: »Wie war es in der Schule, hat es sich gelohnt hinzugehen?« Häufig antwortete ich dann: »Nein, habe heute nichts Neues gelernt«, ob das stimmte oder nicht. Ich wollte nicht über meinen Tag sprechen, ich wollte zuhören, egal, welche Geschichte er mir erzählen würde. Gleichzeitig war ich aber immer dankbar, dass er fragte, weil es mir zeigte, dass es ihm wichtig war. Reglos blieb ich sitzen, hielt die Luft an und wartete, bis er anfing zu reden, bis der Zauber begann.

Häufig gingen diese nachmittäglichen Erzählstunden von etwas Konkretem aus. Er hatte einen Gegenstand bei sich, etwas, wovon er mir erzählen wollte. Das eine Mal war es eine kostbare Postkarte mit Goldrand und verblasster Schrift, die er aus dem Burenkrieg in Südafrika mitgebracht hatte. Das andere Mal hatte er einen Speer, eine Zulu-Waffe, wie er sagte; er zeigte mir, wie man ihn benutzte, die Spitze war immer noch scharf und gefährlich. Während ich ihn in der Hand hielt, staunend, dass ich darüber mit der Geschichte verbunden war und einem Ort, der so weit weg war von dieser Veranda, wurde Gramps still und starrte hinüber auf die Koppel. Und ich hielt die Waffe, bis er zu mir zurückkam, lächelte und sie wieder an sich nahm. Meine Fragen, wie und wo er dazu gekommen war, wischte er mit den Worten weg: »Das war eine schreckliche Zeit. Krieg ist etwas Furchtbares.«

Gesprächiger war er bei anderen Gegenständen, die mit unserer Geschichte zu tun hatten, unserer Vergangenheit mit den Maori. Diese Gegenstände waren Geschenke. Sehr gerne erzählte er, wann und von wem er sie bekommen hatte. Ich wusste, welche Ehre es war, die wertvollen Dinge, von denen er erzählte, anvertraut zu bekommen, und ich hielt sie vorsichtig, drehte sie, während er sprach, nach allen Seiten. Es war absolut fesselnd. Viele dieser Gegenstände wurden später dem Heimatmuseum gespendet, und ich erinnere mich, wie ich sie als junge Erwachsene dort sah, mit dem kleinen Pappschild daran, auf dem stand, es handle sich um Leihgaben seiner Familie – das war ich, denn ich war seine Familie.

Niemand sonst in der Familie vertraute mir irgendetwas Wertvolles an. Als meine Urgroßmutter gebrechlich und bettlägerig wurde, machte ich, das brave Mädchen, auf dem Weg zur Schule bei ihr halt und las ihr die Schlagzeilen aus der Lokalzeitung vom Vortag vor. Auf ihrer Frisierkommode lagen mehrere Schmuckstücke, eine oder zwei Broschen, ein paar Glasperlen und in einer kleinen Schatulle eine doppelreihige Perlenkette. Wenn ich von ihrer Bettkante aufstand, ließ ich gerne die Perlen durch meine Finger gleiten, bevor ich langsam den Raum verließ. Sie beobachtete mich mit Adleraugen und sagte jeden Tag dasselbe: »Fass meine Perlen nicht an.« Und jeden Tag tat ich es trotzdem. Es war wie ein Spiel zwischen uns. Als sie ein paar Jahre später starb, gab meine Großmutter mir eines Tages eine Schatulle und sagte: »Hier, das solltest du bekommen.« Es war die Schatulle mit den Perlen. Ich habe sie immer noch. Ich habe sie neu auffädeln lassen und trage sie nach wie vor.

Heute weiß ich, dass es Teil unserer Kultur ist, materiellen Gegenständen Bedeutung und Wert beizumessen. Wenn wir klein sind, wird ein Teddybär oder eine Schmusedecke zum Übergangsobjekt – eine gegenständliche Repräsentation einer Bezugsperson, die mit einem Gefühl der Sicherheit aufgeladen ist und als Ersatz für die abwesende Bezugsperson dient, sodass das Kind etwa allein einschlafen oder von zu Hause weg sein kann. Später erinnern Gegenstände uns alle intensiv an einen Ort oder eine Zeit. Sie können unglaublich tröstliche Erinnerungen an positive Erfahrungen in uns hervorrufen – an Menschen, Orte, Erlebnisse. Ich habe die Perlen meiner Urgroßmutter. Allerdings erinnern sie mich weniger an sie als an meinen Urgroßvater. Mit der Zeit werden sie zu einer Brücke zurück in die Vergangenheit. Mit Gramps hatte ich eine Art Codesprache – wortlos gab er mir den Gegenstand, und ich wusste, dass er gleich davon erzählen würde; er brauchte gar nicht erst zu sagen: »Soll ich dir von damals erzählen …?« Und weil er so war, wie er war, schüchtern und zurückhaltend, wusste ich, dass ich nicht drängen oder zu speziell nachfragen durfte, sondern ihm dahin folgen musste, wohin er von sich aus ging. Diese Gegenstände waren wertvoll, heilig und gleichzeitig traumatisch – irgendwie wusste ich also, dass er bereit sein musste, um über etwas Bestimmtes zu sprechen, und ich konnte nur hoffen, dass ich zu sehen bekäme, was mich interessierte. Instinktiv wusste ich, dass ich auf den richtigen Moment warten musste, damit er den richtigen Weg fand.

Bis heute erinnere ich mich ganz deutlich an diese Gegenstände. Es gab eine breite Maori-Axt aus Jade, *toki* in ihrer Sprache, und einen Maori-Federumhang. Beide hatte er von einem benachbarten *Kākahu*-Häuptling bekommen. Pirongia, wo wir wohnten, hieß früher Alexandra. Ganz in der Nähe waren die Neuseelandkriege ausgetragen worden (der Konflikt um Landbesitz zwischen britischer Krone und den Maori). Die Beziehung zwischen Pakeha (weißen Siedlern) und Maori blieb über Jahrzehnte hinweg schwierig. Nicht so für Gramps – er freundete sich mit Maori an, arbeitete in ihren Gemeinschaften und lebte dort. Der gegenseitige Respekt war eine Grundlage seines Verständnisses von der Maori-Kultur und seiner Verbindung zu ihr, und die teilte er mit mir. Ich war ein häufiger und willkommener Gast im benachbarten Marae, Mātakitaki Pā.

Es gab auch zwei Briefe, die Lord Kitchener aus Südafrika an Gramps' Eltern geschrieben hatte und in denen er darlegte, wie er sich um ihren minderjährigen Sohn kümmerte, der sich plötzlich in einem Krieg wiederfand, mit dem er eigentlich nichts zu tun hatte. Gramps' Eltern, meine Ururgroßeltern, müssen so stolz auf diese Briefe gewesen sein und so in Sorge um ihren Sohn auf dem fernen Kontinent – eine Gegend, über die sie wohl kaum etwas wussten.

Ich saß da, diese wertvollen Gegenstände in der Hand, und hörte zu. Nie unterbrach ich ihn, außer wenn er mich etwas fragte. Ich hatte nie das Gefühl, dass er mich mit seinen Fragen reinlegen wollte, was ich bei Lehrern und meinen Eltern oft vermutete – *beweis mir, dass du zugehört hast*. Wenn Gramps mich fragte, ob ich mir vorstellen konnte, warum die Briten in Südafrika Krieg geführt hatten, und ich antwortete: »Ich weiß nicht, du hast mir nichts gesagt, was das erklären würde«, dann lächelte er und nickte: »Weil ich es selbst nicht weiß, dabei war ich dort.« Einmal sagte er, er hoffe, ich würde es herausfinden können und es ihm erklären. Extrem wichtig war es ihm auch, dass ich verstand, welche Schlachten Maori und Briten genau in dem Distrikt ausgetragen hatten, in dem wir lebten. Dass die Briten gar nicht das Recht hatten, in dieses schöne Land zu kommen und zu denken, sie könnten es sich einfach einverleiben. Er war stolz, dass die Maori sich gewehrt hatten, wie er es ausdrückte, und die Schweine zurück nach England geschickt hatten. Ich hatte immer das Gefühl, dass er meine Antworten respektierte, nie kritisierte er sie, er nickte nur kurz als Zeichen, dass er mich gehört hatte. Warum sollte ich ihm da nicht zuhören wollen?

Wenn er mit einer Geschichte fertig war, hielt er oft inne und sagte: »Bleib einfach hier bei mir sitzen und hör zu.« Da saßen wir, und anfangs dachte ich, wir lauschten der Stille. Doch dann fing ich an, mich auf die Geräusche rundum einzustellen, so vertraute Geräusche, dass ich sie fast nicht hörte: Vögel, das Bellen der Farmhunde in der Ferne, Grandmas Geklapper mit Tellern und Töpfen, manchmal ein Fluchen; Daisy, die Hauskuh, die muhend auf ihrer Koppel stand und wartete, dass meine Mutter zum Melken kam. Und dann diese herrlichen Momente, wenn es wirklich still war, bis auf das Schlagen meines eigenen Herzens und seinen schweren Atem.

Und dann sah ich auf zu diesem großen, schönen alten Mann, sah seine geschlossenen Augen, ein Lächeln auf seinem Gesicht, seine Atmung war ruhig und gleichmäßig. Dann schloss auch ich die Augen und horchte auf das Nichts und spürte, dass er und ich einander etwas sehr Tiefgründiges sagten. Manchmal, noch seltener, spürte ich, wie er seine Hand auf meine legte, und ich genoss es, wie wir vereint dasaßen, bis etwas dazwischenkam, irgendein Geräusch, das uns von dem Ort, wo wir gewesen waren, zurückholte, oder Grandma, die auf der Veranda erschien und den Zauber brach. Unweigerlich forderte sie mich auf, schnell nach Hause zu gehen. Ich wartete ab, wie Gramps reagierte. Das reichte von »Ab mit dir, Girly« bis zu der Aufforderung an seine Frau, wieder ins Haus zu gehen, da wir mit unserer gemeinsamen Zeit noch nicht fertig waren. Wenn er das sagte, fühlte ich mich wie der wichtigste Mensch auf der Welt. Dieser verehrte, hochgeschätzte alte Herr – nicht nur in meiner Familie, sondern in unserem Ort (mehrmals war er Bürgermeister von Pirongia gewesen) – wollte mit mir zusammen sein.

Er beendete unsere gemeinsame Zeit jeden Tag gleich, indem er mir sagte, wenn die Menschen aufhören zu reden und einfach zuhören, lernen sie mehr: »Und jetzt lauf, Girly, bis morgen!« Er wusste, dass ich wiederkommen würde. Nicht aus irgendeinem familiären Pflichtgefühl, sondern weil ich Zeit mit ihm verbringen wollte. Wenn wir nebeneinanderstanden, überragte er mich um Längen. Meine kleinen Brüder hatten Angst vor ihm, so groß war er. Für mich war er umso mehr mein Beschützer – er war ein wahrer freundlicher Riese.

Zärtlichkeiten waren in unserer Familie nicht üblich; nie küsste ich ihn oder fasste ihn an. Die Momente, in denen wir uns berührten, gingen von ihm aus, indem er seine Hand auf meine legte.

Als Kind war ich immer im Laufschritt unterwegs, aber wenn ich von Gramps wegging, schlich ich, so langsam ich konnte, seinen Garten hinunter, durch das Tor und über den Weg durch die Obstgärten, ich war traurig, dass unsere Zeit zu Ende war, ich trödelte, denn ich wusste, was mich erwartete. Wenn ich näher ans Haus kam, hüllte mich der Lärm meiner streitenden Brüder ein – sie waren eben Jungs – und das vergebliche Schreien meiner Mutter, wenn es immer grober zuging. Keiner hörte auf sie, keiner hörte auf den anderen, und schon gar keiner auf mich. Solange ich nicht ins Blickfeld meiner Mutter geriet, war ich im Haus unsichtbar. Ich mischte mich nie in die täglichen Box- und Ringkämpfe meiner Brüder ein. Ich ließ das Fenster in meinem Zimmer einen Spaltbreit offen und konnte so hineinkriechen, ohne durch die Hintertür in die Küche zu gehen, wo meine Mutter offenbar ihr Leben verbrachte. Mein großer Bruder steckte zuverlässig den Kopf in mein Zimmer und sagte mir, wenn es Zeit war, den Abendbrottisch zu decken, das war nämlich allein meine Aufgabe. Auch das Abräumen und Abwaschen galt als Frauenarbeit. Meistens half mir aber entweder mein großer Bruder oder mein Vater beim Abwasch. Bei Tisch hatten wir Redeverbot, außer einer unserer Eltern stellte uns eine direkte Frage, und wie gesagt schien es ohnehin klar, dass wir Kinder nichts zu sagen hatten, was sich anzuhören lohnte.

Im Grunde wurde uns das Zuhören zu Hause offen aberzogen. Kam ich einmal dazu, wenn meine Mutter sich mit einem anderen Familienmitglied oder einem Gast unterhielt, und blieb stehen, fiel sie sofort über mich her und warf mir vor, ich würde lauschen. Ich sollte sehen, dass ich weiterkam, und auf der Stelle den Raum verlassen; ich wurde weggeschickt, ohne auch nur die Gelegenheit zu bekommen, Hallo zu sagen.

Da ich ein wissbegieriges Kind war und bereits instinktiv um den Wert von Geschichten und dem, was andere zu sagen hatten, wusste, bewirkte das bei mir genau das Gegenteil. Ich wollte wissen, worüber die Erwachsenen redeten, ich wollte alles wissen. Ich spürte, dass da Dinge waren, die ich nicht hören sollte, und dadurch wuchs nur noch meine Entschlossenheit, sie herauszufinden. Ich wusste so wenig über meine eigene Familie, aber es war klar, dass im Flüsterton viele Geheimnisse kursierten.

Der Tag, an dem ich meine Mutter und Großmutter über den Tod des Vaters meiner Freundin reden hörte, schockierte mich. Meine Freundin war seit zwei Tagen nicht in der Schule gewesen, aber niemand hatte uns gesagt, warum. Ich habe nie begriffen, warum man mir das nicht erzählen konnte, damit ich sie hätte trösten können. Erst Wochen später kam sie wieder zur Schule, und sie erzählte mir, dass sie zu Hause bleiben und sich um ihre kleinen Geschwister hatte kümmern müssen, weil ihre Mutter nicht mehr das Schlafzimmer verließ. Sie kam immer seltener zur Schule. Als ich meine Mutter fragte, warum meine Freundin wohl nicht mehr zur Schule kam, sagte sie mir, es gebe Wichtigeres als die Schule, wenn Leute Hilfe brauchten, und außerdem gehe mich das nichts an. Dass der Vater meiner Freundin gestorben war, sprach sie mir gegenüber nie explizit an.

Eines Tages wurde mir klar, dass es die Frauen in meiner Familie waren – meine Mutter, Großmutter, Tanten –, die mir nie irgendetwas erzählten und mir nie zuhörten. Mein Vater war zwar nicht so gesprächig wie mein Urgroßvater, aber er konnte mir doch sehr gut zuhören, seiner einzigen Tochter. Wenn ich ihn allein erwischte, bei guter Laune am Ende des Tages – und besonders wenn meine Mutter nicht in der Nähe war –, redeten wir.

Es war, als wollte er sich entschuldigen für die Art und Weise, wie meine Mutter mich behandelte, und es damit zu erklären versuchen, dass sie mit der Erziehung von uns fünf Kindern so viel Arbeit hatte und nicht wollte, dass ich auch so ein Leben führte. Ich konnte das nie begreifen. Wie Gramps war mein Vater ein freundlicher, ruhiger Mann, den ich nie laut werden hörte. Wenn er am Wochenende oder in den Ferien Zeit aufbringen konnte, verbrachte er sie gerne mit meinem großen Bruder und mir, nahm uns mit zu Spaziergängen über die Weiden und erzählte uns Episoden aus seinem Leben in Schottland. Er hatte strenge Wertvorstellungen und trennte klar zwischen Gut und Böse. Geläster hasste er. Eines Tages war ich so stolz auf meinen Vater, als ich um die Ecke in die Küche spähte, wo meine Mutter und Großmutter am Tisch saßen und lästerten; ich sah ihn hereinkommen, sich ein Glas Milch einschenken und es in aller Ruhe austrinken, während die beiden Frauen ihn vollständig ignorierten.

Er war nur eine oder zwei Minuten da, aber ganz offensichtlich missfiel ihm, was er zu hören bekam. Ich hörte ihn zu meiner Großmutter sagen, er habe jetzt genug von diesem böswilligen Geschwätz gehört und es wäre Zeit für sie zu gehen. Meine Großmutter war empört, sie baute sich vor ihm auf, schrie ihn an und warf ihm vor, er sei doch nur ein Fremder, der gar nicht hierhergehöre. Ganz ruhig forderte er sie auf heimzugehen. Da nahm meine Großmutter einen Teller von der Sitzbank und zog ihn ihm über den Kopf. Er sagte nur: »Es ist wirklich Zeit, dass du jetzt gehst.«

Meine Mutter folgte ihrer Mutter nach draußen, entschuldigte sich und beteuerte, er meine das nicht so. Ich ging in die Küche und fragte meinen Vater, ob alles in Ordnung sei. Mit einem breiten Grinsen sagte er mir, es gehe ihm bestens, und wahrscheinlich habe meine Großmutter seit Jahren auf diese Gelegenheit gewartet. Gemeinsam fegten wir die Scherben auf.

Er war tatsächlich ein Fremder, erzählte er mir. Niemand in der Familie hörte ihm zu oder bat ihn um Rat. Die Familie meiner Mutter lebte seit fünf Generationen im Dorf und der Gegend. Mein Vater war in Schottland geboren und erst als Erwachsener nach Neuseeland gekommen, seine Familie kannten die Einheimischen gar nicht. Als eines der jüngsten von sechzehn Kindern einer Großfamilie hatte er vier Jahre lang Medizin studiert, bevor er den Traum, Arzt zu werden, aufgab und als Kriegssanitäter zur britischen Armee ging. Von seiner Zeit beim Militär erzählte er mir praktisch gar nichts, nur dass er nicht wieder in sein früheres Leben zurückkehren konnte und daher nach Neuseeland geflohen war. Landarbeit war das Einzige, was ihm Freude machte. Ich glaube, damit wurde er nie vollständig in die Familie und in die Dorfgemeinschaft aufgenommen. Offensichtlich störte ihn das nicht besonders.

Ich bedaure wirklich sehr, dass ich ihn nie genauer nach seiner Familie gefragt habe. Ich kenne kleine Bruchstücke, aber wirklich nicht viel. Ich hatte nicht gelernt, dass man, um etwas zu erfahren, fragen muss; andererseits hatte ich damals sehr gut gelernt, dass ich auf keinen Fall je fragen durfte. Ich wartete, dass er von sich aus erzählen würde, so wie Gramps es tat. Oder vielleicht hatten meine Mutter und ihre Familie mich so oft davon abgebracht, Fragen zu stellen, dass ich dachte, ich würde von meinem Vater genauso abgefertigt werden. Und vielleicht erzählte er mir auch nichts, weil er es so gewohnt war, dass die Familie um ihn herum sich nicht für die Geschichten interessierte, die er vielleicht erzählt hätte. Ich bedauere zutiefst, dass ich mich nicht mehr bemüht habe, meinen Vater besser kennenzulernen, ihn von seiner Vergangenheit, seinen Hoffnungen und Träumen erzählen zu lassen. Er wusste, dass ich fast jeden Tag bei Gramps war, oft fragte er: »Wie ging es dem alten Herrn heute?«, und hörte zu, wenn ich ausführlich wiedergab, was ich erfahren hatte. Er wusste, wie gern ich Geschichten hörte, auch dieselbe Geschichte immer von Neuem, aber nie bot er an, es Gramps nachzutun. Er wusste auch, dass ich von meiner Zeit mit Gramps nie meiner Mutter erzählte. In ihren Augen tat ich einfach nur meine Pflicht, indem ich Zeit mit ihm verbrachte – was für ein Irrtum!

Als ich später im Leben im sozialen Dienst eines großen Krankenhauses arbeitete, kam es mir so leicht vor, den Patienten, ihren Angehörigen und Pflegerinnen zuzuhören. Oft dachte ich an Gramps und wie er mir beigebracht hatte, zuzuhören und wahrzunehmen, was mir gesagt wurde. Nur durch Zuhören konnte ich richtig reagieren und Hilfe anbieten. Allein dass jemand da ist, der einem zuhört, kann oft schon genug sein, ohne dass man weiter eingreifen muss. Ich konnte es in Gramps' Augen sehen und war absolut sicher, dass es ihn tröstete, mit mir zu reden, dass es ihm inneren Frieden verschaffte, seine Erfahrungen endlich mit jemandem zu teilen und gehört zu werden.

Angesichts dessen, was bei meinen Begegnungen und Gesprächen mit Holocaust-Überlebenden geschehen ist, die alle bereits in sehr fortgeschrittenem Alter waren, blicke ich jetzt erst zurück in die Zeit, als ich meinem Großvater zuhörte, und stelle diverse Verbindungen her – sein Alter, das Verstreichen der Jahre und sein Bedürfnis, mit jemandem zu reden, der ihm zuhören würde. Vielleicht war ich einfach die richtige Person zum richtigen Zeitpunkt in seinem Leben. Als mein Vater in diesem Alter war, war ich verheiratet und hatte kleine Kinder, außerdem lebte ich in einem anderen Land. Ob er wohl jemanden gefunden hat, eine Pflegerin in dem Heim, in dem er sein letztes Jahr verbrachte, mit der er reden konnte?

Wegen des Erfolgs meiner Romane und der furchtbaren Zeit, auf die sie sich beziehen, genieße ich heute das Privileg, vielen Menschen zu begegnen, die ähnliche Erfahrungen gemacht haben wie Lale, Gita und Cilka. Überall auf der Welt, in vielen Ländern und zu vielen verschiedenen Anlässen, kommen Holocaust-Überlebende zu mir, hören mir zu und bleiben ein bisschen – ein paar Minuten, häufig auch länger –, um mir Geschichten aus ihrem eigenen Leben zu erzählen. Am Ende solcher Veranstaltungen sitze ich häufig da und höre die erstaunlichsten Geschichten, vom Überleben, von der Liebe – und der Hoffnung. Außerdem erhalte ich Zuschriften und Briefe aus der ganzen Welt, in denen Menschen sich von den Romanen dazu haben anregen lassen, sich zu melden und mir von ihren eigenen Erlebnissen zu erzählen. Besonders überrascht und berührt mich, dass so viele Menschen, die sich bei mir melden, eine Geschichte zu erzählen haben, die gar nichts mit dem Holocaust zu tun hat. Sie haben etwas anderes durchgestanden, Krankheit, einen tragischen Todesfall in ihrer Familie, Konflikte, die weniger weit zurückliegen. Aber sie alle haben etwas gemeinsam: Sie haben Lales und Gitas Geschichte gelesen und daraus Hoffnung geschöpft. Hoffnung, dass auch sie ein gutes Leben haben können. Hoffnung, dass ihre Kinder und

Enkel ein gutes Leben haben werden, weil oder obwohl sie selbst so gelitten haben.

Die Fähigkeit alter Männer und Frauen, mir kurz und knapp eine Geschichte voll von überwältigendem Schmerz und Gefühl zu erzählen, aber zu enden mit: »Im Ganzen hatte ich aber ein gutes Leben«, macht mich immer sprachlos; ich staune, wie inspirierend, wie erhebend diese »normalen« Menschen sind. Dass sie unsere Weltgeschichte erlebt haben – sie sind unsere *lebende* Geschichte –, verdient Anerkennung. Und sie wollen dafür keine Gegenleistung. Nur jemanden, der ihnen zuhört, ihre Vergangenheit anerkennt, die Entscheidungen billigt, aufgrund derer sie heute hier sind. Diese Geschichten hören zu dürfen, ist für mich ein Geschenk, ein unglaubliches Privileg. Dass ich einige davon in Romane umwandeln durfte, hat mein Leben von Grund auf verändert. Und ich glaube wirklich, all das kommt daher, dass ich zuhören kann.

Eines Abends Anfang 2020 saß ich zum Beispiel im Wohnzimmer einer 92 Jahre alten Dame in Israel, einer Überlebenden, die in Auschwitz Lale und Gita gekannt hatte. Wie ich dorthin kam, werde ich später in diesem Buch erzählen. Wir saßen also da, und ihre Tochter las und übersetzte für mich aus dem Hebräischen den Zeugenbericht ihrer Tante, der Schwester der alten Dame. Diese alte Frau ist eine von drei Schwestern, deren Geschichte ich in meinem nächsten Roman erzählen möchte. Oft denke ich an die letzten Worte in diesem Bericht, der im privaten Besitz der Familie ist. Sie lauten: *Verurteilen Sie uns nicht.*

Allzu oft haben Menschen mir gegenüber die Entscheidungen kritisiert, die Lale getroffen hat, um zu überleben. Natürlich hat er die Regeln gebrochen, natürlich überlebte er, wo so viele starben. An dieser Schuld tragen alle Holo-caust-Überlebenden. Allzu oft muss ich mir auf die Zunge beißen und mir sagen, dass diese Leute ein Recht auf ihre eigene Meinung haben, während ich innerlich schreie: *Du darfst nicht urteilen. Du warst nicht dort, du kannst es nicht wissen, du kannst es dir nicht vorstellen, selbst wenn du meinst, du könntest es, du kannst mir nicht sagen, welche Entschei-dungen du unter diesen Umständen getroffen hättest.* Ich muss hinzufügen, dass nicht einer dieser Kritiker von Lales, Gitas und Cilkas Entscheidungen selbst im KZ war. Und allzu oft war es ja gar keine Entscheidung, keine bewusste Wahl – es ergab sich einfach so, sie hatten das Glück, dass sich ihnen eine Option bot, dass ihnen ein beliebiger, sehr seltener Akt der Freundlichkeit zugutekam.

In unserer modernen, vom Jugendlichkeitswahn be-herrschten Welt wird man ab einem bestimmten Alter of-fenbar unsichtbar, es sei denn, man ist berühmt – und be-rühmte Frauen werden sehr häufig kritisiert und lächerlich gemacht. Aber Ihre Großmutter, Ihr älterer Nachbar, die Fremde, die man auf der Straße anrempelt, weil man sie übersehen hat, alle haben ihre Geschichte, alle eine Weis-heit, und wir müssten uns nur die Zeit nehmen zuzuhören und wären vielleicht für unser Leben unendlich bereichert. Wir – und diesmal reihe ich mich selbst bei den »Unsicht-baren« ein – wollen Ihnen nicht sagen, wie Sie Ihr Leben leben sollen. Wir wollen Sie nicht vor unseren Lebensfeh-lern warnen, damit Sie nicht in dieselben Fallen tappen. Ganz im Gegenteil. Sie müssen Ihre eigenen Fehler ma-chen – genau so funktioniert Lernen. Aber wenn Sie sich Zeit nehmen, die Lebensreisen und Erfahrungen Ihrer Mitmenschen anzuhören, könnten Sie zum Beispiel erfahren, wie Sie aus Ihren eigenen Fehlern schneller lernen können. Sie könnten etwas über Ihre Mitmenschen erfahren, was Ihrer aktuellen Situation ähnelt oder dafür von Bedeutung ist. Zuhören, *echtes Zuhören,* ist eine große Bereicherung. Das weiß ich mit absoluter Sicherheit.

Im Moment fegt eine Pandemie über die Welt hinweg. Eine Pandemie, die sehr viel mehr ältere Menschen tötet als junge. Wir sind aufgefordert, Abstand und Quarantäne einzuhalten, als Zeichen unseres Respekts für die älteren Verwandten und Freunde, die wir alle haben, für ihre Sicherheit. Was für einen jungen Menschen nur Halsweh oder Schnupfen ist, kann bei einem alten tödlich enden. Ja, die Moral einer Gesellschaft lässt sich daran bemessen, wie sie genau die Menschen behandelt, die diese Gesellschaft aufgebaut haben. Es ist bewegend, von den vielen Menschen in allen Ländern und Städten zu lesen, die freiwillig denen zu Hilfe kommen, die von der Umwelt abgeschnitten sind und keine Möglichkeit haben, sich zu versorgen oder einkaufen zu gehen – zum Beispiel die »älteren Mitbürger«. Ich habe von so überragender Freundlichkeit gehört, dass Senioren ihre fürsorglichen Angehörigen und Freunde bitten mussten, langsamer zu treten – mehr als eine bestimmte Menge konnten sie einfach nicht essen!

Mitgefühl und Freigebigkeit gegenüber den Senioren unterscheiden sich je nach Region und Kultur. Ich ging meiner Urgroßmutter vorlesen, saß bei meinem Urgroßvater und hörte ihm zu, und meine Mutter sorgte dafür, dass sie das beste Essen bekamen, das sie ihnen Tag für Tag zubereiten konnte. Da sie fünf Kinder und häufig noch Farmarbeiter satt bekommen musste, lebte sie nach dem Motto: zuerst die Tiere, die Alten, die Babys, und dann der Rest.

Ich fand es immer lustig, dass bei ihr die Tiere vor allen Menschen an die Reihe kamen.

Gramps wurde nicht nur deswegen geliebt und respektiert, weil er unser Familienoberhaupt war. Wir wussten alle, dass er als junger Mann im Krieg gewesen war. Alle Verwandten, die gekämpft hatten, viele sogar bis in den Tod, erfuhren in meiner Familie Verehrung und Respekt, und am allermeisten er.

Gramps reiste von Neuseeland nach Südafrika, um im sogenannten Burenkrieg (1899–1902) zu kämpfen. Eigentlich war es ein Unabhängigkeitskrieg – die »Burenrepubliken«, Teile des heutigen Südafrikas, wollten sich vom britischen Empire loslösen. Wie bei so vielen Kriegen wurde von den jungen Männern in den Kolonien erwartet, sich zum Dienst zu verpflichten und in der britischen Armee zu kämpfen. Gramps hätte eigentlich nicht dorthin gehört. Er war zu jung. Sein älterer Bruder wollte sich melden, und ihre Mutter bat Gramps, ihn auf der 200 Kilometer langen Reise (zu Pferd) von zu Hause bis nach Auckland zu begleiten. Sie brauchten drei Tage und zwei Nächte, die sie in den Scheunen von Farmen am Wegesrand verbrachten. Morgens bekamen sie jeweils ein Frühstück und wurden weitergeschickt.

Um ins britische Heer aufgenommen zu werden (Neuseeland hatte damals noch keine eigene Armee), musste man zuverlässig reiten können. Mein Urgroßvater sah zu, wie sein Bruder die erforderliche Strecke galoppierte. Dann machte ein Offizier ihm ein Zeichen, und er tat dasselbe – und zwar besser als sein Bruder. Sie forderten ihn auf, auf der gepunkteten Linie zu unterschreiben. Das tat er; und damit hatte er sich für den Krieg gemeldet. Einen Monat später ritten die beiden Brüder wieder nach Auckland und schifften sich mit ihren eigenen Pferden (ja, man brachte sein eigenes Pferd mit!) nach Südafrika ein. Mein Urgroßvater war gerade erst sechzehn. Seine Mutter hatte ihn angefleht, nicht zu gehen. *Es war ein Fehler; er war zu jung.* Anscheinend sagte sein Vater zu ihr: »Lass den Jungen selbst entscheiden.« Gramps erzählte mir, er konnte seinem Bruder James den ganzen Spaß einfach nicht alleine gönnen. Natürlich meinte er es anders – er wollte nicht, dass sein Bruder alleine war, ohne Familie, so weit weg von zu Hause. Er ließ vier Schwestern und einen Bruder zurück, der dreizehn Jahre jünger war als er, ein Kleinkind.

Kurz nach seiner Ankunft in Südafrika stand Gramps zur Inspektion durch Feldmarschall Horatio Herbert Kitchener in der Reihe. Als der ihn nach seinem Alter fragte, gestand er, dass er erst sechzehn war. Kitchener holte ihn aus der Kampfeinheit zu sich und ließ ihn als seinen »Boy« Gelegenheitsarbeiten erledigen und immer an seiner Seite bleiben. Kitchener schrieb an Gramps' Mutter, er werde auf ihren Sohn aufpassen und ihn wohlbehalten nach Hause schicken. Meine Ururgroßmutter erhielt vom Feldmarschall zwei Briefe, die heute im Heimatmuseum liegen. Ich hielt diese Briefe mehrmals in der Hand, las die elegante Handschrift, wusste, dass sie ein kostbarer Familienschatz waren. Jahre später schwoll mir beim Museumsbesuch vor Stolz die Brust, als ich in der Sammlung diese Briefe sah, ordentlich mit kleinen Schildern, die sie als Leihgabe meiner Familie auswiesen. Und Kitchener schickte ihr ihren Sohn tatsächlich wohlbehalten nach Hause. Auch sein großer Bruder kehrte nach Neuseeland zurück.

Diese Geschichten erzählte mir Gramps an den Nachmittagen auf der hinteren Veranda. Wie er als sechzehnjähriger Junge mit Feldmarschall Kitchener quer durch Südafrika reiste. Seine Aufenthalte bei afrikanischen Stämmen. Er erzählte mir von einzelnen Feldzügen, von denen er vieles viel früher erfuhr, weil er so nah bei Kitchener arbeitete. Die wertvollen Gegenstände, die er mit nach Hause brachte und die er mir in die Hand gab, während er erzählte, wie er zu ihnen gekommen war, liegen jetzt auch im Museum. Es wäre ganz einfach, geringschätzige Bemerkungen über Kitchener und seine Rolle in Südafrika zu machen. Viele andere tun das. Ich aber bin weiterhin dankbar, dass dadurch, dass er sich um meinen Urgroßvater gekümmert hat, ich zur Welt kommen konnte und dieses wunderbare, reiche, lohnende Leben leben kann. Manchmal ist es eben ganz einfach, nicht wahr? Wenn man von Politik und Geschichte absieht, können solche kleinen Akte der Menschlichkeit Generationen hindurch nachklingen.

Ich wusste, dass mein Großvater mit niemand anderem offen über diese Zeit sprach, dass das, was er mir erzählte, ein Geheimnis unter uns beiden blieb, das ich niemandem weitererzählen durfte. Wiederholt sagte er mir, dass meine Urgroßmutter es nicht mochte, wenn er darüber sprach. Erinnert Sie das an etwas? Ich habe ihn nie mit einem anderen Familienmitglied über sein Leben sprechen hören, weder einzeln noch bei einem Familientreffen. Und meistens fiel mir auf, wie bestürzt er klang, wenn er mir von der Brutalität des Krieges erzählte, dessen Zeuge er geworden war, besonders gegen die afrikanischen Völker.

Oft bekam ich zufällig mit, wenn meine erwachsenen Verwandten Bemerkungen darüber machten, wie mürrisch oder verschlossen er war. Mir war klar, dass sie ihn weitgehend ignorierten und dass die gesamte Aufmerksamkeit meiner Urgroßmutter galt. Zwar zeigte er mir oder auch anderen seine Zuneigung nur selten körperlich, aber jedes Mal, wenn ich ihn sah – und das war jahrelang jeden Tag –, begrüßte er mich mit einem warmen Lächeln, einem Klaps auf den Arm oder, wenn andere dabei waren, einem Zwinkern. Mein Leben lang wusste ich, dass ich für diesen Menschen, diesen einen Mann etwas Besonderes war. Ich glaube, ich half ihm, weil ich zuhörte, und für mich als Kind war er unglaublich wichtig. In einer Familie ohne Gefühle und körperliche Zuneigung war er ein riesiger Trost für mich, als ich ihn am meisten brauchte.

Im April 1971 verließ ich meine Kleinstadt in Neuseeland und fand mich in der australischen Metropole Melbourne wieder. Bevor ich zum Flughafen fuhr, besuchte ich meinen Urgroßvater in dem Kriegsveteranenheim in Auckland, wo er seit Kurzem wohnte. Wir saßen auf der Veranda mit Blick auf einen Garten, gar nicht so anders als damals, als ich ein Kind war. Diesmal redete hauptsächlich ich, erzählte ihm von meinem Bedürfnis, meine Flügel auszubreiten. Er sagte mir, das sei das Beste, was ich tun könne, meine Heimatstadt zu verlassen, in der alle mich kannten, meinen eigenen Platz in der Welt zu finden. Fünf Monate später, am 29. September, starb er. Ich kam nicht zu seiner Beerdigung. Das brauchte ich nicht. Er wusste, was ich für ihn empfand. Ich wollte lieber alleine trauern.

Meine Enkelkinder sind noch sehr klein. Von ihrer Großmutter brauchen sie nur zu hören, wie lieb sie sie hat, wie gern sie mit ihnen zusammen ist und ihnen zuhört. Sie sind schon jetzt kleine Geschichtenerzähler. Ein schlichtes Ereignis im Kindergarten oder in der Schule wird in allen Details berichtet, begleitet häufig von dramatischen Gesten. Ich höre aufmerksam zu, freue mich an der Ausdruckskraft und der Begeisterung, die das Erzählen auf die kleinen Gesichter zaubert.

Ich hoffe, dass ich, wenn sie älter werden, für jedes von ihnen der Mensch werden kann, der mein Urgroßvater für mich war. Jemand, der ihnen zuhört, egal wobei, egal, was sie zu sagen haben. Ob es von Bedeutung ist, ist egal; wichtig ist, dass sie den Raum bekommen, in dem sie gehört werden. Und vielleicht, wenn sie auch mir zuhören, kann ich ihnen ein paar von den Geschichten mitgeben, die ich auf meiner Lebensreise gehört habe. Vielleicht erzähle ich ihnen auch eines Tages von Gramps.

Wenn jemand in Ihrer Familie oder Ihrem Freundeskreis einen Gegenstand besitzt, der für ihn ein Schatz ist, egal ob klein oder groß, wertvoll oder nicht, fragen Sie, was er dieser Person bedeutet. Geben Sie ihr die Gelegenheit, Ihnen davon zu erzählen, was sie mit diesem Gegenstand verbindet. Vielleicht besitzt er materiellen Wert, vielleicht ist er etwas so Einfaches wie eine Murmel, aber für die Besitzerin ist er unbezahlbar. In jedem Fall hängt daran eine Geschichte. Hier folgen ein paar Anregungen, wie wir unsere Senioren dazu bringen können, ihre Vergangenheit für uns zugänglich zu machen.

Praktische Tipps, wie wir den Älteren zuhören können

Wer kennt nicht die Reue, wenn ein geliebter älterer Freund oder Verwandter gestorben ist: »Ach, hätte ich ihn doch noch gefragt, wie …« Solange wir aber mitten im geschäftigen Leben stecken, fällt es uns oft schwer, uns die Zeit zu nehmen, uns hinzusetzen und Geschichten anzuhören, die wir vielleicht schon ein Dutzend Mal gehört haben. Mein Rat lautet: Nehmen Sie sich diese Zeit, denn wenn die Gelegenheit erst vorbei ist, kommt sie nie wieder.

Einfache Fragen

Mit dem Alter werden selbst bei Patienten mit Alzheimer oder anderen Demenz-Erkrankungen frühe Erinnerungen häufig klarer. Wahrscheinlich erinnern sich Ihre Eltern oder Großeltern an ihre frühe Kindheit oder ihre Schulzeit jetzt besser als während ihres geschäftigen Arbeitslebens. Wenn Sie sie gut kennen, könnten Sie sie nach ihren liebsten Spielsachen fragen, ihrem ersten Schultag, vielleicht nach ihrer ältesten Erinnerung. Meistens sind diese Erinnerungen gute Ausgangspunkte für eine Reise in die Vergangenheit; aber auch ganz gezielte Fragen, häufig basierend auf dem, was Sie gerade gemeinsam tun, können ein guter Gesprächseinstieg sein. Bei einer Tasse Tee und einem Stück Kuchen können Sie zum Beispiel fragen:

»Was war als Kind dein Lieblingsessen?«
»Wer hat bei euch zu Hause gekocht?«
»Wann und wo habt ihr immer gegessen?«
»Hattet ihr feste Sitzplätze am Tisch?«
»Hattest du deinen eigenen Becher oder Teller?«

Solche direkten Fragen, die sich wie von selbst aus einer gemeinsamen Tätigkeit ergeben (in diesem Fall dem gemeinsamen Teetrinken) und auf einfache, konkrete Antworten abzielen, können dazu führen, dass der andere erzählt, wie er sich in der Familie fühlte und welchen Platz er zu Hause einnahm. Gehen Sie auf die Antworten ein, fragen Sie sachte nach, und Sie werden auf eine neue Bereitschaft stoßen, Einsicht in sein Leben zu geben.

Es kann lange dauern – das weiß ich aus meiner Erfahrung mit Lale –, bis zwischen einem älteren und einem jüngeren Menschen ein Vertrauensverhältnis entsteht, aber wenn Sie sachte mit solchen scheinbar einfachen Fragen beginnen, werden Sie feststellen, dass Sie einen guten Anfang für das weitere Gespräch gefunden haben. Diese ersten Fragen können ein guter Ausgangspunkt für tiefer gehende Überlegungen werden:

»Letztes Mal haben wir darüber gesprochen, wie sehr du die Kekse deiner Mutter geliebt hast. Erinnerst du dich, wie sie sie gebacken hat? Durftest du ihr dabei helfen? Wie war das für dich, wenn sie sie dir auf den Teller legte?«

Und schon beginnen Sie ein Gespräch darüber, was für eine Kindheit diese Person hatte; aber weil Sie nach etwas Konkretem fragen, ist es weniger aufdringlich, weniger abstrakt, als wenn Sie ganz direkt danach fragen. Die Antwort bringt sie vielleicht auf weitere Überlegungen zu ihrer Kindheit, und sie kann Grundlage für ein Vertrauen und ein Interesse werden, das sich hinterher sehr auszahlt. Ein plötzliches, unwillkürliches Lächeln oder ein spontanes Kichern, wenn eine Erinnerung hochkommt und man davon erzählt bekommt, ist etwas Wunderbares.

Gegenstände nutzen

Eine Tasse Tee (oder bei Lale eine Tasse grässlicher Kaffee!) ist ein häusliches Ritual, das Sicherheit gibt. Aber wenn Sie eingeschenkt, getrunken und nachgeschenkt haben und Ihr Gegenüber noch nicht bei den Erinnerungen ist, reicht diese Sicherheit offenbar nicht aus, damit er oder sie ins Erzählen kommt. Wenn Sie das Gefühl haben, vor einer Mauer zu stehen, und wirklich nicht noch eine Tasse trinken möchten, empfehle ich, das Gespräch durch einen materiellen Gegenstand anzuregen.

Wie gesagt hatte Gramps bei meinen Besuchen bei ihm häufig etwas, was er mir zeigte – die Briefe, die Kitchener seinen Eltern geschickt hatte, den *toki* – oder seine Orden. Diese kostbaren Gegenstände reichte er mir, und während ich sie in der Hand hin und her drehte und von allen Seiten musterte, erklärte er mir den Hintergrund dazu und erzählte, welche Geschichte jeweils damit verbunden war. Instinktiv konzentrierte ich mich weiter auf den Gegenstand, statt Gramps in die Augen zu sehen; und ich glaube, das gab ihm Raum, sich zu konzentrieren und die Gedanken freier schweifen zu lassen, als wenn er immer hätte beobachten müssen, wie ich auf seine Worte reagierte. Man braucht nicht die ganze Zeit Augenkontakt zu halten, wenn jemand aus seiner Vergangenheit erzählt – ich würde sogar sagen, man sollte es besser vermeiden und in aller Ruhe den Blick abschweifen lassen. Möglicherweise ruht der Blick des Erzählenden dann nicht auf Ihnen, sondern er versetzt sich in Zeit und Ort der Erinnerung zurück. Lassen Sie ihn dort verweilen, so lange er will.

Meine Freundin Jenny beschrieb mir einen Besuch bei ihrer betagten Schwiegermutter; sie war dort, um ihr beim Packen zu helfen, weil sie aus dem Haus auszog, in dem sie über sechzig Jahre lang gewohnt hatte. Während die beiden Frauen also räumten und jedes Möbelstück, jedes Bild, jedes Deko-Objekt durchsortierten, beschrieb Jennys Schwiegermutter jeden Gegenstand in liebevollen Details – wo und wann sie ihn gekauft hatte oder wer ihn ihr geschenkt hatte und wie wichtig er ihr war. Jenny beschrieb ihre Schwiegermutter als sehr zurückhaltende Person, die normalerweise nicht gerne von sich sprach, aber durch diese gemeinsame praktische Arbeit und den Umgang mit diesen Gegenständen, die sie zusammen verpackten, fand sie eine Möglichkeit, wichtige Familiengeschichten weiterzugeben.

Wenn Sie alte Menschen regelmäßig besuchen, können Sie vielleicht etwas mitnehmen, was der Erinnerung auf die Sprünge helfen kann. Vielleicht haben die Besuchten einmal einen Urlaub erwähnt – dann bringen Sie eine Landkarte mit, oder suchen Sie ein paar Fotos aus dieser Gegend und schauen Sie sie gemeinsam an. Vielleicht sitzen sie in einem alten Lieblingsstuhl – wo haben sie den gekauft? Wie ist er in ihrem Wohnzimmer gelandet? Wahrscheinlich sind im Raum Fotos aufgestellt. Nehmen Sie eines und fragen, ob Sie es genauer anschauen dürfen, und wenn Sie es nicht wissen, lassen Sie sich erzählen, wer die Personen auf dem Foto sind und wann und wo es aufgenommen wurde. Auch Deko-Objekte oder andere Bilder können Erinnerungen wachrufen und Geschichten herauslocken. Gehen Sie mit diesen Gegenständen sehr vorsichtig um: Dass sie ausgestellt sind oder über so viele Jahre aufbewahrt wurden, zeigt, wie kostbar sie sind – nicht unbedingt in monetärem Wert, aber in dem, wofür sie stehen.

Reflexion

Damit dürften Sie ein gewisses Vertrauen hergestellt und eine Brücke über die Generationen gebaut haben. Ihr Gegenüber hat vielleicht Anekdoten aus seinem eigenen Leben erzählt und womöglich sogar – wenn es eine Verwandte ist – Erinnerungen aus Ihrer eigenen

Kindheit. Sie werden diesen alten Menschen jetzt in einem neuen Licht sehen, als vitale, unabhängige Person mit einem Leben und Erfahrungen, von denen sie erzählen möchte. Und wenn Sie das Gefühl haben, Sie dürfen jetzt etwas tiefer in ihre Vergangenheit vordringen, können Sie sie vielleicht auffordern, ein paar der Einsichten, die sie mit den Jahren gewonnen hat, zu reflektieren.

Auch hier falle ich lieber nicht mit der Tür ins Haus. Nach meiner Erfahrung führen explizite Fragen nach Lebensweisheiten üblicherweise zu unerwünschten floskelhaften Tipps (obwohl ich zugeben muss, dass ich die auch gern selbst erteile und dass das auch nicht falsch ist): »Poliere immer deine Schuhe«, »Behandle andere so, wie du selbst behandelt werden willst«, »Trag ordentliche Unterwäsche, falls du einmal von einem Auto angefahren wirst«. Ich aber – und da Sie dieses Buch lesen, hoffentlich auch Sie – bin auf etwas anderes aus, auf etwas Tiefgründigeres. So zum Beispiel können Sie dabei vorgehen:

Sie könnten die ältere Person fragen, was sie ihrem jüngeren Selbst raten würde, wenn es ihr hier gegenübersäße. Wenn sie diese nervöse, unsichere junge Person treffen könnte, womit würde sie sie dann beruhigen, welche Leitlinie würde sie ihr bieten? Wovor würde sie sie warnen, wozu würde sie sie ermutigen, und worauf wäre sie besonders stolz? Sie könnten als Hilfestellung einen leeren Stuhl aufstellen und die Person bitten, sich vorzustellen, ihr jüngeres Selbst würde dort sitzen; damit wenden Sie beide den Blick ab und konzentrieren sich auf den Stuhl, meiden also die Intensität, die im direkten Augenkontakt liegt. Oder Sie fragen, was die junge Person für Kleidung trägt, ob sie wohl zuhört oder nicht, ja sogar, in welcher Haltung sie konkret auf dem Stuhl sitzt. Lassen Sie sich Zeit, bis eine authentische Verbindung zu diesem jüngeren Selbst entsteht, und gehen Sie es langsam an – diese Übung kann nämlich sehr emotional werden und Ihnen, der Zuhörerin, zur Lektion werden, die Sie nicht wieder vergessen.

Bei Lale bin ich übrigens nie so vorgegangen. Sein Drang, seine Geschichte loszuwerden – so schmerzvoll sie auch war –, ging mir so nahe, dass ich nichts tat, als zuzuhören, Vertrauen herzustellen und ihm dann dahin zu folgen, wohin er mich führte; nur wenn ich das Gefühl hatte, ich könnte oder sollte das, fragte ich behutsam nach. Zwar sind die allermeisten Senioren keine Holocaust-Überlebenden, aber trotzdem werden viele von ihnen ein bisschen Überzeugungsarbeit brauchen, damit sie ihre Geschichte erzählen, und manche werden auch denken, dass sie gar nichts Besonderes weiterzugeben haben. Das sehe ich aber entschieden anders: Jeder von uns hat ein einzigartiges Leben, wir haben alle etwas zu sagen, was das Zuhören wert ist. Ich hoffe, Sie lassen sich ermutigen, eine der Möglichkeiten auszuprobieren, um mit einem älteren Menschen ins Gespräch zu kommen – ich verspreche Ihnen, dass es sich lohnt.

2 Lale zuhören

»Wenn du am Morgen aufwachst, ist es ein guter Tag.«
Lale Sokolov

Im Dezember 2003 traf ich nach ein paar Monaten Pause eine Freundin wieder. Wir tranken Kaffee und plauderten, und fast nebenbei fragte sie mich: »Du schreibst doch Drehbücher, oder? Ich habe einen Freund, dessen Mutter gerade gestorben ist. Sein Vater, er ist 87, hat ihn gebeten, jemanden zu finden, dem er eine Geschichte erzählen kann – es darf aber kein Jude sein. Du bist keine Jüdin, möchtest du ihn mal treffen?« Ich fragte, ob sie wusste, worum es bei dieser Geschichte ging, und sie sagte, nein, eigentlich nicht. Ich wurde neugierig und sagte zu. Eine Woche später, an einem sonnigen Nachmittag im südlichen Sommer, machte ich mich auf den Weg zu Lale Sokolov.

Ein frohes Chanukkafest. *Frohes Chanukka!* Mehrfach wiederhole ich diesen fremden Satz während der Fahrt zu unserem Treffen. Ich weiß ungefähr, dass Chanukka das jüdische Lichterfest ist. Auf den schon weihnachtlich geschmückten Vorortstraßen überlege ich hin und her, womit ich anfangen soll. Kann ich mit meinem neuseeländischen Akzent überhaupt einen herzlichen Chanukka-Gruß formulieren, ohne lächerlich zu klingen? Aber halt... Der Mann, den ich gleich treffe, hat kürzlich seine Frau verloren. Vielleicht ist das Wort »froh« da sowieso unangebracht. Meine Stimmung schlägt um. Die blinkenden Girlanden, Schlittenglocken und fröhlichen Weihnachtsmänner können mir kein Lächeln mehr abgewinnen. Plötzlich macht mir mein nahender Zielort Angst.

Die Tür geht auf, dahinter ein kleiner, schmaler alter Herr. Zwei Hunde, jeder auf einer Seite, als Wächter. Einer der Hunde ist nicht größer als meine Katze; der andere so groß wie ein kleines Pony, sieht aber bei Weitem nicht so gutmütig aus.

»Ich bin Lale, und das hier sind meine Wauwaus, Tootsie und Bam Bam.«

Das muss offenbar als Einleitung reichen, denn als Nächstes sagt er: »Kommen Sie«, und das klingt weniger nach einer Einladung als nach einem Befehl. Alle drei drehen sich abrupt um und trotten im Gänsemarsch den Flur hinunter. Ich schließe die Tür und folge ihnen. Ich hatte noch keine Chance, Hallo zu sagen, und ich habe nicht mitbekommen, welcher Name zu welchem Wauwau gehört.

Der Konvoi betritt einen picobello sauberen Raum, einen Schrein der 1960er-Jahre. Unser Ziel ist ein perfekt polierter großer Esstisch.

»Setzen Sie sich.«

Es ist eine Anweisung, untermalt von einem Finger, der auf einen bestimmten Stuhl am Tisch zeigt. Ich setze mich. Befriedigt schlurft Lale zusammen mit seinen »Wauwaus« ins Nebenzimmer. Ich habe Zeit, meine Umgebung zu mustern, in der überall das Regiment einer engagierten Hausfrau zu spüren ist. Riesige Blumen auf den breiten Teppichen, an den Wänden überall Drucke und Familienfotos, gleich in der Nähe eine Vitrine voller feinem Kristall und darüber ein Gemälde, das mich fast magisch anzieht: Eine Zigeunerin kniet auf einem rosa Teppich auf der blanken Erde, hinter ihrem linken Ohr eine rote Blume, am rechten Ohr ein großer Ohrring, üppiges schwarzes Haar fällt ihr in Locken über die Schultern. Um den Hals trägt sie eine dreireihige Kette, sie hat weiche rosa Lippen, und durchdringende dunkle Augen blicken geradeaus wie in eine Kameralinse. Sie trägt einen flaschengrünen Rüschenrock mit einer mattweißen Bluse, deren Ärmel sich über ihren Ellbogen bauschen. Hinter ihr liegen halb versteckt ihre Tasche und ein Kopftuch. Unter ihrem Rock sehen die Zehen eines nackten Fußes hervor. Vor ihr liegen vier Spielkarten; auf eine davon zeigt sie: Es ist das Herzass.

Ein paar Minuten später kehren Lale und die Wauwaus im Triumphzug wieder. Tasse und Untertasse und ein kleiner Teller mit sechs ordentlich ausgelegten Waffelkeksen kommen vor mir auf den Tisch. Lale setzt sich rechts von mir, die Wauwaus stehen zu beiden Seiten Wache.

»Haben Sie solche schon einmal gegessen?«, fragt er und zeigt auf die Waffeln.

»Ja, sie gehören zu den wenigen Dingen, die ich aus meiner Kindheit kenne und die man heute noch bekommt.«

»Aber ich wette, dass es nicht diese Kekse waren …«

Wieder bleibe ich alleine sitzen, während die drei in die Küche schlurfen. Alle kommen zurück, und vor mir landet eine Kekspackung. Das Kommen und Gehen verunsichert mich allmählich, und ich weiß nicht, was ich sagen soll, falls sie gleich wieder alle verschwinden.

»Und, haben Sie solche schon gegessen?«, wiederholt er.

Die Wauwaus, die erst gesessen haben, legen sich jetzt nieder, rechts und links von ihm, die Augen immer noch starr auf mich gerichtet.

»Nein, ich bin ziemlich sicher, dass ich diese Marke noch nie hatte.«

»Hätte mich auch gewundert. Sie kommen nämlich aus Israel. Das hier können Sie nicht lesen, oder?«

Ich drehe die Packung um, sehe die fremde Schrift.

»Das ist wohl Hebräisch, nein, das kann ich nicht lesen, aber ich kann Ihnen sagen, dass die Waffeln verdammt gut sind!«

Erste Andeutung eines Lächelns.

»Wie schnell können Sie schreiben?«, fragt er.

»Tja, kommt drauf an, was ich schreibe.«

»Sie müssen schnell arbeiten. Ich habe nicht mehr viel Zeit.«

Panik. Ich habe zu diesem ersten Treffen absichtlich kein Schreibzeug mitgebracht. Die Einladung lautete, ich soll mir seine Geschichte anhören und überlegen, ob ich sie aufschreiben will. Zunächst einmal will ich nur zuhören. Mit einem Blick auf die Uhr frage ich: »Wie viel Zeit haben Sie?«

»Nur ein kleines bisschen.«

Ich bin verwirrt. »Müssen Sie irgendwohin?«

»Ja, ich muss zu meiner Gita.«

Ich versuche, diesem gebrechlichen 87-jährigen Mann in die Augen zu sehen, der gerade den Namen seiner kürzlich verstorbenen Frau genannt hat. Sein Blick bleibt gesenkt.

»Mr Sokolov, ich möchte nicht aufdringlich sein. Wenn Sie nicht mit mir sprechen wollen, ist das in Ordnung, Sie machen guten Kaffee, und Ihre Kekse sind wirklich lecker.«

Das ist allerdings gelogen – ich trinke gerade die erste von sehr vielen grässlichen Tassen Kaffee, die Lale für mich kochen wird.

»Sie sind Gita nie begegnet, oder?«

»Nein.«

»Möchten Sie ein Bild von ihr sehen?«

Bevor ich antworten kann, sind er und seine Begleiter wieder auf den Füßen, gehen zu einem halbhohen Schränkchen, auf dem ein großer Fernseher steht und ein Foto von Gita und Lale.

Er reicht mir das Foto und sagt: »Sie war das schönste Mädchen, das ich je gesehen habe. Ich hielt ihre Hand und sah in ihre angstvollen Augen und tätowierte Zahlen auf ihren Arm. Wussten Sie das? Wussten Sie, dass ich der Tätowierer von Auschwitz war?«

Ich bin gefesselt von dem Foto der lächelnden, über siebzigjährigen Gita, die neben ihrem gut aussehenden Mann sitzt, seinen Arm um ihre Schultern, ich bin sprachlos, stumm, begreife noch nicht, was er mir da sagt.

Das Foto kommt zurück an seinen Platz, haargenau. Mir fällt auf, dass beides, das Foto und der Fernseher, so ausgerichtet sind, dass man sie von einem gegenüberstehenden Lehnsessel perfekt im Blick hat.

»Da Sie nun einmal hier sind, sollte ich wohl meine Geschichte erzählen, oder?«

»Nur, wenn Sie möchten.«

Ich schaue zu seinen Begleitern hinunter, die jetzt fast aussehen, als würden sie schlafen.

»Ich sah damals ziemlich gut aus.« Er durchsucht sein Portemonnaie, zieht ein abgegriffenes Passfoto heraus und reicht es mir.

Ein schneidiger, lächelnder 24-jähriger Ludwig Eisenberg blickt mir entgegen – später erfuhr ich, wie er nach dem Krieg seinen Namen zu Sokolov änderte, um »russisch« zu klingen, und wohl auch, damit es nicht mehr so jüdisch klang. Er ist mehr als gut aussehend: Auf dem Foto sehe ich Arroganz, Selbstsicherheit; er wirkt frech, weltmännisch, ein Mann, der weiß, wer er ist und wo sein Platz in der Welt ist.

»Ich war ein Mamakind. Ich wusste das immer und habe es nie geleugnet.«

»Und …«

»Und was?«

Die nächsten zwei Stunden saß ich da und hörte Lale zu, wie er redete, Fetzen von Geschichten erzählte, Bruchstücke, häufig im Laufschritt ohne klare Zusammenhänge, ohne klare Linie, die sie miteinander verband. Vom Englischen glitt er in eine Sprache, die wohl Slowakisch sein musste, manchmal ins Deutsche und hin und wieder ins Russische und Polnische. Die Wauwaus hatten sich nicht gerührt, aber irgendwann merkte ich, dass Lale unruhig wurde, müde. Als er sagte, dass er der Tätowierer von Auschwitz war, unterbrach ich ihn und fragte, was er damit meine. Er sah mich an wie eine Idiotin. Ich wusste nicht, ob es daran lag, dass ich ihn unterbrochen hatte, oder ob ich hätte wissen sollen, was er meinte.

»Ich war der Tätowierer in Auschwitz-Birkenau – ich habe die Nummern gestochen. Ich habe ihre Hand gehalten, während ich ihr die Nummer stach, und ich habe ihr in die Augen gesehen.« Er brauchte nicht zu sagen, von wem er redete. »Da wusste ich, in dieser Sekunde wusste ich, dass ich nie eine andere lieben könnte.«

Das Foto von Gita und ihm, das er zwischenzeitlich auf den Tisch zwischen uns gestellt hatte, sodass Gita bei dem Gespräch dabei war, drückte er jetzt an seine Brust. Ich hörte sein gebrochenes Herz schlagen. Ich spürte, wie sich mein eigener Puls beschleunigte, als sein Schmerz, seine Trauer über den Tisch drang und mir entgegenschlug.

Ich reckte den Arm und legte ihm sachte die Hand auf den Unterarm. Sein Hemdsärmel rutschte weg und legte teilweise seine eigene Nummer frei. Ich starrte sie an. Das merkte er. Als ich meine Hand zurückzog, schob er den Ärmel ganz hoch und hielt mir stolz seinen linken Arm vor die Augen.

»32407«, sagte er. Die verblassenden blaugrünen Zahlen nahmen mich ganz in ihren Bann.

»Wer war das?«, hauchte ich. »Wer hat Sie tätowiert, wissen Sie das?«

»Natürlich weiß ich das. Das war Pepan. Meine Nummer hat mir Pepan gemacht.«

Etwas später fragte ich Lale, ob er sich für Tennis interessiere. Ich merkte, dass ich über diese dunkle, schmerzliche Zeit in seinem Leben nicht länger reden konnte. Ich kannte mich ja ein bisschen aus, wie man Menschen in tragischen

oder traumatischen Situationen vom aktuellen Gesprächsthema abbringt – ich musste den Bann brechen, unter dem
wir beide standen. Wenn es schon mich stresste, diese nur
angedeuteten Geschichten anzuhören, wie musste es dann
erst ihm gehen?

Ja, er liebe Tennis. Und Fußball und Basketball und
Leichtathletik, sagte er mir.

»Und Cricket?«, fragte ich. »Es ist Cricket-Saison.«

Nein, Cricket mochte er nicht. Konnte sich nicht erwär-
men für eine Sportart, bei der man fünf Tage lang spielen
konnte und immer noch keinen Sieger hatte.

Schließlich spürte ich, dass es Zeit war zu gehen. »Kann
ich nächste Woche wiederkommen?«, fragte ich.

»Zuerst muss ich Sie etwas fragen. Wie gut wissen Sie
über den Holocaust Bescheid?«

Ich ließ beschämt den Kopf hängen. »Es tut mir leid«,
sagte ich, »in meiner neuseeländischen Kleinstadtschule
habe ich damals sehr wenig darüber gelernt, und ich muss
leider gestehen, dass ich mir seitdem nicht sehr viel mehr
angeeignet habe.«

»Perfekt«, sagte er. »Sie sind genau die Richtige.«

»Und jetzt muss ich *Sie* etwas fragen, Mr Sokolov.
Warum möchten Sie mit jemandem sprechen, der kein
Jude ist?«

»Ganz einfach. Ich möchte mit jemandem sprechen, der
keine Verbindung zum Holocaust hat.«

»Aber warum?«

»Ich glaube nicht, dass es irgendwo einen Juden gibt, der
nicht vom Holocaust betroffen ist, entweder persönlich oder
über Verwandte oder Freunde. Mit diesem Ballast kann man
meine Geschichte nicht aufschreiben.«

»Sie wissen, dass ich noch nie ein Buch geschrieben habe? Ich habe ein paar Drehbücher studiert und geschrieben, aber aus keinem ist etwas geworden.«

Ich musste einfach gestehen, dass ich als Autorin noch nichts geleistet hatte. Ich war ein großer Kinofan und hatte in meiner Naivität gedacht, ich könnte einfach am Wochenende Schreibkurse und Workshops belegen, Drehbücher lesen und die fertigen Filme analysieren, und dann könnte ich selbst ein Drehbuch schreiben. Ich hatte mehrere Plots im Kopf und sah all meine Geschichten schon klar vor mir. Vertrauen in die eigenen Fähigkeiten sollte man nie unterschätzen. Nur weil etwas, was man versucht hat, nicht geklappt hat, ist man nicht gleich gescheitert; man muss sich eben beim nächsten Mal mehr anstrengen. So ähnlich hatte ich es mir immer zurechtgelegt. Fertiggestellt hatte ich nur ein einziges Drehbuch.

»Schreiben können Sie ja, oder?«, fragte Lale.

»Ich glaube schon.«

»Dann schreiben Sie meine Geschichte.«

»Da ist noch etwas, was Sie über mich wissen sollten.«

Jetzt sah er mich zum ersten Mal richtig an.

»Meine Mutter hieß mit Mädchennamen Schwartfeger.«

»Ah, Sie sind Deutsche.« So lebhaft hatte er heute noch nie geklungen.

»Nein, ich bin Neuseeländerin. Meine Familie lebt seit fünf Generationen dort.«

»Egal, unsere Eltern können wir uns schließlich nicht aussuchen.«

Als ich das hörte, lächelten wir uns zum ersten Mal an.

»Dienstag. Kommen Sie am Dienstag wieder«, sagte er.

»Hm, montags bis freitags arbeite ich.«

»Wann sind Sie da fertig?«

»Um fünf.«

»Dann kommen Sie eben danach.«

Auf dem Heimweg sah ich nichts mehr von der Weihnachtsdekoration, mein Kopf schwirrte von Bildern des Schreckens und der Liebe, der Niedertracht und des Muts.

»Wie war es?«, fragte meine Familie, als ich nach Hause kam.

»Ich habe gerade ein Stück lebende Geschichte erlebt«, war meine einzige Antwort. Sie drängten mich, mehr zu erzählen, aber ich konnte oder wollte nicht. Ich musste jetzt erst einmal allein sein mit meinen Gedanken, musste zu verstehen versuchen, was ich da eben gehört hatte, musste versuchen, es einzuordnen, obwohl ich nur wenig über den Holocaust wusste, musste die Bedeutung des Erzählten ermessen – und damit war ich völlig überfordert.

Am Dienstag nach der Arbeit ging ich erneut zu Lale und dann wieder Donnerstag- und Sonntagnachmittag. Wir saßen an seinem Esstisch, zwischen uns sein grässlicher Kaffee und die leckeren Waffeln. Er redete, ich hörte zu. Lale sah mir nur selten in die Augen. Er sprach mit dem Tisch, mit der Wand, mit einem seiner Wauwaus; dann beugte er sich hinunter und kraulte den einen oder anderen hinter dem Ohr. Manchmal holte einer von ihnen einen Tennisball und brachte ihn ihm. Er warf ihn sich über die Schulter, und die beiden Hunde rannten los und stritten sich darum – es gewann immer Tootsie, aber Bam Bam versuchte es jedes Mal wieder.

Zu keinem Zeitpunkt versuchte ich vor Lale irgendetwas

aufzuschreiben, was er erzählte. Ich spielte mit dem Gedanken zu fragen, ob ich ihn aufnehmen dürfe, aber ich tat
es nie. Die wenigen Male, bei denen ich ihn mit einer Frage
unterbrach, machten ihn nervös, er verlor den Faden und
kam mit der Geschichte, bei der er gerade war, nicht weiter.
Aber das war egal. Bei ihm und den Hunden zu sitzen, ihm
zuzuhören, auch wenn es manchmal nur die wirren Gedan-
kengänge eines alten Herrn waren, war absolut fesselnd.
Lag es an seinem entzückenden osteuropäischen Akzent?
War es der Charme, den dieses Schlitzohr sein Leben lang
ausgestrahlt hatte? Oder war es die verworrene Geschichte,
die ich nach und nach begriff, deren Bedeutung und Trag-
weite mir ganz langsam dämmerte? Sicher war es alles zusammen und noch mehr.

Hinterher beeilte ich mich, nach Hause zu kommen,
ignorierte die Fragen und Bedürfnisse meines Mannes
und meiner gerade erwachsenen Kinder, setzte mich gleich
an den Computer und versuchte mich an alles zu erinnern,
was ich gehört hatte, Namen, Daten und Orte. Wie ich die
Namen und besonders die Ränge der SS-Offiziere tran-
skribierte, war im Rückblick fast schon komisch. Außerdem führte ich eine separate Tabelle, in der ich Datum und
Uhrzeit eintrug, meinen Eindruck von Lales Stimmung
an diesem Tag und meine eigene Gefühlslage während und
nach dem Treffen mit ihm.

Mehrere Wochen lang besuchte ich ihn zwei- oder dreimal pro Woche. Jedes Mal begrüßten mich er und die Wauwaus an der Tür, und jedes Mal sagte Lale:

»Haben Sie mein Buch fertig? Sie wissen doch, ich will
zu Gita.«

Ich antwortete dann: »Nein, ich bin nicht fertig, und

denken Sie daran, Lale, ich schreibe ein Drehbuch, kein Buch.«

Er ignorierte das und hielt mir die Tür auf, dann wartete er, bis ich am Tisch Platz genommen hatte, und verschwand mit den Wauwaus in der Küche, um mit dem »Kaffee« und den Keksen wiederzukommen.

Lale war immer noch in tiefer Trauer. Ihm zuzuhören, war das eine, ihm beim Erzählen zuzusehen, etwas ganz anderes. Ich merkte deutlich, dass er hin- und hergerissen war: Er wollte zu Gita, aber er wollte auch, dass ihre Geschichte erzählt wurde, und da war noch so viel zu erzählen. An manchen Tagen hingen Trauer und Niedergeschlagenheit über ihm wie eine zum Bersten gefüllte Wolke. An diesen Tagen fiel mir auf, dass Tootsie und Bam Bam ihrem Herr-chen ganz ruhig zu Füßen lagen. Ihr Verhalten wurde für mich ein guter Anzeiger für seine Stimmung. An anderen Tagen war er lebhaft, erzählte munter von »seiner Gita«. Ich bin Tootsie und Bam Bam ewig dankbar für ihre Intui-tion und ihre bedingungslose Liebe zu Lale, die nicht nur ihm half, sondern auch mir, um Zugang zu ihrer einge-schworenen Gruppe zu finden. Ich hatte selbst einen Hund (Lucy) und wusste sehr genau, wie viel Kraft und Trost in einer feuchten Nasenspitze und in treuen Hundeaugen lie-gen können.

Lale gewöhnte sich an mich. Er wurde lockerer, herzlich, erzählte mir bereitwillig von seinem Leben vor Auschwitz, vermischte es mit seinem Leben in Australien zusammen mit Gita. Fakten, exakte Beschreibungen, wunderbar, nur dass er so oft mit etwas anfing, dann innehielt und zu etwas anderem überging. Jedes Mal, wenn er an die blanken Emo-tionen rührte, die er sein beinahe neunzigjähriges Leben lang mit sich herumgetragen hatte, nämlich an eine der dunkelsten, schlimmsten Epochen der Geschichte, schreckte er zurück.

Eines Sonntagnachmittags fragte ich ihn, was er zu Abend essen würde. Er habe noch einen Rest Suppe, sagte er mir. Spontan lud ich ihn ein, mit mir und meiner Familie zu essen, und er nahm die Einladung ohne Umschweife an, während sein Gesicht sich aufhellte. Schnell fütterte er die Hunde, als ich vorsichtig andeutete, dass mein Hund zusätzliche vierbeinige Freunde zum Abendessen nicht gerne sehen würde; dann ließ er sich zu mir nach Hause fahren.

Meine achtzehnjährige Tochter hatte keinen Handkuss erwartet, als sie Lale zur Begrüßung die Hand reichte. Mein Mann und die beiden Söhne fanden sofort einen Draht zu Lale und kamen leicht ins Gespräch. Als mein Mann und ich in die Küche gingen, um das Essen vorzubereiten, blieben die Kinder mit Lale im Wohnzimmer. Kurz darauf hörte ich etwas, was ich zuvor noch nicht gehört hatte, und freudig staunend horchte ich auf: Lale lachte. Ich steckte den Kopf durch die Tür, und tatsächlich, da saß er mit meiner Tochter auf dem Sofa, brachte sie zum Lachen und machte ihr, wie ich es später beschrieb, in guter alter Manier den Hof.

Es war ein wunderbarer Abend. Wir saßen um unseren Esstisch, aßen und redeten stundenlang. Lale fesselte uns alle, aber nicht mit Geschichten über den Holocaust. Zum ersten Mal erfuhr ich etwas mehr über sein Leben als Heranwachsender, bevor er nach Auschwitz deportiert wurde; über sein Leben in Bratislava nach der Befreiung und über sein Leben mit Gita in Australien.

Sah ich da einen neuen Lale, oder war das genau der alte Lale? Der trauernde alte Herr mit seiner entsetzlichen Geschichte verwandelte sich vor meinen Augen in einen anderen. Ganz langsam begriff ich, wie er hatte überleben können. Er hatte ein starkes Charisma, verzauberte nicht nur meine Tochter, sondern auch meinen Mann und die Söhne. Ganz offensichtlich waren sie sofort mit ihm warm geworden, und sie waren gefesselt von der Courage, der Intelligenz, die aus seinen Geschichten sprach.

Lale bestand darauf, dass meine Tochter und ich sitzen blieben, als es ans Abdecken ging; er werde den anderen Männern beim Abwaschen helfen. Ich bekam mit, wie er in der Küche meine Männer über mich ausfragte, und schämte mich wegen einiger ihrer Antworten. Meine Söhne sagten, ich könne nicht besonders gut kochen, ihr Vater habe viel kreativere Ideen. Mein Mann sagte ihm, dass ich recht unordentlich war und dass die meiste Hausarbeit er erledigte. Nun ja, ein Körnchen Wahrheit steckte schon drin. Am lebhaftesten erinnere ich mich von diesem ersten Besuch an Lales Lachen. Es war das erste Mal, dass ich ihn lachen hörte, und von da an lachte und kicherte er jedes Mal, wenn wir uns trafen, noch über die kleinsten, einfältigsten Dinge.

Auf der Heimfahrt machte ich eine Bemerkung zu seinem »Flirt« mit meiner Tochter. Seine erste Antwort war: »Sie ist ein sehr hübsches Mädchen!« Nach einem kurzen Schweigen fügte er hinzu: »Sie ist genauso alt wie Gita bei unserer ersten Begegnung.« Jetzt verstand ich. Etwas an meiner Tochter erinnerte Lale so machtvoll an Gita und ihre ersten gemeinsamen Jahre.

Dass ich Lale meiner Familie vorstellte, dass ich ihm zeigte, wer ich war, ihn meiner Familie zuhören ließ, wie sie über mich witzelte und Geschichten über mich erzählte, knüpfte für ihn die Verbindung zu mir, die er brauchte, um mir etwas mehr zu vertrauen. Eine andere Ebene erreichte dieses Vertrauen ein paar Tage später, als Tootsie an den Tisch kam, an dem wir saßen. Wie sonst hatte sie einen Tennisball im Maul, aber diesmal knurrte sie, als Lale versuchte, ihn zu nehmen.

»Pfui, Tootsie, gib mir den Ball«, sagte er und gab ihr einen Klaps auf den Kopf.

Wieder knurrte sie. Wir waren beide baff. Tootsie und Bam Bam waren perfekte Begleiter, sie bellten nur, wenn der Briefträger sein Moped vor Lales Wohnung parkte, um die Post zu bringen.

Tootsie wandte sich von Lale ab, trat den einen Schritt näher zu mir heran und legte ihren Kopf auf mein Knie, den Ball im Maul, ihre großen Augen auf mich gerichtet. Vorsichtig reckte ich die Hand und legte sie in ihrem Maul um den Tennisball. Sie ließ ihn los und trat zurück. Ich warf den Ball über die Schulter, und die Wauwaus rannten los, um ihn zu holen. Lale und ich sahen ihnen zu, dann wandte er sich an mich.

»Meine Wauwaus mögen Sie, ich mag Sie, Sie können meine Geschichte erzählen«, brachte er schließlich heraus.

Dieses kleine, an sich unbedeutende Ereignis legte bei Lale gleichsam einen Schalter um. Als ich ihn das nächste Mal besuchte, begrüßte er mich mit: »Haben Sie mein Buch fertig?«, aber diesmal fehlte die Fortsetzung: »Ich muss zu Gita.« Er wollte seine Geschichte jetzt unbedingt fertig erzählen.

Die Emotionen, die er ausströmte, wenn er von Gita sprach, von seinen Eltern und seiner Schwester Goldie, der einzigen Überlebenden aus seiner Familie, waren überwältigend. Lales Berichte über seine Zeit in Auschwitz-Birkenau machten mich wütend und zornig, aber außerdem fiel mir eine Veränderung an seinem Verhalten auf. Seit er mit größerer innerer Beteiligung von seiner Vergangenheit sprach, schien ein Gewicht von ihm abzufallen, und er wirkte glücklicher.

Unsere auf Thema und Autorin beruhende Beziehung wandelte sich zur Freundschaft. Immer noch redete er die meiste Zeit; ich war zum Zuhören da. Diese Geschichten und die dazugehörigen Erinnerungen aus ihm herauszulocken, war eine riesige Arbeit. Inzwischen las ich viel im Hintergrund, recherchierte Orts- und Personennamen und klärte die Details von Lales Zeit in Auschwitz-Birkenau ab. Ich war mir völlig bewusst, wie Erinnerung und Geschichte manchmal Hand in Hand gehen und manchmal auseinanderdriften. Lales Erinnerungen schienen klar, präzise und im Einklang mit meinen Recherchen. War das ein Trost für mich? Nein, es machte seine Erinnerungen umso furchtbarer; Gedächtnis und Geschichte drifteten bei diesem schönen alten Mann sehr wenig auseinander, allzu oft gingen sie vollkommen Hand in Hand. Als ich von anderen Überlebenden, die Lale mir vorstellte, mehr über Gitas Leben im Lager erfuhr, verstand ich, warum er lieber über ihre gemeinsam verbrachte Zeit sprach und sich nicht damit auseinandersetzen wollte, was sie hatte durchmachen müssen, wenn sie nicht zusammen waren.

Nach ein paar Monaten fing Lale an, mich zu bitten, ihn zu Veranstaltungen und zu Freunden zu begleiten. Als ich zum ersten Mal dabei war, kamen wir in einen Raum, in dem auf der einen Seite Männer standen, auf der anderen Seite Frauen. Als wir durch die Tür traten, wurde Lale herzlich begrüßt, alle freuten sich, ihren Freund wiederzusehen. Er zeigte auf mich und rief laut: »Hier, meine Freundin! Ladys, kümmert euch um sie – beim Gehen nehme ich sie wieder mit.« Der Charme, der Esprit, den dieser wunderbare Mann sein Leben lang versprüht hatte, war zurück und für alle gut sichtbar.

Ob es mir etwas ausmachte, dass ich zu den »Ladys« geschickt wurde? Überhaupt nicht. Denn ich konnte da einer großartigen Gruppe weiblicher Überlebender zuhören, die nicht nur von ihrem eigenen Überleben erzählten, sondern auch von den Jahrzehnten, die sie mit Lale und Gita in der jüdischen Gemeinde in Melbourne verbracht hatten. Wenn das kein Privileg war!

Am nächsten Tag dachte ich über diese erste von vielen solchen Erfahrungen nach. Es ging dort überhaupt nicht um mich und das, was ich vorhatte, sondern jede wollte reden und meine Aufmerksamkeit gewinnen. Zuzuhören, wie erregte Frauen einander ins Wort fielen, wie eine die Sätze der anderen beendete, wie sie stritten und sich widersprachen, war überwältigend. Ich stellte nur vereinzelte Fragen, häufig zu Lale oder Gita oder um Hintergründe zu einer Geschichte zu erfahren, noch eine kleine Anekdote.

Genauso ein Privileg war es, Freunden der Sokolovs im kleinen Kreis zu begegnen. Ich fühlte mich unglaublich geehrt, Lale und einem seiner Freunde, ebenfalls einem Überlebenden, zuhören zu dürfen, wie sie redeten, lachten, einander mit ihren Erlebnissen aufzogen. In diesen Kreis aufgenommen zu werden, in dem seine Freunde sich mir öffneten und meinen Platz in seinem Leben anerkannten, war eine Freude. Sein Freund Tuli war gerade erst achtzehn, als er aus seiner slowakischen Heimatstadt Bardejov deportiert wurde. »Ein schmächtiges Kind – mich konnte ein Windstoß umhauen«, so beschrieb er sich selbst. Wie Lale litt er nicht nur an Hunger und Demütigung, sondern war auch krank. Aus Auschwitz-Birkenau wurde er in ein anderes Arbeitslager verlegt, und diesem Umstand verdankt er, so sieht er es, sein Überleben.

»Darf ich Sie einmal filmen?«, fragte ich Lale eines Tages. »Nichts Langes, nur ein kleines Gespräch mit mir.«

Er nickte gleichgültig: »Meinetwegen, wenn es für meine Geschichte hilft.«

Ich bat meine beiden Söhne, ein kleines Filmteam aufzustellen und ein Studio zu mieten. Der Tag, an dem gefilmt werden sollte, fing nicht besonders gut an. Ich hatte auch meine achtzehnjährige Tochter gebeten, als Statistin mitzuwirken, Lale ein Mikrofon an den Kragen zu stecken und das Interview zu eröffnen. Sie zog sich den Unmut ihrer Mutter zu, indem sie zu spät und verkatert auftauchte. Lale dagegen, wie immer ihr größter Fan, umschmeichelte sie, fand es gut, dass sie ihr Leben genoss und dass sie ihre Mutter ärgerte, genau das sei ihr Job.

Fünf junge Leute – Produzent, Regisseur, Ton, Kamera und die eigensinnige Tochter – konzentrieren sich, als der Regisseur *»Action!«* ruft. Die Szene läuft ab. Ich bin fertig, warte auf das Wort *»Cut!«*. Aber nichts. Ich sehe mich nach dem Team um – alle sind wie betäubt, sprachlos über das, was sie da gesehen und gehört haben. Die Kamera läuft weiter. *»Cut!«*, sage schließlich ich. Ich sehe Tränen in den Augen meiner Tochter, als sie diesen unglaublichen alten

Mann bewundernd ansieht. Langsam gehen sie gemeinsam auf Lale zu. Sie beugen sich zu ihm, sie umarmen ihn, klopfen ihm auf die Schulter, schütteln ihm die Hand – alle sind in seinem Bann. »Sie sind ein Stück lebende Geschichte«, höre ich einen von ihnen flüstern. Sie haben es begriffen – sie haben Lale begriffen. Zwei Stunden lang blieben wir in diesem Studio. Fünf junge Leute, die mehr hören wollten, die mit offenen Herzen und Sinnen lauschten. Lale war in seinem Element, er stand im Mittelpunkt der Aufmerksamkeit eines interessierten Publikums. Ich erinnere mich an einen Stich von Eifersucht bei seiner Reaktion, als einer ihn mit einer Frage unterbrach: »Gut, gut! Du hast zugehört, du willst es genauer wissen, ich erkläre es dir.«

Bei mehreren Punkten über sein Leben in Auschwitz-Birkenau kämpfte Lale sehr mit dem Erzählen. Von einigen Dingen wusste ich noch gar nichts, als unsere Freundschaft bereits fast ein Jahr dauerte. Andere Themen tippte er an, dann schürzte er die Lippen, schüttelte den Kopf und verstummte. Ich schaffte es, nichts zu sagen. Ich wollte ihn nicht zum Erinnern drängen, er sollte einfach nur er sein. Wenn er bestimmte Dinge an mich loswerden wollte, würde er mir an einem guten Tag davon erzählen. Oft habe ich mich gefragt, wie viele Erinnerungen er wohl ungeteilt mit ins Grab genommen hat. Aber das ist egal – es war seine Entscheidung und sein Recht.

Wenn Sie den *Tätowierer von Auschwitz* gelesen haben, wissen Sie, dass Lale im KZ Auschwitz-Birkenau eine Zeit lang im sogenannten Zigeunerlager gelebt hat. Natürlich sollte man eigentlich Roma-Lager sagen. Doch damals hieß es eben nicht so, und auch Lale nannte es nicht so, und ich verurteile ihn nicht dafür, dass er »Zigeunerlager« sagte.

Seine Zeit dort war eine der Episoden, die er ganz fest unter Verschluss hielt.

Und dann ließ er sie eines Tages doch heraus. Wie immer erzählte er mir Bruchstücke von Geschichten, nannte Namen von Gefangenen oder SS-Leuten; Daten und Zeitpunkte dieses historischen Horrors, den er als Zeuge miterlebt und manchmal auch am eigenen Leib erfahren hat. Ich habe seine Beziehung zu den Zigeunerfamilien beschrieben; aber was Sie nicht wissen, ist, wie viel Schmerz Lale damals empfand und nun aufs Neue durchmachte; und ich saß ruhig da, horchte auf seine brüchige Stimme, sah, wie er sich mit zitternden Händen Tränen aus den Augen wischte. Der körperliche Schmerz, den ich empfand, als ich nur dasaß und ihm zuhörte, geht mir immer noch durch Mark und Bein. Lale hatte den Mut, endlich doch darüber zu reden; und ich schrieb meine Notizen, wenige Stunden nachdem ich ihm zugehört hatte. Beim Notieren sah ich noch sein Gesicht vor mir – er wendete sich von mir ab, Tootsie und Bam Bam lagen aufgerollt an seinen Füßen –, er starrte auf einen Punkt an der Wand, bis er fertig war. Dann stand er auf und ging zu dem Gemälde, das hinter ihm hing, stand nur wenige Meter vor dem Geschenk, das Gita ihm gemacht hatte, als sie nach dem Krieg in Bratislava lebten: das Gemälde von der Zigeunerfrau. Und das erzählte er mir:

Ich tue mich schwer, die Geschichte von den Zigeunern zu Ende zu erzählen. Ich will das Ende nicht erzählen, es tut zu sehr weh. Die Geschichtsschreibung hat das, was mit ihnen passiert ist, in einem einzeiligen Satz festgehalten – ich brauche nur ein paar Sätze mehr.

Ich war dabei. Ich habe die Schreie gehört, als sie mitten in der Nacht geweckt und aus ihren Baracken getrieben wurden. Ich stand auf und sah, wie meine Freunde nach mir riefen, damit ich sie rettete. Ich wusste damals nicht mit Sicherheit, was ihnen bevorstand, aber ich ahnte es. Viereinhalbtausend Männer, Frauen und Kinder wurden mit Stößen, Schlägen und Tritten auf große Lkws verfrachtet. Ich rannte nach draußen und sprach einen SS-Mann an, der bei einem der Lkws stand, flehte ihn an, sie in Ruhe zu lassen, wenigstens nicht die Frauen und Kinder mitzunehmen. Er richtete sein Gewehr auf mich und sagte, wenn ich mich nicht nach drinnen verzöge, würde er mich mit verladen.

Ich stand in der Tür und sah sie an mir vorübergehen. Mit erhobenem Haupt zogen sie an mir vorbei, stolz. Viele der Männer schüttelten mir die Hand, die Frauen grüßten einfach. Als Nadya kam, bettelte ich, sie sollte einfach zurückbleiben, ich würde schon irgendeinen Weg finden, um sie zu beschützen. Sie lächelte mich an und sagte mir, dass sie mit ihren Leuten gehen müsse.

Nach sehr kurzer Zeit stand ich alleine da, war jetzt der einzige Bewohner des Zigeunerlagers. Nie hatte ich mich derart hilflos gefühlt. Die Nacht verging, der neue Morgen dämmerte, grau und Unheil kündend, es würde viel neue Arbeit geben. Ich hatte ein gutes Zeitgefühl entwickelt, und wenn ich vom späten Vormittag rede, meine ich gegen 11:00 oder 11:30 Uhr; als ich da alle Hände voll mit den Neuankömmlingen zu tun hatte, spürte ich auf der Haut plötzlich das vertraute Brennen von Asche, die mir ins Gesicht fiel. Innerhalb weniger Minuten verdunkelte sich der Himmel, und die Asche von viereinhalb-

*tausend Zigeunern regnete auf mich herab. Ich weiß, dass
ich auf die Knie fiel; ich weiß, dass ich weinte. Einer meiner Gehilfen befürchtete, ich wäre krank, und half mir
wieder auf die Beine.*

»Lale, Lale, was ist los?«, fragte er.

*Während er mir aufhalf, schaute ich hinüber zu den
Reihen bei der Selektion, da sah ich, dass Mengele mich
anblickte. Er kam herüber.*

»Bist du krank, Tätowierer?«

*Ich schüttelte den Kopf, nahm das Tätowierbesteck und
griff nach dem Arm des nächsten Opfers.*

Mengele lächelte mich an.

»Eines Tages, Tätowierer, eines Tages hole ich dich.«

Geschichte und Gedächtnis. Ich habe schon darüber geschrieben. Ich bin weiterhin überzeugt: Wenn wir jemandem zuhören, der von Ereignissen berichtet, deren persön-
licher Zeuge oder deren Teil er war, dann haben Gedächtnis
und Erinnerung des Individuums Vorrang vor den Berichten anderer, die selbst nicht Zeugen der Ereignisse waren.
Dennoch beschloss ich, in Lales und Gitas Geschichte nur
Ereignisse wiederzugeben, die sich noch anderweitig belegen ließen, besonders wenn außer Lale noch andere Menschen miteinbezogen waren. Diese Regel stellte ich für mich
selbst auf. Ich schrieb einen fiktiven Text, aber angesichts
des Themas musste er auf Tatsachen beruhen, und wenn ich
etwas nicht durch eine zweite Quelle prüfen konnte, ließ
ich es weg. An einen solchen Fall erinnere ich mich ganz
besonders. Lale erzählte von einem Ereignis mit Czesław
Mordowicz, einem bekannten Häftling, dessen Geschichte
große Beachtung fand, aber ohne Erwähnung von Lale. Ein

professioneller Rechercheur hatte mit Mordowiczs Angehörigen gesprochen, und sie bestanden darauf, dass sie noch nie von Lale Sokolov gehört hatten, ihr Vater habe ihn nie erwähnt, und Lale habe in Mordowiczs Zeit in Auschwitz-Birkenau keine Rolle gespielt.

Als Lale einen ersten Entwurf meines ursprünglichen Drehbuchs las, fuhr er mich an: »Und wo ist meine Geschichte mit Mordowicz? Warum haben Sie nichts über ihn geschrieben?« Ich weiß, dass ihn meine Erklärung, ich habe seinen Bericht nicht anderweitig belegen können, nicht zufriedenstellte. Er erzählte die Geschichte so oft, und ich saß da und hörte zu, und ich glaubte ihm von ganzem Herzen. Ich kannte ihn so gut und war mir sicher, dass seine Version der »Mordowicz-Story«, wie er sie nannte, zu hundert Prozent seiner Erinnerung entsprach.

Als *Der Tätowierer von Auschwitz* schließlich 2018 publiziert wurde, fehlte darin die Mordowicz-Story, weil ich sie bei niemand Drittem hatte prüfen können. Mein Roman erschien in vielen Ländern, und allmählich erhielt ich E-Mails aus der ganzen Welt. Eine dieser Nachrichten schickte mir ein kanadischer Journalist, der mir erzählte, er habe mein Buch gelesen, während er gerade einen verspäteten Nachruf auf Czesław Mordowicz schrieb. Er besaß einen Abdruck der Übersetzung von Mordowiczs Bericht über seine Flucht aus Auschwitz-Birkenau, und er sagte mir, Mordowicz habe dort erwähnt, welche Rolle Lale Sokolov dabei gespielt habe. Er schickte mir ein Foto des schon älteren Mordowicz, auf dem er seinen linken Arm in die Kamera hält. Wie bedeutsam das war, werden Sie gleich verstehen.

Als ich diesen Bericht las, hörte ich Lale, der mir dieselbe Episode erzählte. Er war nicht mehr da; seine Geschichte war niedergeschrieben, aber ich wollte ihm sagen: *Ich habe nie an Ihnen gezweifelt, Lale. Ich hoffe, Sie haben am Ende verstanden, warum ich dieses Ereignis nicht in Ihr Buch aufnehmen konnte. Ich hatte so oft zugehört, wie Sie mir davon erzählten. Ich weiß, Sie hätten es liebend gern in Ihrem Roman stehen gehabt. Jetzt kann ich davon erzählen.*

Damit Lales kurzer Auftritt im Leben von Czesław Mordowicz verständlich wird, muss ich ein bisschen über diesen Mann und seine Bedeutung für die Geschichte des Holocausts berichten.

Czesław Mordowicz, Häftlingsnummer 84216, floh gemeinsam mit einem anderen Gefangenen, Arnošt Rosin, am 27. Mai 1944 aus Auschwitz-Birkenau. Sie schlugen sich bis in die Slowakei durch, wo sie zwei anderen jungen Männern begegneten, Rudolf Vrba und Alfred Wetzler, die selbst im April 1944 geflohen waren. Vrba und Wetzler hatten für den slowakischen Judenrat einen Bericht verfasst, der Auschwitz-Birkenau als Vernichtungslager beschrieb. Mordowicz und Rosin bestätigten nicht nur die Angaben und die dort berichteten Details, sondern ergänzten sie um die furchtbare Information, dass kürzlich 100 000 ungarische Juden – Männer, Frauen und Kinder – in Auschwitz eingetroffen und zumeist umgehend in den Gaskammern ermordet worden waren. Diese Berichte wurden später als »Auschwitz-Protokolle« betitelt. Das Dokument wurde in die Schweiz und in den Vatikan geschmuggelt und gelangte schließlich in die USA. Sowohl die *New York Times* als auch die BBC in London berichteten über seinen Inhalt. Offenbar sorgte es für so viel öffentlichen Druck, dass die ungarische Regierung im Juli 1944 die Deportation jüdischer Bürger stoppte. Bis dahin waren etwa 430 000 ungarisch-jüdische Männer, Frauen und Kinder deportiert worden.

Im August 1944 kam es zum Slowakischen National-aufstand, bei dem Widerstandskämpfer vergeblich versuchten, die deutschen Truppen zurückzudrängen, die die Slowakei besetzten. Mordowicz wurde dabei gefangen genommen und ein zweites Mal nach Auschwitz-Birkenau deportiert. Auf dem Weg nach Polen versuchte er, sich die tätowierte Häftlingsnummer vom Arm zu beißen. Er wusste, dass Lagerflucht zur Abschreckung mit einer öffentlichen Hinrichtung bestraft wurde; alle Häftlinge in Auschwitz-Birkenau wurden auf dem linken Arm tätowiert, und wenn er wieder tätowiert oder bei der Selektion von einem Arzt oder SS-Mann untersucht würde, würde seine alte Nummer auffallen.

Lale hörte von Mordowicz und ging zusammen mit zwei anderen slowakischen Häftlingen zu ihm, sobald er im Lager eintraf. Mordowicz erzählt ganz einfach davon, wie Lale seine Häftlingsnummer in eine Blume umtätowierte. Lale wiederum berichtet von einem jungen Mann mit einer entzündeten, sehr unschönen Wunde, unter der die Zahlen aber immer noch lesbar waren. Er erzählte mir, wie tapfer Mordowicz gewesen war, als Lale in die zerbissene, infizierte Haut eine Rose tätowierte. Für Mordowicz war es einfach eine Blume; für Lale dagegen das Symbol der Liebe – eine Rose, nicht irgendeine Blume.

Auch dank Lales Einsatz blieb Mordowicz in Birkenau unerkannt und überlebte den Holocaust. Er und Lale trafen sich nach dem Krieg in Bratislava wieder. Während Lale nach Australien ging, lebte Mordowicz später in Kanada.

Ich erzähle diese Geschichte, weil Lale so stolz war auf seine Bekanntschaft und den kleinen Beitrag für einen der vier Helden, die aus Auschwitz-Birkenau flohen und so mutig waren, ihren Zeugenbericht und ihre eigene Erfahrung niederzuschreiben und den slowakischen Judenrat von der Richtigkeit ihrer Aussage zu überzeugen, woraufhin dieser wiederum das Risiko einging, das Dokument außer Landes in die neutrale Schweiz zu schmuggeln. Doch obwohl ich viele, viele Male zugehört hatte, wie Lale mir diese Geschichte erzählte, konnte ich sie erst aufschreiben, als ich aus Kanada den Beleg dafür erhielt.

Wenn ich über Lale und meinen Großvater nachdenke, fällt mir zwischen den beiden Männern nicht eine Ähnlichkeit ein. Gramps war über 1,80 Meter groß – ein imposanter Mann, sogar noch mit über achtzig. Als ich Lale kennenlernte, war er siebenundachtzig, nicht einmal 1,70 Meter groß, und ein starker Windstoß hätte ihn umblasen können. Bei meinen Besuchen war er mehrmals mit blauen Flecken übersät, weil seine Wauwaus beim Gassigehen zu stark an der Leine gezogen hatten und er gestürzt war. Seine Haut war fast durchsichtig, seine Prellungen – er spielte sie herunter und ließ nicht zu, dass ich sie versorgte – dadurch umso auffälliger. Lale lachte für sein Leben gern, er hatte blitzende Augen und flirtete mit Hingabe mit jeder Frau, der er begegnete. Gramps dagegen war zurückhaltend, bedächtig, wählte jedes seiner Worte sorgfältig aus – ich kann mich nicht erinnern, dass er je gelacht hätte. Lale erzählte seine Geschichte mit wortreichen Abschweifungen und häufig in unzusammenhängenden Sätzen. Ich konnte Stunden bei ihm verbringen, ohne etwas Neues zu erfahren, er redete einfach liebend gern. Wir waren ein gutes Team, denn ich hörte liebend gern zu. Die einzige Verbindung zwischen diesen beiden Männern war ich und die Begeisterung, mit der ich Zeit mit alten Leuten verbrachte, weil ich ihre Lebenserfahrung schätzte und mich geehrt fühlte, dass sie sie an mich weitergaben.

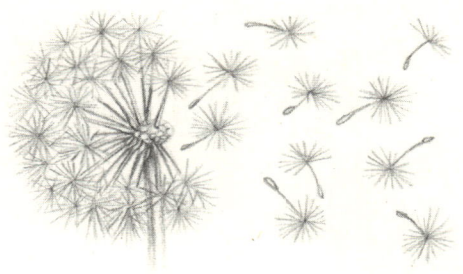

3 Zuhören – aber wie?

Das Wort listen *(zuhören) besteht aus denselben Buchstaben wie das Wort* silent *(still).*

Das größte Kommunikationsproblem besteht darin, dass wir nicht zuhören, um zu verstehen; wir hören zu, um zu antworten.

Eigentlich ist es doch ganz einfach. Wenn wir mit mindestens einer anderen Person zusammen sind und sie etwas sagt, hören wir einfach zu. Allerdings tun wir das viel zu oft nicht mit dem Ziel, etwas Neues zu erfahren – vielmehr pickt sich unser Gehirn hektisch nur einen Teil des Gesagten heraus: den Teil, auf den wir reagieren wollen, den wir kommentieren, zu dem wir unsere Meinung sagen möchten. Häufig konzentrieren wir uns sehr stark auf das, was wir selbst sagen wollen, und suchen nur nach einer Pause, in der wir es anbringen können. Beobachten Sie sich einmal selbst, wenn Sie das nächste Mal ein Gespräch führen – wir machen das alle so, und indem ich darauf hinweise, will ich es auch gar nicht kritisieren. Häufig ist das Zuhören nur eine Pause in dem Handel, in dem wir abwechselnd loswerden, was wir jeweils sagen möchten; oft steht es auch damit in Zusammenhang, welchen Eindruck wir gerade zu vermitteln versuchen, oder es orientiert sich sehr stark an der Art des Gesprächs. Man bezeichnet diese Praxis als »phatische Kommunikation« – verbale Interaktionen, die eher eine soziale Funktion erfüllen als einen wirklichen Informationsaustausch. Und wenn es nur um einen lockeren Plausch geht – über den Gartenzaun mit dem Nachbarn zum Beispiel –, dann ist dieses partielle Zuhören auch völlig in Ordnung. Small Talk über das Wetter, die Gesundheit, das letzte Wochenende oder das Wohlbefinden der Familie – das alles schaffen wir ziemlich gut im Autopiloten. Wenn wir dagegen zuhören sollen, weil unser Gegenüber uns etwas Persönliches mitteilen möchte, was ihm viel bedeutet, ist eine ganz andere Form des Zuhörens gefragt: *echtes* Zuhören. Und ich glaube, diese Fähigkeit, die Kunst des Zuhörens, ist in der überbeschäftigten, sozial distanzierten Welt, in der wir heute leben, verloren gegangen.

Das Zuhören fängt bei der Geburt an. Womöglich sogar vor der Geburt, und Studien belegen heute, dass ungeborene Kinder Klänge wahrnehmen. Wie viele werdende Eltern haben schon sehr persönliche Momente erlebt, in denen sie durch den Bauch der Mutter mit ihrem ungeborenen Baby gesprochen haben in der Hoffnung, dass es ihre Stimme, wenn sie sich dann begegnen, wiedererkennt? Auch ich habe das bei meiner Tochter gemacht, weil ich schon eine Verbindung zu meinen ungeborenen Enkeln aufbauen wollte; bei zwei von ihnen war ich Zeugin ihres ersten Atemzuges und flüsterte ihnen gleich nach der Geburt ein paar Liebesworte zu.

Seit ich Großmutter bin, habe ich Gelegenheit, kleine Menschen zu beobachten, ihnen zuzuhören und von ihnen zu lernen; aufgrund der Erschöpfung, des Schlafmangels und der Panik einer jungen Mutter habe ich diese Gelegenheit bei meinen eigenen Kindern verpasst. Nichts macht mir mehr Freude, als diesen kleinen Personen zuzuhören, wie sie mir von ihrem Tag erzählen oder erklären, was sie gerade tun. Allerdings schweifen die Gedanken doch auch leicht ab, man verliert die Konzentration, und das kann Folgen haben.

Meine Enkelsöhne sind zurzeit ganz wild auf Lego. Meine Tochter bezeichnet den Lego-Katalog ihres Sohns als seine Bibel. Er kann den ganzen Tag über das schon völlig zerfetzte Heft durchblättern, dessen Klammern es längst nicht mehr zusammenhalten. Ich kann zusehen, wie sein Gehirn die Lego-Konstrukte zusammenbaut, die er am liebsten selbst besitzen würde. Schaut man nachts in sein Zimmer in der Hoffnung, dass er endlich schläft, findet man ihn mit einer kleinen Taschenlampe im Dunkeln sitzen, wie er die Seiten durchblättert und mit den Fingern über die Bilder streicht. Er weiß, aus wie vielen Tüten jeder Bausatz besteht, und teilt diese Statistik jedem mit, der ihm zuhört. Ich dachte, ich würde es gut machen, wenn ich mir anhörte, wie er von all seinem Lego träumte und wie lange er brauchen würde, das Harry-Potter-Schloss und vieles andere aufzubauen, denn ich hörte ja aktiv zu und nahm

Anteil. Doch offenbar gab es irgendwann einen Moment, in dem ich nicht ganz bei der Sache war; das merkte ich, als er mir sagte, er könne gar nicht mehr erwarten, bis endlich die Geschäfte aufmachten, damit wir die (sehr teure) Achterbahn kaufen könnten, die ich ihm angeblich versprochen hatte.

Beobachtet habe ich auch, wie schon die ganz Kleinen willentlich weghören können. Kürzlich hörte ich meinen fünfjährigen Enkel zu seiner dreijährigen Schwester sagen: »Rachy, du hörst mir nicht zu, *hör mir zu,* Rachy!« Ich ging zu den beiden. Sie hatten bis eben zusammen gespielt, aber jetzt drehte Rachy ihm den Rücken zu. Ich fragte meinen Enkel, was los war, und er sagte: »Rachy hört mir nicht zu.« Dann fragte ich Rachel, ob sie ihren Bruder gehört hatte. Sie nickte. Der große Bruder protestierte: »Du hörst mir gar nicht zu.« Die sture kleine Miss Drei-Jahre-alt entgegnete entschieden: »Ich *will* dir eben nicht zuhören.« Ich erklärte dem großen Bruder, dass es seiner Schwester absolut zustand, ihm nicht zuzuhören, und dass er sie nicht dazu zwingen konnte. Mit einer erstaunlichen Reife akzeptierte er das, fragte aber, ob sie ihm später zuhören würde. Als sie ihm das zusicherte, gab er sich damit zufrieden.

Was mir an diesem Wortwechsel so gefiel, war, dass es absolut keine Zweideutigkeit gab und keine Täuschung. Die kleine Miss Drei-Jahre-alt wollte etwas anderes machen. Ihr Bruder lernte, dass es nichts brachte, sie mit seinen Forderungen zu bedrängen, dann kam er eben später darauf zurück. Wir Erwachsenen zeigen viel weniger deutlich, wenn wir einmal keine Lust haben zuzuhören. Wir sagen nichts, verstummen, aber die Person, die mit uns spricht, merkt das vielleicht gar nicht. Wir nennen das Kommunikation, aber oft ist es scheiternde Kommunikation. Wir scheitern daran, auf die Bedürfnisse eines anderen einzugehen, der das Gespräch mit uns sucht. Der Sprecher scheitert daran, die Bedürfnisse seines Gegenübers zu erkennen und sich klarzumachen, dass es für beide der richtige Moment und der richtige Ort sein muss, um etwas anzuhören, was er vielleicht unbedingt loswerden möchte.

Es liegt auch an mir, wenn ich die Körpersprache oder die verbale Ankündigung nicht verstehe, mit der jemand mich darauf hinweist, dass er mich als Zuhörerin braucht. Egal, wie nahe uns jemand steht, selbst die allerengsten Angehörigen können nicht ständig wissen, in welcher Stimmung wir gerade sind oder was wir vielleicht in den vergangenen Minuten, Stunden oder Tagen erlebt haben. Denn wahrscheinlich haben wir es ihnen nicht so kommuniziert, dass sie es auch wahrnehmen konnten.

Wenn wir möchten, dass jemand uns zuhört – nicht, weil wir einen Rat brauchen, sondern einfach nur einen Zuhörer –, kommt es ganz auf unsere ersten Worte an. Nach meiner Erfahrung weckt man Aufmerksamkeit am besten mit den Worten »Kann ich dir etwas sagen?«. Vielleicht denkt der andere dann, ich wollte ihm ein Geheimnis anvertrauen, aber bei mir funktioniert es. Natürlich müssen Zeit und Ort stimmen, wenn man eine wirkliche Zuhörerin braucht; aber es ist genauso wichtig, um Aufmerksamkeit zu bitten. Hier folgen ein paar Grundlagen des Zuhörens, wie ich sie verstehe – wieder schreibe ich hier nicht als Expertin, sondern eher aus meiner Erfahrung heraus, als Mutter, Partnerin, Schwester, Sozialarbeiterin und neuerdings auch als Autorin.

Aktives Zuhören

Das klingt merkwürdig, oder? Wie kann man denn *nicht* aktiv zuhören? Um es kurz zu sagen: Die Sache ist längst nicht so einfach oder offensichtlich, wie sie klingt. Meines Erachtens geht es hier nicht um das Zuhören, wie wir es ständig praktizieren, jedes Mal, wenn wir uns mit jemandem unterhalten. Doch die Grundgedanken und -techniken des aktiven Zuhörens lassen sich lernen und üben, und damit werden wir alle zu besseren Zuhörern.

Entscheidend für aktives Zuhören ist es, sich ganz auf den Sprecher zu konzentrieren, ihm Raum zu geben und ihn zu ermuntern zu sagen, was er Ihnen mitteilen möchte. Das ist ein anderer Vorgang als die schon erwähnte phatische Kommunikation, der Small Talk, bei dem Sie sich mit Ihrem Nachbarn über das Wochenende austauschen, einfach nur der Kommunikation wegen.

Die Grundregeln für aktives Zuhören lauten: konzentrieren, verstehen, antworten, sich merken, was gesagt wird, nicht urteilen oder kommentieren.

Immer wenn ich bei Lale Platz nahm, schaltete ich auf aktives Zuhören. Es dauerte, bis ich sein Vertrauen gewann; dass ich es geschafft hatte, wusste ich an dem Tag, an dem Tootsie mir den Ball brachte. Entspannt hatten wir einen Ort gefunden, an dem er wusste, dass ich da war, bereit, zu hören, was er so dringend mitteilen wollte, offen, um es auch aufzunehmen. Ich glaube, er hatte entschieden, dass ich es sein sollte; er wusste, dass ich darauf vorbereitet war, seine Geschichte zu hören, dass ich begriff, wie wichtig es war – und dass ich nicht urteilen würde. Wenn wir nach ein paar anfänglichen Späßchen richtig im Rede-und-Zuhör-Modus waren, vor uns die leckeren Waffeln und der grässliche Kaffee, konzentrierte ich mich nur noch auf seine Worte. Ich bemühte mich willentlich darum, nicht nur die Worte zu hören, die er aussprach, sondern die ganze Botschaft, die er mit jedem Satz, jeder Geschichte kommunizierte.

Ich brachte zu meinen Begegnungen mit Lale kein Aufnahmegerät mit, nicht einmal Schreibzeug. Ich spreche auch von »Begegnungen«, nicht von »Interviews«. Interviews sind ein Hin und Her – Frage und Antwort. Ich hatte bei unserem allerersten Treffen festgestellt, dass jede Bewegung, jede Unterbrechung meinerseits Lale ablenkte, sodass er den Faden von dem verlor, was er gerade sagte. Erinnern wir uns, er war 87 Jahre alt und in tiefer Trauer. Ich hörte aufmerksam zu, bemühte mich, mir Namen und Orte zu merken, um sie niederzuschreiben, sobald ich zu Hause war. Das war manchmal ziemlich lustig, wenn Lale in eine Sprache überging, die ich nicht verstand. Slowakisch, Russisch, Deutsch … Alles kam vor. Doch ich sagte nichts, und Lale merkte irgendwann, was er tat, kicherte kurz, und ich erfuhr nie, ob er dann auf Englisch wiederholte, was ich eben verpasst hatte, oder einfach weiterredete.

Hinterher schrieb ich in Stichpunkten auf, was ich jeweils von unserer Begegnung mitnahm. Hielt Personen- und Ortsnamen nach Gehör in einem kleinen Notizbuch fest, um sie später zu recherchieren. Gegen Ende unserer gemeinsamen Zeit war es dann einfach, das Notizbuch herauszuziehen und beiläufig zu fragen: »Letztes Mal haben Sie von jemandem gesprochen, der … hieß …« Er lachte immer über meine Versuche, fremde Namen auszusprechen. Dann witzelte ich ein bisschen mit ihm herum, nannte ihn einen Besserwisser und legte ihm das Notizbuch vor: »Dann schreiben Sie es mir doch bitte selbst auf.« Diese Gespräche gab es aber erst, wenn ich merkte, dass ich ihn vom einfachen Erzählen abbringen musste, weil er müde war, zunehmend gestresst oder sogar verängstigt. Bis dahin ließ ich ihn einfach reden und hörte ihm zu.

Dabei ging es schlicht darum, ihm all meine Aufmerksamkeit zu schenken, keine Ablenkung zuzulassen, um nicht den Bann zu brechen, in den ich mich von ihm ziehen ließ. Es bestand nie die Gefahr, dass er mich langweilen würde, aber es gab viele Momente, in denen meine Konzentration nachließ. Bei vielem, was mir Lale aus seiner Zeit in Auschwitz-Birkenau erzählte, ging es um abgrundtief böse, gewalttätige, brutale und entsetzliche Taten der Nazis, die er als Augenzeuge miterlebt hatte. Während ich mich bemühte zu begreifen, was ich da hörte – was mir oft nicht gelang –, sah ich immer wieder, wie seine Lippen sich bewegten, merkte, dass er weiterredete, ich aber nicht mehr zuhörte. Mir war, als würde ich im Horror ertrinken. Schon früh in unserer Beziehung hatte ich gelernt, Lale nicht zu unterbrechen und ihn etwa zu bitten, etwas zu wiederholen oder ein Detail zu erklären, wer eine bestimmte Person war. Tat ich das, verlor er den Faden der Geschichte, die er gerade erzählte, und wurde unruhig. Damit war es schwierig für mich, ihm so genau zuzuhören, dass ich anschließend nach Hause rasen und aufschreiben konnte, was er mir gerade gesagt hatte. Ich verfing mich in einem Ort des Horrors, den ich konkret vor mir sah und aus dem ich nur schwer wieder herausfand. Als das ein paarmal passiert war, tastete ich instinktiv mit einer Hand nach unten zu einem der Hunde, die zwischen Lale und mir schliefen. Indem ich den Kopf des Hundes kraulte und tätschelte, der gerade zu meinen Füßen lag, fand ich räumlich und zeitlich in die Gegenwart zurück. Lale bemerkte gar nicht, dass ich ihn überhaupt »verlassen« hatte – ich war zurück und hörte ihm zu.

Tiere, und vor allem Haustiere, sind ein unbedingter Wohlfühlfaktor. Immer wenn ich bis in die frühen Morgenstunden aufblieb und schrieb, weil ich wegen meines Vollzeitjobs meiner Liebe zum Schreiben nicht in der »normalen« Arbeitszeit nachgehen konnte, lag an meinen Füßen, meist schlafend, meine Hündin Lucy. Wie bei Lale und seinen Wauwaus fasste ich regelmäßig nach unten und streichelte sie, wandte mich ihr zu, wenn sie bei meiner Berührung den Kopf hob, und war kurz bei ihr, bevor ich mich wieder ans Schreiben machte und sie weiterschlief. *Bis nächstes Mal.* Als Kind hatte ich nie ein Haustier. Hunde waren Wachhunde, Katzen hatten Haus und Vorratskammer von Mäusen frei zu halten. So verrückt es auch klingen mag, aber meinen tierischen Trost holte ich mir bei den Kühen. Gibt es überhaupt ein freundlicheres Tier? Wenn ich über eine Weide mit grasenden Kühen ging und ihnen in die Augen sah, waren wir auf gleicher Höhe – sie zu streicheln und mit ihnen zu reden, war mein Trost.

In meinen Jahren im sozialen Dienst eines großen Krankenhauses – 1995 bis 2017 – war ich mit unerträglichem Leid und Schmerz konfrontiert. Im Augenblick feiern wir Ärzte und Pflegerinnen als Heldinnen für ihren langen, anstrengenden Dienst, in dem sie so vielen Covid-Erkrankten das Leben zu retten versuchen. Es ist, als wäre der Rest der Welt plötzlich aufgewacht und sähe jetzt etwas, was ich schon immer wusste: Nicht unsere Politiker und Spitzensportler sollten als Legenden oder Helden gefeiert werden, sondern das medizinische Personal. Auf die höchste Stufe im Krankenhaus stelle ich aber noch eine andere Berufsgruppe: die Sozialarbeiter. Ich selbst war keine Sozialarbeiterin, sondern arbeitete nur in ihrer Abteilung; ich half und assistierte ihnen in schweren Zeiten. Unser interner Standardspruch hieß, es kommt schließlich niemand zum Sozialarbeiter, weil es ihm gerade besonders gut geht! Jetzt in der Covid-Krise gehören zu den Klienten viele Angehörige und Freunde, die ihre Lieben in deren letzten Stunden nicht begleiten können. Können Sie sich vorstellen, wie das sein muss? Mütter, Väter, Ehemänner, Ehefrauen, Kinder, Geschwister und Freunde stützen, trösten und begleiten zu müssen, wenn sie erfahren, dass ihre Lieben gerade gestorben sind. Und noch etwas tun diese unglaublichen Menschen: Wenn Angehörige und Freunde gegangen sind, kommen häufig genau die Krankenpfleger und Ärztinnen, die diese Leben zu retten versucht haben, in den sozialen Dienst ihrer Station und suchen ein offenes Ohr und Trost.

Über zwanzig Jahre lang hatte ich das Privileg, als Ehrenamtliche Fürsorge, Trost und Unterstützung für Tausende Patienten und ihre Familien leisten zu dürfen – vor allem für die Familien. Meine Aufgabe war es, für Angehörige und Freunde von Patienten, die weit entfernt vom Krankenhaus wohnten, eine Unterkunft zu finden und sie auch sonst zu unterstützen: Ich sorgte für die, die die Patienten versorgten. An der Wand über meinem Schreibtisch hängt ein Bild von einer jungen Frau, die gerade einmal einundzwanzig Jahre alt geworden ist. Ich kannte sie und ihre Angehörigen – vor allem ihre Mutter – fünf oder sechs Jahre lang, leider sah ich sie viel zu häufig. Die Patientin verbrachte, wenn sie konnte, ihre Zeit mit Malen. Drei Tage vor ihrem Tod ließ sie sich von ihrer Mutter mit dem Rollstuhl in mein Büro fahren, um mir ein Bild zu überreichen, das sie eigens für mich gemalt hatte. Womöglich war es sogar ihr letztes Bild. Wenn ich es anschaue, überwältigt mich wieder der ganze Schmerz. Doch würde ich es *nicht* jeden Tag anschauen, wäre der Schmerz noch größer. Als sie es mir in die Hand gab und sagte, was es ihr bedeutete, fehlten mir die Worte. Ich dankte ihr mit einer Umarmung. Ich spürte ihre Betroffenheit und bedeutete ihrer Mutter, sie solle sie in ihr Bett zurückbringen – ich musste sie jetzt gehen lassen, damit sie noch Zeit mit den Menschen hatte, die in ihrem Leben am wichtigsten waren. Ich bin der Familie ewig dankbar, dass sie sie zu mir haben kommen lassen, und das Kunstwerk, das sie für mich gemalt hat, bedeutet mir sehr viel.

Jedes Mal gab es den Moment, in dem ich Lale absichtlich unterbrach: nämlich wenn ich der Meinung war, dass er zu aufgewühlt war, dass er das Jahr 1944 hinter sich lassen und in die Gegenwart zurückkehren musste. Für seine Unruhe gab es sichtbare Zeichen. Er wippte mit dem Fuß und wich meinem Blick aus, aber er hatte auch eine Art, die Lippen zu schürzen und den Kopf zu schütteln und dabei mit den Augen zu zwinkern; wenn er das tat, wusste ich, dass es reichte, dass ich ihn für den Moment zum Schweigen bringen musste. In meinen Jahren mit Patienten und Angehörigen habe ich viele Zeichen und Eigenarten zu erkennen gelernt, an denen sich ablesen ließ, dass wir ein Maximum an Stress und Traumatisierung erreicht hatten und das Bedürfnis der Person weiterzusprechen momentan versiegt war. Allerdings war das individuell immer sehr unterschiedlich und ließ sich nie auf eine Dauer festlegen. Manche schafften gerade einmal ein zehnminütiges Gespräch über extrem traumatische oder tragische Situationen. Andere dagegen, nun ja, sagen wir einfach, dass bei mir viele Mittagspausen ausfielen, weil ich bei jemandem blieb, der das Bedürfnis hatte zu reden. Eine Person zu haben, die zuhörte, ohne einen persönlichen Bezug zu haben, setzte manchmal ganze Sturzbäche alter und aktueller Sorgen frei.

Bei Lale täuschte ich mich manchmal auch im Timing. Dann gab er mir unmissverständlich zu verstehen, dass er mir etwas fertig erzählen musste, dass es wichtig war, es herauszulassen. Wenn ich ihm daraufhin sagte, dass ich besorgt war und wir vielleicht doch besser aufhören sollten, dass ich doch sah, wie sehr er körperlich und emotional am Ende war, erklärte er mir ganz ruhig, dass er eben emotional werden musste, denn wie sonst könnte er mir von dem Horror erzählen, den er mit angesehen und selbst durchgemacht hatte? Wie könnte er erwarten, dass ich über ihn schrieb, wenn er nicht dorthin ging und alles noch einmal erlebte? Natürlich hatte er recht. Für mich begann dann ein Balanceakt. Ich musste willentlich entscheiden, ihn weiterreden zu lassen, obwohl jede Faser meines Körpers mir riet, ihn zu unterbrechen und an diesem Tag nicht weiter leiden zu lassen.

Ich hatte zwei Königswege, auf denen ich Lale in sein picobello sauberes Wohnzimmer zurückholen konnte, in Sicherheit, ins Hier und Jetzt. Der Hinweis, seine Wauwaus würden vielleicht gerne mit uns Gassi gehen, funktionierte immer. Lale wohnte in einem wohl überwiegend jüdischen Vorort. Tag und Nacht waren dort Familien auf der Straße. Von den jüngeren Familien bekamen wir je nach Tageszeit immer ein Lächeln, ein Nicken oder eine Begrüßung. Oft begegneten wir Freunden von Lale und plauderten dann, solange die Wauwaus stillhielten, also bis einer von ihnen, meistens Tootsie, an der Leine zerrte und uns weiterzog.

Ich fand es immer toll, wenn jemand von der anderen Straßenseite herüberrief: »Tätowierer, wie geht's?« Viele wussten, dass Lale der Tätowierer von Auschwitz-Birkenau gewesen war, und grüßten ihn entsprechend. Seinem Alter gemäß waren unsere Spaziergänge nicht lang; sie dauerten nie länger als eine halbe Stunde. Lale wusste genau, wann er umdrehen und nach Hause gehen musste.

Wenn kein gutes Wetter war oder Lale nicht nach Spazierengehen zumute war – meist abends, wenn er bereits müde war –, funktionierte es auch, auf ein laufendes Sportereignis auf lokaler oder internationaler Ebene zu sprechen zu kommen. Sport liebte er. Lief, wenn ich kam, der Fernseher, dann hatte er immer gerade vor einer Sportsendung gesessen.

Manchmal war auch Lales und Gitas Sohn Gary da, dann erzählte er mir Geschichten aus seiner Jugend und davon, was sein Vater ihm über den Holocaust berichtet hatte. Besonders gern hörte ich von ihm Geschichten über seine Mutter. Eine Eltern-Kind-Beziehung ist etwas ganz anderes als eine Partner-Beziehung. Ganz offensichtlich war er in einer Atmosphäre von Liebe und Unterstützung großgeworden. Seine Mutter hatte ihm wohl nur sehr wenig über

ihre Zeit im Holocaust erzählt, aber ihre Liebe und Zuneigung strahlte er immer noch aus.

War Lale selbst ein aktiver Zuhörer? Manchmal ja, aber
meistens übernahm er lieber das Reden, und wir wussten ja
beide, dass ich zum Zuhören da war. Ein Thema, bei dem er
mir immer aufmerksam zuhörte, waren meine wiederhol-
ten Kämpfe mit meiner Tochter. Er wollte wissen, was sie
seit unserem letzten Treffen angestellt hatte, ob sie immer
noch mit demselben Freund zusammen war (er hatte ihn
kennengelernt), er fand ihn nämlich nicht gut genug für
sie. Wenn ich ihm ein paar Storys von ihr und meine Sorgen um sie erzählte, lachte er laut auf und sagte, er wolle sie
bald einmal wiedersehen und sie ermuntern, ihre Mutter
weiter zur Weißglut zu bringen. Sehr gut war er auch mit
Erziehungstipps, die er immer gleich einleitete: »Ich hatte
nie eine Tochter, ich weiß nicht so genau, wie man Mädchen erzieht, aber wenn ich müsste, würde ich …« Und
dann erteilte er mir seinen wohlüberlegten Rat. Ich liebte
auch, wie er sich für meine Familie engagierte, tiefsinnige
Fragen stellte und sensibel auf meine Sorgen um sie reagierte. Ich fühlte mich immer absolut gut aufgehoben, wenn
ich ihm ganz private Details erzählte, denn ich wusste, dass
er sie für sich behalten würde. Ich nahm seinen Rat zwar
nicht immer an, aber ich wusste, dass er von Herzen kam
und immer gut gemeint war. Und es war eine Wohltat, mit
jemandem reden zu können, der nicht irgendwie enger mit
ihnen verbunden war.

Jedes Mal, wenn ich zu einem Treffen kam, begrüßte er
mich gleich: »Haben Sie mein Buch fertig?« Und jedes
Mal antwortete ich: »Nein, und ich schreibe auch kein
Buch, sondern ein Drehbuch.« Beinahe ein Jahr lang ging

er auf meine Antwort nicht weiter ein, bis er sich eines Tages mit verwirrtem Blick zu mir umdrehte und fragte: »Was ist eigentlich ein Drehbuch?«

Wir waren von der Eingangstür bis in sein Wohnzimmer gekommen, und als Nächstes würde er in die Küche gehen, um mir eine weitere Tasse grässlichen Kaffee zu kochen. Tootsie und Bam Bam waren schon unterwegs – sie kannten das Ritual. Doch Lale blieb stehen, um meine Antwort abzuwarten, und sie mussten umkehren.

»Also, Lale, ich schreibe Ihre Geschichte so auf, dass sie hoffentlich verfilmt wird – ich möchte Ihre Geschichte als Film erzählen.«

Sein Gesichtsausdruck war einfach unbezahlbar.

»Als Film? Sie wollen über mich und Gita einen Film schreiben?«, entfuhr es ihm.

»Ja, genau, Ihre Liebesgeschichte kann es doch mit *Romeo und Julia* aufnehmen«, erwiderte ich. »Ihre Geschichte hat eine Kraft wie die größten Filme über Mut und Überlebenswillen; ja, ich fände es toll, wenn Ihre Geschichte verfilmt würde.«

Seine nächsten Worte hätte ich nicht erwartet, obwohl sie im Rückblick perfekt zu diesem charmanten, wunderbaren, selbstsicheren Mann passten.

»Und wer soll mich spielen?«, fragte er.

»Ich weiß nicht, Lale. So weit sind wir noch nicht, ich schreibe Ihre Geschichte einfach als Drehbuch, weil ich hoffe, dass jemand sie irgendwann verfilmt.«

Die nächste Überraschung folgte:

»Brad Pitt, nehmen Sie Brad Pitt! Das ist ein gut aussehender Junge, und das bin ich schließlich auch!«

Da ich mein Lachen nicht zurückhalten konnte, um-

armte ich ihn und sagte, er sei tatsächlich ein sehr gut aussehender Junge, so wie Brad Pitt, aber der war leider zu alt,
um ihn zu spielen. *Sorry, Brad!*

Lale akzeptierte das, aber dann sagte er mir, wir müssten
den perfekten Schauspieler für Lale Sokolov finden, er
wollte es nämlich wissen, bevor er zu Gita ging, damit er es
ihr erzählen konnte, wenn sie wieder vereint waren.

Ich bot an, demnächst einmal mein Laptop mitzubrin-
gen, dann könnten wir gemeinsam all die jungen Schauspieler anschauen, die derzeit zu haben waren. *Nein, das
würden wir nicht tun. Wir würden ins Kino gehen.* Er wollte
die Schauspieler in Aktion sehen, bevor er sich entschied.

Seit ihrer ersten Begegnung mochte Lale meine Tochter,
und jedes Mal, wenn wir uns trafen, fragte er mich nach ihr.
Und er gab mir auch diesen Erziehungstipp – ein Segen!
Besonders wichtig war ihm, dass sie keinen Alkohol trank –
er hatte zu oft die bittere Erfahrung gemacht, dass junge
Mädchen sich in Gefahr brachten, während sie nicht ganz
bei sich waren. Ich sollte ihm versprechen, dass ich ihr diesen Rat von ihm weiterleitete. Sie hatte sich gegen ein Studium entschieden, was er für einen Fehler hielt, und er riet
mir, ich sollte noch mehr Überzeugungsarbeit leisten, damit sie es sich noch einmal anders überlegte. Schließlich
sollte sie aber eine Schlüsselrolle dabei spielen, dass Lale
den Schauspieler fand, der »ihn spielen« sollte. Sie arbeitete in einem großen Multiplexkino, kannte jeden Film, der
neu herauskam, und konnte uns Tickets besorgen, damit
wir in aller Ruhe die männlichen Schauspieler begutachten
konnten.

Wir sahen einen Film nach dem anderen. Mehrmals
musste ich meine Chefin um einen freien Nachmittag bit-

ten, um Lale begleiten zu können – abends ging er nicht so gerne aus. Meine Tochter empfing uns und reichte uns einen Kaffee (vom Profi gemacht, ich nahm ihn also gerne), und dann setzte sie sich noch kurz zu uns, bevor sie Lale zu seinem Platz eskortierte.

»Wie finden Sie den?«, fragte ich, wenn ein junger, gut aussehender Kerl auf der Leinwand erschien. Ich flüsterte, doch Lale antwortete immer laut: »Was glauben Sie denn?«, stets mit diesen Worten. Wenn ich das hörte, wusste ich, dass ich mich zurücklehnen, entspannen und den Film genießen konnte. Erst auf der Heimfahrt würde er mir die Gründe nennen, weshalb der Schauspieler nicht infrage kam. Häufig fand er ihn nicht groß genug. Ich lächelte still in mich hinein – Lale sah sich selbst als 1,80 Meter groß, was weder durch den alten Mann bestätigt wurde, mit dem ich mich traf, noch durch irgendwelche Fotos des jungen Lale, die ich gesehen hatte.

Neuer Tag, neuer Film. Auf dem Weg ins Kino erzählte ich Lale von dem Schauspieler James Marsden, ich fand ihn perfekt, um Lale darzustellen: groß, dunkelhaarig, attraktiv. Wie gewöhnlich wollte er sich nicht festlegen, aber er blühte auf, als er meine Tochter sah und etwas Zeit mit ihr verbrachte. Ich fühlte mich bei ihnen immer wie das fünfte Rad am Wagen, aber ich freute mich auch unbändig über das Funkeln in seinen Augen und ihr Vergnügen an der gemeinsamen Zeit mit der lebenden Geschichte, wie wir ihn zu Hause nannten.

Als das Licht ausging und der Film anfing, war ich mir sicher, dass heute die Entscheidung fallen würde. Der Film war gerade erst herausgekommen, das Kino brechend voll. Nach wenigen Minuten war James Marsden auf der Leinwand: groß, dunkelhaarig, attraktiv, wie versprochen. Ich stieß Lale mit dem Ellbogen an und flüsterte: »Da ist er, das sind Sie!« Es war dunkel, aber ich merkte, wie er die Augen verdrehte, und dann kam der vertraute Spruch: »Was glauben Sie denn?«

Fehlanzeige. Ich war wieder gescheitert. Zurücklehnen und entspannen. Und dann passierte es. Ein Schnitt zu einer neuen Szene, eine neue männliche Hauptrolle. Lale sprang auf.

»Das bin ich, das bin ich, er soll mich spielen!«, rief er.

Ich zog ihn in seinen Sessel zurück und zischte, er solle still sein. Ein paar Minuten blieb er stumm sitzen, dann stand er wieder auf.

»Sie da unten, drehen Sie sich um und schauen mich an! Finden Sie nicht, er sieht aus wie ich?«, rief er.

Als ich ihn wieder herunterzog, rief er immer noch. Dass ein paar Leute zischten, er solle still sein, half. Dann fing jemand langsam zu klatschen an, und viele andere klatschten mit. Jetzt flüsterte Lale mir zu: »Sehen Sie, sie finden es auch, er soll mich spielen!« *Ja, Lale.* Wir hatten die perfekte Besetzung für die Rolle von Lale Sokolov gefunden: Ryan Gosling. Da Lale nun stumm blieb, konnten alle den wunderschönen Film genießen: *Wie ein einziger Tag.*

Irgendwann vorher hatte Lale einen Film mit der Schauspielerin Natalie Portman gesehen. Für ihn war sie die Einzige, die infrage kam, um Gita zu spielen.

Geschmack hatte unser Lale jedenfalls.

Lale Sokolov – häufig bezeichnete er sich selbst mit diesem vollen Namen, obwohl ich schon bald erfuhr, dass Sokolov bis 1945 nicht sein Familienname gewesen war. Als Holocaust-Überlebender kehrte Lale in die kommunistische Tschechoslowakei zurück und gründete dort eine erfolgreiche Firma für Stoffimport: Leinen, Seide, Wolle und Spitze. Er belieferte Textilhersteller, die meist in staatlichem oder privatem, nicht jüdischem Besitz waren. Sein Familienname Eisenberg begann ihm Schwierigkeiten zu machen, denn Antisemitismus war in seiner Heimat weiterhin weit verbreitet. Er merkte, dass ihm Verträge entgingen, weil er an erster Stelle als Jude wahrgenommen wurde und nicht als der erfolgreiche Geschäftsmann, als der er sich selbst sah. Seine Schwester Goldie, seine einzige überlebende Verwandte, hatte bei Kriegsende einen russischen Soldaten geheiratet und dessen Namen Sokolov angenommen. Lale beschloss, ebenfalls diesen Namen anzunehmen. In seiner Heimatstadt Krompachy zeigte mir die Bürgermeisterin das Standesamtsregister mit seinem Geburtseintrag. Dahinter ist vermerkt, dass Lale in der Behörde vorgesprochen und eine Namensänderung zu Sokolov beantragt hatte.

Dass überhaupt jemand aus seiner Familie überlebt hatte, war beinahe ein Wunder. In seiner Familie war Lale das Baby, ein bekennendes Mamakind. Seinen älteren Bruder Max, der den Holocaust nicht überlebte, bewunderte er, doch am nächsten stand er seiner Schwester Goldie. In vielerlei Hinsicht, sagte er, war sie für ihn eine zweite Mutter. Als er klein war, kümmerte sie sich um ihn, wenn seine Mutter keine Zeit hatte, brachte ihn zur Schule, bis er beschloss, dass er alt genug war, um alleine zu gehen. Als Lale im April 1942 in den Zug stieg, der ihn schließlich nach Auschwitz brachte, blieb Goldie in Krompachy zurück. Dort wurde sie versorgt, versteckt, von Wohnung zu Wohnung weitergereicht und nie den Nazis ausgeliefert.

Lale gehörte fast drei Jahre lang zu meinem Leben. Natürlich sprachen wir nicht ständig über seine Zeit als Tätowierer in Auschwitz-Birkenau. Wir wurden schnell Freunde, und wir unterhielten uns über alles Mögliche. Allmählich erfuhr ich von seinem und Gitas Leben nach der Befreiung in der kommunistischen Tschechoslowakei, ihrer Flucht und schließlich ihrem Leben in Australien.

Flucht. Das klingt nach Gefängnis. Und genau dort war Lale, *im Gefängnis.* Er war im Import von hochwertigen Stoffen sehr erfolgreich geworden. Als russische Geschäftsleute in die Tschechoslowakei zogen, brachten sie ihre Familien und vor allem ihre Frauen mit. Lale bediente einen zuvor inexistenten Markt, indem er Textilhersteller mit Stoffen belieferte. Mit dem Erfolg kam das Bedürfnis, etwas zurückzugeben. Lale entschied sich, seinen Reichtum nicht in seinem Heimatland anzulegen, sondern übertrug heimlich Gelder an jüdische Kontaktleute in Palästina, die für ein freies Israel kämpften. Er wurde geschnappt, angeklagt und zu einer Haftstrafe im Staatsgefängnis von Ilava verurteilt. Seine und Gitas gemeinsame Wohnung wurde konfisziert, ihre Bankkonten leer geräumt – alles, was sie besaßen, gehörte nun dem Regime. Gita zog zu Freunden. Doch Lale war Lale – er hatte Geld versteckt, von dem nur Gita wusste.

Über die Bestechung eines Richters machte Gita die Bekanntschaft eines Psychiaters, mit dem sie einen Plan ausheckte, um Lale aus dem Gefängnis zu holen. Den nächsten Umschlag steckte Gita einem katholischen Priester zu. Bei einem Besuch im Gefängnis erklärte dieser Priester Lale, er müsse allmählich »verrückt« werden. Als die Gefängnisaufsicht über das Gericht ein psychiatrisches Gutachten anforderte, erklärte der bestochene Psychiater nach einem Besuch bei Lale, er müsse am Wochenende Ausgang bekommen, sonst würde er dauerhaft »verrückt« werden. Ich verwende hier die Worte, mit denen Lale mir diese Geschichte erzählt hat.

Bei einem solchen Wochenendfreigang verhalfen Freunde Lale und Gita zur Flucht nach Wien, versteckt im doppelten Boden eines Gemüsetransporters. Sie hatten beide nur einen Koffer dabei, aber Gita bestand darauf, das Bild der Zigeunerfrau mitzunehmen, das sie Lale einmal geschenkt hatte. Von Wien aus fuhren sie nach Paris, wo sie einige Monate blieben. Da sie dort keine Arbeit fanden, beschlossen sie, Europa zu verlassen und in das entfernteste Land zu gehen, das sie kannten: Australien. Lale gelangte an gefälschte Pässe, und 1949 erreichten sie tatsächlich Australien. Lale verließ das Land nie wieder. Gita dagegen reiste mehrmals in die Slowakei, um ihre beiden Brüder zu besuchen, die als Partisanen im Dienst der Russen den Krieg überlebt hatten; außerdem traf sie ihre Freundin Cilka Klein, mit der sie ihr Leben lang in Kontakt blieb. Auch Israel bereiste sie.

In Australien begannen Lale und Gita wieder einmal ganz von vorne, und wieder in der Textilbranche. Manchmal lief es gut, manchmal ging es daneben, und er fing von vorne an, erzählte Lale mir. Er arbeitete immer, kam immer über die Runden – es war ihm nicht so wichtig, was er tat, solange er nur seine Familie versorgen konnte.

Wenn Lale mir diese Geschichten erzählte, etwa seine Flucht mit Gita, war er ganz erregt und stolz darauf, mit welchem Einsatz sie ihn aus dem Gefängnis geholt hatte. Seine Erzählung war oft sprunghaft, dann kam etwas Überraschendes, Neues, was mich ziemlich forderte – ich musste mich wirklich konzentrieren, um ihm folgen zu können. Ich hatte keinerlei Einfluss darauf, worüber er an einem Tag jeweils sprechen würde, ich konnte ihn nicht dazu bringen, Lücken aus früheren Geschichten zu füllen oder irgendetwas ausführlicher zu erklären. Nein, Lale erzählte mir, worüber er sprechen wollte. Er allein entschied über das Gesprächsthema. Meine Aufgabe war es, aktiv anzuhören, was immer er mir zuwarf, und in den Pausen zwischen den Wörtern nach einem Grund zu suchen, warum er das Bedürfnis hatte, das Thema zu wechseln – was im zuvor Erzählten hatte ihn auf eine ganz andere Erinnerung gebracht? Manchmal war es offensichtlich, die Verbindung war sichtbar; oft aber auch nicht, und dann akzeptierte ich einfach sein Bedürfnis, Ort und Zeit zu wechseln.

Ich musste unbedingt darauf achten, für alle Aspekte des aktiven Zuhörens aufmerksam zu bleiben. Die offensichtlichen praktizierte ich schon seit dem Beginn unserer Freundschaft. Ich achtete immer auf seine Körpersprache, das Wippen seines Fußes, wenn seine Erregung zunahm; wie er das Gesicht von mir abwandte, wenn die Erinnerungen, das Erinnern schmerzhaft wurde; das Funkeln in seinen Augen, wenn er mir offen in die Augen sah und von seiner Liebe zu Gita sprach. Ich liebte es, wenn er mir von ihrem alljährlichen Urlaub an der australischen Gold Coast in Queensland erzählte. Dort gingen sie jeden Tag an den Strand, und er war jedes Mal wieder überwältigt, wenn er Gita im Badeanzug Sonne und Sand genießen sah. Dieser Urlaub war der Höhepunkt seines Jahres, beide konnten sie dann wirklich entspannen und füreinander da sein. »Keine Ablenkung« war seine Losung. Niemand kam zu ihm, wollte irgendetwas von ihm; sie verbrachten vierundzwanzig Stunden am Tag miteinander, lebten das Leben, das ihren beiden Familien versagt geblieben war. Denn diese einfache Sache, so erzählte er mir, stellte für sie beide die Verbindung zu ihren verlorenen Lieben dar: ein möglichst gutes Leben zu führen. Die einzige Träne, die er vergoss, sollte eine Freudenträne sein. Es war nicht schwer, ihm volle Aufmerksamkeit zu schenken, ganz bei ihm zu sein – es war eine Ehre, ein Privileg, die zu sein, mit der er diese Erinnerungen teilte. Die guten und die schlechten. Die schmerzlichen, die schönen. Ich wünsche mir, dass ich ihm vermitteln konnte, wie gern ich bei ihm war, wie besonders er für mich war. Ich kann nur annehmen, dass er es wusste – er wollte mich immer wieder treffen, mit mir sprechen, mir seine Geschichten der Hoffnung erzählen.

Für mich ist unbestritten, dass Lale mit einer gewissen »Überlebensschuld« konfrontiert war. Nach meinem (allerdings nicht professionellen) Eindruck trägt jeder Holocaust-Überlebende, dem ich begegnet bin und mit dem ich gesprochen habe, ein Stück Überlebensschuld mit sich herum. Ganz offensichtlich war das bei Lale, wenn er über seine Familie sprach – er sagte mir, wie oft er und Gita die Ungerechtigkeit empfanden, dass sie überlebt hatten, die meisten ihrer Angehörigen dagegen nicht. Wieder und wieder erinnerte er sie an das, was sie einander geschworen hatten: Die einzige Möglichkeit, alle die zu ehren, die nicht überlebt hatten, bestand darin, ein so gutes Leben zu führen wie irgend möglich.

Lale befürchtete, die tschechoslowakischen Behörden würden ihn festnehmen lassen, wenn er Australien verließ, und entschied sich, nie auszureisen. Als er und Gita berufstätig waren, sparten sie Geld für Goldie, die in der Tschechoslowakei lebte, und als sie dann die Möglichkeit hatte zu reisen, bezahlte er ihr einen Flug nach Australien und lud sie dazu ein, kostbare gemeinsame Zeit mit ihnen zu verbringen.

Begeistert erzählte er mir davon, wie er Goldie zum ersten Mal nach Australien holte. In Melbourne gab es keinen internationalen Flughafen, sie musste also nach Sydney fliegen. Er tat, was er für einzig richtig hielt, und flog nach Sydney, um sie in Empfang zu nehmen. Mehrere Stunden stapfte er durch den Flughafen von Sydney, fand sie aber nicht. Schließlich rief er Gita an, um ihr zu sagen, dass seine Schwester wohl den Flug verpasst hatte; er hatte große Angst, ihr könnte etwas zugestoßen sein. Offenbar hörte Gita ihm lange zu, wie er überlegte, was er jetzt tun sollte, wie er herausfinden würde, was aus ihr geworden war, und dann gab sie ihm Goldie ans Telefon. Seine Schwester war nämlich ganz und gar nicht so hilflos, wie Lale vermutet hatte. Als sie in Sydney ankam, wusste sie schon, dass sie nach Melbourne weiterfliegen musste, kaufte sich ein Ticket, flog hinüber, nahm sich ein Taxi und stand vor der Tür – zum Glück war Gita zu Hause. Lale musste die Nacht in Sydney verbringen, und das Wiedersehen musste noch vierundzwanzig Stunden warten.

Wie ich schon sagte: Wenn ich in Lales Wohnzimmer saß, Kaffee trank, ihn im Auto herumfuhr, mit seinen Hunden spazieren ging, wann immer ich ihm zuhörte, ich zeichnete nie etwas auf oder machte Notizen. Unter normalen Umständen, etwa bei der Recherche einer Journalistin oder eines Historikers, wird das Gespräch aufgezeichnet, eine Mitschrift angefertigt. Ich hatte aber von Anfang an das

Gefühl, dass jede Ablenkung, und sei es nur das Surren eines Rekorders oder mein Gekritzel (ja, ich kritzele!), eine Unterbrechung wäre und Folgen hätte. Doch ich bekam Personen- und Ortsnamen zu hören, Details aus einer historischen Epoche, über die ich, wie ich Lale beschämt gestanden hatte, wenig wusste. Für mich bestand ein Widerspruch zwischen meiner Rolle als Zuhörerin und der Aufgabe, die Geschichte niederzuschreiben, was ja genauso wichtig war – für ihn und zunehmend auch für mich. Was Lale brauchte, war jemand, der ihm zuhörte, der einfach da war, während er von Zeiten und Orten sprach, die er jahrzehntelang in sich verschlossen gehalten hatte, und das alles an seinem Lebensende herauszulassen, wurde für ihn entscheidend, geradezu eine Therapie. Doch gleichzeitig spürte er die Hand der Geschichte auf der Schulter – jenseits von allem Witzeln über Ryan Gosling und Natalie Portman wusste dieser alte Mann genau, dass er eine Rolle gespielt hatte, die für die Zukunft dokumentiert werden musste. Er wusste, wie wichtig es war, seine Geschichte mitzuteilen, damit so etwas nie wieder passierte. Und ich wiederum spürte die riesige Verantwortung sowohl als seine Vertraute als auch als die Person, die er ausgesucht hatte, um ihr seine Geschichte mitzugeben.

Wenn ich von Lale wegging, fuhr ich immer ohne Umweg nach Hause. Häufig schob ich das Abendessen auf, setzte mich zuerst an den Computer und versuchte, ein verständliches Protokoll unseres Gesprächs anzufertigen. Nach Gehör schrieb ich Namen und Orte auf, dann versuchte ich, sie mit realen Namen und Orten abzugleichen – mein Bestand an Holocaust-Literatur wuchs Tag für Tag. Anhand der Daten, die Lale mir zu den Ereignissen genannt hatte, die er als Zeuge mitangesehen oder selbst durchgemacht hatte, recherchierte ich im Internet und in Büchern nach weiteren Informationen. Langsam, Stück für Stück, begann seine Erzählung Gestalt anzunehmen. Sie nachzuzeichnen, war meine Aufgabe als Chronistin von Lales Erlebnissen. In meiner anderen Rolle, als die, die er zur Zuhörerin auserkoren hatte, nutzte ich die Tabelle, die ich bereits beschrieben habe, um bei jedem Besuch seinen emotionalen Zustand festzuhalten.

Von einer befreundeten Psychologin hatte ich mir sagen lassen, dass Lale mir nie etwas mitteilen würde, was er mir nicht anvertrauen wollte. Ich hatte sie um Rat gebeten, weil ich befürchtete, ich könnte Lale wehtun, indem ich ihn dazu brachte, sich in diese traumatische Vergangenheit zurückzuversetzen und davon zu erzählen. Meine Freundin sagte mir, ich sollte ihn immer »herunterfahren«, bevor ich ging, mich vergewissern, dass er sich zufrieden in der Gegenwart befand, und das tat ich gewissenhaft, so wie ich es schon beschrieben habe. Mit der Tabelle konnte ich festhalten, wie ich ihn vorgefunden hatte und wie ich ihn verließ. Außerdem notierte ich dort eine kurze Bemerkung, was die Besuche mit mir machten und was ich während der Zeit mit ihm hörte und aufnahm.

Sozialarbeiter und andere Therapeuten müssen unbedingt selbst regelmäßig bei einem erfahrenen Kollegen zur Supervision gehen. Bei diesen Treffen kann man die praktische Arbeit besprechen, Sorgen äußern und sich Unterstützung und Aufmunterung holen. Zwar hatte meine Beziehung zu Lale gar nichts Therapeutisches, aber ich bin meiner Chefin – die inzwischen wahrscheinlich genauso viel über Lale weiß wie ich – sehr dankbar, dass sie immer ein offenes Ohr für mich hatte. Wie hoch der Preis des Zuhörens ist, werde ich später in diesem Buch noch etwas ausführlicher beschreiben.

Bevor ich zu Lale fuhr, schrieb ich mir immer die Personen- und Ortsnamen auf, die ich recherchiert hatte und die zu dem zu passen schienen, was Lale mir erzählt hatte; außerdem eine Liste mit zusätzlichen Fragen. Diesen Zettel ließ ich in der Handtasche, bis wir meinen Besuch mit einem Spaziergang oder etwas Small Talk abgerundet hatten und ich mich gleich verabschieden würde. Erst dann nahm ich den Zettel heraus und stellte eine konkrete Frage – eine oder höchstens zwei. »War der Kommandant, von dem Sie letztes Mal gesprochen haben, Schwarzhuber oder Kramer?« zum Beispiel, oder: »Wann, glauben Sie, sind Sie zum ersten Mal Mengele begegnet?«, oder: »Wie hieß noch einmal die Stadt, aus der Gita stammte?« Wenn ich ihn auf diese Weise etwas fragte, nachdem er stundenlang ohne Unterbrechung geredet hatte und wir den Bann gebrochen hatten, indem wir mit den Wauwaus Gassi gegangen waren oder darüber diskutiert hatten, wer wohl in Wimbledon gewinnen würde, antwortete er ganz locker, den Blick in die Ferne gerichtet. Ich glaube, er wusste genau, warum ich diese Fragen stellte, aber er gab nie einen Kommentar dazu ab. Außerdem hatte er die Antwort stets parat – sein Gedächtnis war messerscharf und absolut zuverlässig. Und so gab er mir, und ich empfing, Stück für Stück, Tag für Tag, Monat für Monat die Geschichte des *Tätowierers von Auschwitz*.

Ich hatte eine Geschichte, und die musste ich jetzt schreiben. Eine Geschichte, von der ich meinte, andere würden sie hören beziehungsweise – ich schrieb ja ein Drehbuch – sehen wollen. Mein Leben hatte sich mit Lales verflochten: Keiner von uns konnte mehr ohne den anderen weiter. Lale glaubte so an meine Fähigkeit, seine Geschichte zu erzählen, und sein Zuspruch war eine Energiespritze, die das Beste aus mir herausholte, die mir das Selbstvertrauen gab, seine Geschichte erzählen zu wollen. Meine Familie unterstützte mich bedingungslos, Freunde und Arbeitskolleginnen hingen mir an den Lippen, wenn ich Geschichten von Lale weitererzählte. Obwohl ich es damals nicht merkte, wurden Lales Erzählen und mein Zuhören selbst zu einer Geschichte. Dabei betone ich immer wieder, dass der Roman zwar meiner ist und dass mein Name darauf steht – doch *Der Tätowierer von Auschwitz* ist Lales Geschichte – Lales und Gitas.

Auf der nächsten Seite drucke ich nur drei der zahllosen Einträge aus meiner Tabelle ab. Sie dokumentieren unser erstes Treffen, ein weiteres und das allerletzte.

Nie werde ich mein letztes Treffen mit Lale vergessen. Gary rief mich an und sagte mir, dass Lale im Krankenhaus sei, ich sollte ihn besuchen kommen. Sobald ich konnte, fuhr ich hin und saß etwa eine Stunde bei ihm. Er war nicht mehr bei Bewusstsein, aber einmal wurde er ein bisschen unruhig und murmelte etwas. Ich beruhigte ihn, flüsterte mit ihm, hielt seine Hand, küsste ihn auf die Wange. Ich weiß noch, dass ich ihm sagte: »Wenn Sie zu Gita wollen, wird Gary das sicher verstehen. Gehen Sie zu ihr, und danke für die wunderbaren Jahre. Ich werde mich immer weiter bemühen, Ihre Geschichte zu erzählen.«

Als ich so bei Lale saß, wurden wir von einem Arzt und einer Schwester unterbrochen, die mir sagten, sie müssten

Meine Geschichte

Datum	Ort, was ich tat/sagte	was ich fühlte
3.12.03	Erstes Treffen mit Lale, seinen Wauwaus, grässlicher Kaffee, Waffelkekse.	Was bekomme ich zu hören? Was tue ich hier?
	Gestehe mein Unwissen über Judentum und Holocaust.	Befangen. Beschämt.
	Berichte von meinen deutschen Vorfahren.	Frust, dass ich keine Linie erkenne, den unzusammenhängenden Geschichten, die er auf mich loslässt, nicht folgen kann.
4.4.04	Treffen in seiner Wohnung. Immer noch grässlicher Kaffee, leckere Waffelkekse.	Erdrückt von unerträglichen Gefühlen, Entsetzen und Trauer über das, was er und Gita durchmachen mussten. Weiß nicht, wie ich mit diesen Gefühlen umgehen soll, es fühlt sich an, als würden sie direkt von Lale auf mich übergehen.
31.10.06	The Alfred Hospital. Gary hat den Ärzten gesagt, er möchte, dass ich Lale besuche, er wird die Nacht wahrscheinlich nicht überleben – er hatte einen Schlaganfall.	Am Boden zerstört.

Lales Geschichte

was er sagte	seine Emotionen
Namen, Namen, Gita, Baretzki, Höß. Beeilen Sie sich mit dem Schreiben! Ich muss zu Gita.	Furchtbare Trauer. Abrupt, ungeduldig, unruhig.
Gut so. Dann haben Sie keine Erwartungen, keinen Ballast für meine Geschichte.	Wirkt leicht amüsiert.
Kein Problem. Wir können uns unsere Eltern nicht aussuchen.	Gelassen.
Sehr verändert, seit er meine Familie kennengelernt und mir gesagt hat, dass seine Wauwaus mich mögen. Er mag mich, ich darf seine Geschichte erzählen.	Lale öffnet sich. Sagt, es fühlt sich gut an, Dinge, die für ihn nicht nur Geschichten, sondern Geheimnisse über Gita und ihn im Lager waren, jemandem zu erzählen. Seine fortdauernde Liebe zu Gita ist immer da, mit uns im Raum.
Er ist nicht mehr bei Bewusstsein, anfangs etwas unruhig, aber als ich seine Hand nehme und mit ihm flüstere, scheint er sich zu beruhigen. Es ist Zeit für den Abschied.	

ihn umlagern und ich müsse draußen warten. Im Aufstehen sagte ich: »Bitte versorgen Sie ihn gut. Er ist jemand so Besonderes; dieser Mann ist lebende Geschichte.« Der Arzt entgegnete: »Wir versorgen all unsere Patienten gut.« Die Bitte war dumm von mir gewesen – ich wusste, dass er bestmöglich versorgt wurde, aber nun hatte ich es einmal gesagt.

Die Schwester ging um das Bett herum und sah auf die Hand, die ich hielt. »Ich habe die Zahlen auf seinem Arm gesehen.« Der Arzt, der Lale ganz offensichtlich zum ersten Mal sah, fragte: »Was für Zahlen?« Die Schwester erklärte sanft: »Er ist ein Holocaust-Überlebender.« Und da erzählte ich ihnen kurz von Lale, dass er Tätowierer in Auschwitz gewesen war und dort die Liebe seines Lebens gefunden hatte. Die Schwester hielt Lales andere Hand und versuchte nicht einmal, die Tränen zu verbergen, die ihr über die Wangen liefen. Ich sah zu dem jungen Arzt; stocksteif stand er da und starrte wortlos auf Lale. Es blieb an mir zu sagen, dass ich jetzt gehen würde und ihn ihrer Fürsorge überließ. Da kam die Schwester noch einmal um das Bett herum und nahm mich in den Arm, und der Arzt drückte mir die Hand und dankte mir, dass ich ihm von seinem Patienten erzählt hatte.

Lale starb wenige Stunden später, mit seinem Sohn Gary an seiner Seite. Ich bin Gary ewig dankbar, dass er mich noch einmal zu Lale gerufen hat, bevor er zu Gita gegangen ist.

Sich verletzlich machen

Die renommierte amerikanische Forscherin und Professorin für Sozialarbeit, Dr. Brené Brown, beschreibt Verletzlichkeit als unsere Fähigkeit, durch Empathie, Verbundenheit und Liebe menschliche Bindungen aufzubauen. Ich möchte hinzufügen: und dadurch, dass wir zulassen, selbst geliebt zu werden, indem wir akzeptieren, dass wir Liebe und Bindung wert sind.

Wie leicht es doch ist, sein Herz mit einer Mauer zu umgeben und die Kontrolle allein dem Kopf zu überlassen! Damit stehen wir bei einer ersten Begegnung auf der sicheren Seite. Wenn wir nicht die Absicht haben, eine emotionale Bindung zu unserem Gegenüber aufzubauen, ist es durchaus sinnvoll, nur sehr wenig von sich zu offenbaren und schnell weiterzugehen. Wenn sich aber allmählich eine längerfristige Beziehung herausbildet, wird es zur persönlichen Entscheidung, wie schnell und wie viel wir von uns selbst preisgeben. Und genau da wird es schwierig. Kann man wirklich von jemandem erwarten, dass er sich öffnet, sich verletzlich macht, wenn man das nicht auch umgekehrt tut?

Lale wollte seine Geschichte jemandem erzählen, das wussten wir beide. Er erzählte sie mir häppchenweise, unzusammenhängend und sprang ohne einen roten Faden von einer Geschichte zur anderen. Er sagte, ich solle seine Geschichte aufschreiben, aber er erzählte sie nicht, noch nicht. Ich begriff nicht, was er eigentlich wollte, ob er wirklich über die Vergangenheit reden wollte. Wenn er tatsächlich von der Zeit in Auschwitz sprach, klang seine Stimme häufig seltsam hohl und emotionslos. Die Kontrolle schien er nur dann zu verlieren, wenn er über Gita sprach. Immer wieder setzte er zu etwas an, brach ab, sah weg oder rief einen seiner Wauwaus, damit er ihn streicheln, sich beruhigen und zu einem anderen Thema übergehen konnte.

Und dann kam ein Tag, an dem wir wieder einmal zusammensaßen, wie so oft die Geschichte umkreisten, sie streiften und schließlich doch davor zurückschreckten – und da wurde mir etwas klar: Lale unterhielt sich offensichtlich gern mit mir, empfing mich herzlich, war verstimmt, wenn er fand, dass ich zu lange mit dem nächsten Besuch gewartet hatte. Doch es war immer nur er, der redete, und unsere Begegnungen hatten inzwischen etwas Künstliches angenommen. Es war, als steckten wir im Vorraum fest, drehten Däumchen und warteten, dass etwas anfing. Er hatte mich kaum nach mir selbst gefragt, und ich hatte seine Fragen recht ausweichend beantwortet – ich hatte ihm gesagt, wie mein Mann und meine Kinder hießen und was ich arbeitete. Das Privateste, was ich ihm anvertraut hatte, war bei unserer ersten Begegnung der Mädchenname meiner Mutter gewesen. Ansonsten wusste er nichts Persönliches von mir. Und im Rückblick ist mir klar, dass ich auf seine Fragen kaum mehr als das Grundsätzlichste herausgelassen hatte – er hatte wenig gefragt, aber ich war gleich ganz verstummt. Nicht dass ich ihm etwas verheimlichen wollte, aber im Rückblick hatte ich wohl sein Bedürfnis, seine Geschichte schnell zu erzählen, damit er zu Gita konnte, fälschlicherweise als mangelndes Interesse für alles andere ausgelegt. Es war mir gelungen, bei unserem Zusammensein eine Atmosphäre zu schaffen, in der er sich sicher fühlte. Er fühlte sich eindeutig wohl mit mir – er begrüßte und verabschiedete mich jeweils mit einem Kuss auf beide Wangen und wollte immer wissen, wann ich wiederkommen würde. Dennoch fehlte etwas in unserer Verbindung, und mir wurde klar, dass das zum Teil an mir lag.

Das änderte sich, als ich Lale zu mir nach Hause mitgenommen und ihn meiner Familie vorgestellt hatte. Von diesem Moment an fragte er, noch bevor ich seine Wohnungstür hinter mir zugemacht hatte, bei jedem meiner Besuche nach meiner Tochter. Manchmal interessierte er sich auch für die Männer in meinem Leben, immer aber für meine Tochter. Zwischen uns hatte sich etwas verändert – es gab jetzt eine Wärme, eine Offenheit. Ein oder zwei Wochen nach unserem Abendessen im Familienkreis schafften wir endgültig den Durchbruch: Er vertraute mir, und ich sollte seine Geschichte hören und weitererzählen. Indem ich mich selbst verletzlich gemacht hatte, indem ich zugelassen hatte, dass Lale meine Familie kennenlernte und ein paar Tatsachen über mich, meine guten und schlechten Seiten erfuhr, hatte ich eine viel engere Verbindung zwischen uns ermöglicht. Im Allgemeinen schütze ich meine Familie vor allem, nur unsere engsten Freunde lasse ich heran – doch Lale durfte kommen. Ich ließ zu, dass er mich ungefiltert mit ihren Augen sah. Zwar sollte er noch Zeit brauchen, um zu verarbeiten, was er da über mich erfuhr, aber immerhin hatte er jetzt etwas zu verarbeiten.

Mit der Verbindung zwischen unseren beiden Familien hatten wir eine neue Vertrauensebene gefunden. Es war, als hätten wir einen Lichtschalter umgelegt. Ab jetzt begann Lale, zutiefst emotional von der Niedertracht und dem Horror zu erzählen, den er erlebt und mit angesehen hatte, häufig weinten wir sogar zusammen; er sagte mir, wie weh es tat, die Grausamkeiten mit anzusehen, und wie schwierig es war, mit Gita optimistisch zu bleiben. Seit ich ihn mit meiner Familie über seine Zeit vor und nach Auschwitz hatte sprechen hören, lenkte ich ihn zu schöneren Erinnerungen, wenn ich merkte, dass er wirklich zu kämpfen hatte.

Eines Tages beschloss ich auf dem Weg zu ihm, dass ich diesmal eine ordentliche Tasse Kaffee brauchte. Als er die Tür aufmachte – er wartete jetzt immer an der offenen Tür, während ich die Treppe zu seiner Wohnung hinaufstieg –, fragte ich statt einer Begrüßung: »Können wir einen Kaffee trinken gehen?«

Er war sofort einverstanden, tastete prüfend nach seinem Portemonnaie und nahm seinen Autoschlüssel. Es war das erste – und letzte – Mal, dass ich mich von Lale fahren ließ. Als er auf der Straße wendete, ohne sich im Geringsten umzusehen, schloss ich die Augen und verabschiedete mich innerlich von meiner Familie. Zum Glück fuhren wir nicht weit zu einem Café, aber er missachtete sämtliche Verkehrsregeln. Ich wusste nicht, ob ich lachen oder weinen sollte, als er in eine Parkverbotszone lenkte, den Motor abwürgte und ausstieg. Ich hastete ihm nach und wies ihn darauf hin, dass wir das Auto hier nicht stehen lassen konnten. Mit einer wegwerfenden Handbewegung erklärte er mir, dass er immer dort parkte, niemand sonst tat das. Ich versuchte ihm gar nicht erst zu erklären, dass es dafür durchaus einen Grund gab.

Als wir das kleine Café betraten, das ganz offenbar seit Jahrzehnten unverändert war, riefen alle Gäste und jeder Kellner Lale beim Namen. Die Frauen eilten herbei, umarmten ihn und erhielten seine üblichen Küsschen auf beide Wangen. Ich bekam meine ordentliche Tasse Kaffee, aber noch mehr genoss ich, wie Lale auflebte in Kontakt mit diesen Menschen, die er gut kannte, und ihre Beileidsbezeugungen entgegennahm. Die Frauen fragten, ob er genug zu essen hatte, er habe abgenommen. Ich wurde herzlich in ihren Kreis aufgenommen und mit Fragen überschüttet, was ich mit Lale vorhatte.

Ich hoffte, mit diesem Ausflug würde Lale wieder Kontakt zu der jüdischen Gemeinde aufnehmen, in der Gita und er, wie ich wusste, fest verwurzelt gewesen waren. Gita war vor fünf Monaten gestorben. Er hatte mir viele Fotos von ihnen beiden gezeigt, wie sie unter Leuten waren. Sie liebten die Geselligkeit: Lale war immer makellos, Gita sah umwerfend aus. Häufig blickte Lale auf den Fotos nicht ins Objektiv wie Gita, sondern sein Blick ruhte voller Liebe auf der Frau neben ihm.

Ein paar Wochen später bat er mich, ihn zu dieser Veranstaltung zu begleiten, die ich bereits beschrieben habe. Sie fand im Mehrzweckraum über dem Jewish Holocaust Centre in Melbourne statt. Mir war klar, dass dies ein großer Schritt war, mit dem Lale mich in seine Welt einführte: Er wollte, dass ich seine Freunde von ihm erzählen hörte. Auch er machte sich jetzt verletzlich, um unsere Beziehung zu festigen. Ich konnte ihn moralisch stützen, falls er früher würde gehen wollen, aber eines war völlig klar: Er wollte seinen Freunden mitteilen, dass er seine Geschichte veröffentlichen wollte, und er wollte ihnen die Person zeigen, die sie erzählen würde. Wie eine Ehrennadel trug er das vor sich her, als er mich seinen Freunden und Bekannten vorstellte.

In meinen üblichen Jeans und T-Shirt stand ich vor seiner Tür. Er begrüßte mich in einem perfekt gebügelten Hemd, mit Hose und Sakko, die Eleganz in Person. Ich nahm seinen angebotenen Arm, und wir gingen zu meinem Auto. Er wusste, dass ich fahren würde, gab aber den Gentleman und öffnete mir die Fahrertür.

Wir fanden nicht gleich einen Parkplatz in der ruhigen kleinen Straße, in der sich das Holocaust Centre befindet. Ich bot an, ihn abzusetzen und eine Parklücke zu suchen, aber er wollte davon nichts hören – er konnte ohne Weiteres zu Fuß gehen, egal, wie weit es wurde.

Als wir die Treppe zum Veranstaltungsraum hinaufstiegen, entnahm ich dem Geräuschpegel, dass der Raum bereits voll sein musste. Später erfuhr ich von Lale, dass er mir absichtlich gesagt hatte, die Veranstaltung würde eine halbe Stunde später beginnen, weil er wollte, dass alle schon da waren, wenn wir unseren Auftritt hatten.

Wir machten zwei Schritte in den Raum, dann blieb er stehen. Jemand sah ihn, rief seinen Namen, und durch den ganzen Raum tönte es im Chor: »Lale! Lale ist wieder da!« Wie ein Schauspieler am Ende der Vorstellung verbeugte er sich tief, mit dem breitesten Lächeln, das ich je an ihm gesehen hatte. Lale, der Charmeur, war zurück.

Ich war sehr dankbar, dass ich von Dutzenden herausgeputzten und mit Schmuck behangenen Damen in Beschlag genommen wurde, die alle gleichzeitig redeten, wissen wollten, wer ich war und was ich mit Lale machte. Als ich nach Worten suchte, um zu erklären, warum ich hier war, sah ich zu ihm hinüber; er stand bei seinen Freunden, aber er behielt mich im Auge, überwachte, ob es mir gut ging. Als ich ihm halb lächelnd, halb finster zunickte, warf er mir eine

Kusshand zu und wandte sich wieder dem Gespräch zu, in dessen Mittelpunkt er stand.

Ich betrachtete die Frauen, die mich umkreisten, und die Männer auf der anderen Seite des Raums. Ich senkte den Altersdurchschnitt der Anwesenden um einige Jahre. Männer und Frauen von siebzig, achtzig, neunzig Jahren, alle in gut sitzender Kleidung, viele der Männer in Anzug und blank geputzten Schuhen. Kellner huschten zwischen ihnen umher, manche trugen Tabletts mit Getränken, andere mit Häppchen. Die Männer waren genauso laut und lebhaft wie die Frauen auf meiner Seite. Es war so nett hier, ich fühlte mich geehrt, dabei zu sein. Mehrmals hörte ich einen der Männer sagen: »Sie ist keine Jüdin?« Dann erwiderte Lale knapp: »Nein, ich sagte doch, ich will nicht, dass mein Buch von einem Juden geschrieben wird.« Die Unterhaltung ging weiter, aber irgendwann kamen sie wieder darauf zurück: »Überhaupt kein jüdischer Anteil, bist du auch ganz sicher?«

Ich versuchte zu erklären, warum ich hier war, während ich Wein schlürfte und den Boden vollkrümelte, und immer wurde mir noch ein Glas gereicht, noch ein Gebäckstück. Offenbar war es wichtig, dass ich von jeder Frau hier ein Getränk oder etwas zu essen annahm, um einzeln und kollektiv mit ihnen verbunden zu sein.

Ich wusste nicht, worauf ich mich gefasst machen musste, als ich sagte, dass ich Lale besuchte, um über sein und Gitas Leben in Auschwitz-Birkenau schreiben zu können. Jedenfalls bekam ich überwältigende Unterstützung und viel Zuspruch. Alle redeten auf mich ein, wollten mir von ihrer Freundschaft mit den beiden erzählen. Eine schien die andere übertreffen zu wollen, erklärte, sie seien am längsten, am engsten befreundet gewesen. Ich weiß nicht mehr, wie oft ich hörte: »Wussten Sie, dass Gita …?«

Inmitten von all diesen Geschichten über Lale und Gita merkte ich, dass ich hier meine Quelle über alles, was Gita betraf, gefunden hatte: Ich konnte aus ihrer Beziehung zu ihren Freundinnen schöpfen. Von diesen Geschichten wusste Lale entweder gar nichts, oder sie schienen ihm unwichtig, da er dabei häufig gar keine Rolle spielte. Sie erzählten mir, wie herrlich Gita kochen konnte. Lale erwähnte nie, dass sie kochte oder backte. Gerührt hörte ich, wie stolz sie auf ihre »Tafel« war, wenn sie zu einem Sabbatmahl einlud. Viele der Frauen beneideten Gita um ihre schönen Kleider, besonders weil sie selbst genäht waren. Ich hatte viele Fotos gesehen, auf denen sie umwerfend aussah, und ihre Kleider saßen immer perfekt. »Ja, die nähte sie selbst«, erfuhr ich. Später bestätigte mir Lale, dass sie nicht nur selbst nähte, sondern auch selbst entwarf. Auf meine Frage, ob sie gut kochen konnte, meinte er nur, dass er aß, was er vorgesetzt bekam, und nie weiter darüber nachdachte. Jetzt ergab die Tatsache, dass er sich nie für Essen interessiert hatte, wenn ich davon angefangen hatte, plötzlich Sinn.

Als ich die Frauen fragte, ob sie wussten, wie es Gita wohl in Birkenau ergangen war, sahen sie einander verdutzt an und zuckten mit den Schultern. »Natürlich wissen wir das«, sagten sie. »Wir waren ja auch dort.« Ich fühlte mich so klein – warum hatte ich nur nicht früher danach gefragt?

Ich staunte, wie offen sie von ihren Erlebnissen im Holocaust erzählten. Lale hatte mir oft gesagt, dass Gita nie über ihre Zeit in Auschwitz sprach; ich hatte daraus geschlossen, dass andere weibliche Holocaust-Überlebende wohl auch nicht davon reden wollten. Hier hörte ich zum ersten Mal aus einer weiblichen Perspektive davon. Besonders auffällig fand ich, dass ständig von der Kälte die Rede war. Lale erwähnte wohl das Wetter, aber nur, wenn er etwas im Sommer oder Winter situierte. Für diese Frauen schien die alles dominierende Erinnerung zu sein, dass sie so entsetzlich gefroren hatten, dass sie nicht wussten, wie sie das hatten überleben können.

Ich hörte, wie eine Frau zu einer anderen sagte: »Woher willst du wissen, wie das war? Du warst doch nur eine Woche dort – ich dagegen mehrere Jahre.« Oder: »Du warst ja nicht in Auschwitz. Das war das schlimmste KZ, im Vergleich dazu war deines ein Ferienlager.« Für mich als Außenstehende klang das nach kindischem Gezänk, aber dann merkte ich, dass das eben ihr Umgangston war und dass keine es übel nahm, wenn sie korrigiert oder kritisiert wurde. Als eine Frau mir erzählte, ihre Geschichte sei so ähnlich wie Lales und Gitas, ob ich darüber wohl auch schreiben würde, kam plötzlich von allen Seiten die Bitte: »Schreiben Sie meine Geschichte, erzählen Sie meine Geschichte!«

Mehrere Stunden lang war ich umringt von dieser unglaublichen Gruppe weiblicher Überlebender und hörte Episoden über riesiges persönliches Leid, gewürzt auch mit kleinen amüsanten Momenten. Manchmal, wenn eine Frau eine Anekdote erzählt hatte, sagten die anderen zu ihr: »Das wusste ich gar nicht, das hast du uns noch nie erzählt.« Häufig kam dann ein Schulterzucken, gefolgt von: »Das wollte ich eben vorher nicht erzählen, aber jetzt wollte ich, und vielleicht« – sie zeigte auf mich – »will sie ja meine Geschichte auch erzählen.«

Ich habe es in Filmen gesehen, in Büchern darüber gelesen, aber eine Frau beschreiben zu hören, wie sie bei der Selektion von ihren Eltern und jüngeren Geschwistern getrennt wurde, ist etwas ganz anderes. Mehrere Frauen nahmen sie in den Arm – offensichtlich kannten sie die Geschichte, reagierten aber immer noch mit körperlichem Zuspruch; auch ich nahm also ihre Hand, sah ihr in die Augen und versuchte damit alles zu sagen, was mir nicht über die Lippen kam. Sie legte mir ihre andere Hand an die Wange und lächelte zurück. Eine kleine Verbindung zwischen zwei Fremden, die ich nicht vergessen werde. Der körperliche Schmerz, der mir dabei auf der Brust lag, begleitete mich noch ziemlich lang.

Als Lale schließlich herüberkam und meinte, er wolle jetzt gehen, wäre ich gern noch geblieben. Schnell wurden Namen und Telefonnummern auf Zettel gekritzelt und mir zugesteckt mit der Bitte »Rufen Sie an«. Viele dieser Frauen traf ich daraufhin bei sehr vielen Gelegenheiten wieder. Bestimmt merkten sie, dass ich nur Lales und Gitas Geschichte schreiben würde, aber immer, wenn wir uns sahen, fühlte ich mich als eine Art Katalysator, der das Gespräch zwischen ihnen erleichterte, sie Notizen und Erfahrungen austauschen ließ, ihnen half, offen über die Traumata der Vergangenheit zu sprechen, ihr Schuldgefühl und ihre Scham darüber, dass sie überlebt hatten. Unter dem Deckmantel, mit mir, einer Außenstehenden, zu sprechen, hatten sie wohl das Gefühl, sie dürften etwas über diese furchtbare Zeit in ihrem Leben herauslassen. Ich fühlte mich dadurch geehrt. Was für ein Privileg es war, in diese verschworene Gemeinschaft mit einer gemeinsamen Lebenserfahrung aufgenommen zu werden und Geschichten zu hören, die sie häufig noch nie irgendwem erzählt hatten, nicht einmal ihren Angehörigen.

Wie viel die Kinder von Überlebenden über die Erlebnisse ihrer Eltern wissen, scheint sehr unterschiedlich zu sein. Ich habe Kinder getroffen, die bis ins Detail darüber Bescheid wissen, wie es ihren Eltern im Holocaust ergangen ist, aber die meisten Kinder von Überlebenden sagen mir, dass sie sehr wenig wissen. Viele begründen es damit, ihre Mutter oder ihr Vater habe ganz klar geäußert, dass sie darüber nicht reden wollten. Andere gestanden mir, dass sie sich nicht zu fragen trauten, weil sie ihnen keinen Kummer machen wollten und sich sorgten, wie sie selbst wohl mit dem Wissen um den Horror fertig werden würden, den ihre geliebten Eltern durchgemacht hatten. Unzählige Male wurde ich gefragt, wie man einen Überlebenden dazu bringt, mit seinen Kindern zu sprechen, und ob ich wohl bereit wäre, ihn oder sie zu treffen und mir ihre Geschichte anzuhören. Wenn ich aus meinen Gesprächen mit Überlebenden eines gelernt habe, dann dass sie in jedem Fall nur erzählen werden, was sie wirklich herauslassen möchten – zum Erzählen zwingen kann man sie nicht. Ein Vorschlag wäre, jemanden zu finden, der keine emotionale Beziehung zu dem oder der Überlebenden hat, weil das vielleicht helfen könnte, sich zu öffnen, aber sicher ist da gar nichts.

Als unsere Freundschaft sich festigte, lud Lale mich immer öfter in seine Welt ein. Manchmal nahm er mich mit zu einem kleineren Kaffeeklatsch mit seinen Freunden. Mehrere dieser Männer erzählten mir von ihren Holocaust-Erinnerungen, bezeichneten sich als Überlebende, wurden aber niemals emotional; meistens sagten sie gar nichts, sondern nickten nur, als wollten sie sagen: »Ja, ich war dort.« Einen von Lales engsten Freunden traf ich mehrmals, ich war bei ihm zu Hause, lernte seine Frau kennen. Tuli war erst siebzehn, als er deportiert wurde. Er stammte auch aus der Slowakei, aus der Kleinstadt Bardejov, die ich einmal besucht habe – auch Cilka Klein kam von dort. Er verbrachte nur wenige Monate in Birkenau und wurde dann in ein anderes Arbeitslager verlegt, aber er erzählte mir, wie extrem er dort gehungert hatte. Seine alles überragende Erinnerung scheint das zu sein: der Hunger.

Tuli sprach leise und war charakterlich genau das Gegenteil von Lale. Während Lale jeden Gedanken aussprach, der ihm in den Kopf schoss, war Tuli zurückhaltend und wog alles, was er in meiner Gegenwart sagte, sorgfältig ab. Bei seinen Freunden erzählte Lale liebend gern von meiner Familie – und ja, besonders von meiner Tochter. So kamen die Männer ins Gespräch, alle wollten mehr über mich wissen, woher ich kam – ich fand es wirklich erhebend, dass Lale stolz zu sein schien, mit mir befreundet zu sein.

Ich fühlte mich absolut geborgen, wenn ich mich so öffnete und von mir erzählte, Geschichten aus meiner Jugend im ländlichen Neuseeland zum Besten gab, und sie wirkten auch ehrlich interessiert. Und allmählich merkte ich, dass gerade dann, wenn ich sehr persönlich von mir sprach, auch die Männer mitteilsamer wurden und von sich selbst und ihren Familien erzählten, und zwar von ihren unmittelbaren Angehörigen in Australien, aber auch zunehmend von denen, die sie verloren hatten. Der Verlust ihrer Familien im Holocaust war eindeutig das Wichtigste, was sie mir mitteilen wollten. Es war, als wären alle anderen furchtbaren Erlebnisse verblasst im Vergleich zum Tod ihrer Verwandten. War das der Ausdruck der Überlebensschuld? So kam es jedenfalls bei mir an: Kein Schmerz, der ihnen zugefügt wurde, war vergleichbar mit dem Schmerz, ein ganzes Leben zu leben, während ihre Eltern und Geschwister umgekommen waren.

Wenn ich über die Zeit nachdenke, die ich mit Lale verbracht und in der ich ihm zugehört habe, stechen mehrere Geschichten hervor, weil sie ihn beim Erzählen und mich beim Zuhören emotional besonders mitnahmen. Vor allem an eine erinnere ich mich sehr lebhaft, und sie verstört mich bis heute: Der Tag, an dem er nach Krompachy heimkehrte und seine Schwester Goldie wiedersah. Das Gefühlschaos, als er ein überlebendes Familienmitglied wiederfand und erfuhr, dass der Rest seiner Familie deportiert worden war und wahrscheinlich nicht heimkehren würde, traf ihn ins Mark, und den körperlichen Schmerz spürte er noch, wenn er sechzig Jahre später davon erzählte. Und mir ging es beim Zuhören genauso. Ich fragte die Männer, ob es ihnen half, dass sie geheiratet und selbst Kinder bekommen, ihre eigenen Familien gegründet hatten. Alle, denen ich diese Frage stellte, antworteten mir, das helfe kein bisschen: Das waren zwei getrennte Dinge, das eine konnte das andere nicht ausgleichen oder ersetzen.

Ich habe dieses Kapitel mit der Frage begonnen, ob Zuhören einfach ist. Sie werden nicht immer das Gefühl haben, dass Sie sich gut angestellt haben, dass ein Gespräch gut gelaufen ist – ich jedenfalls habe das nicht. Sagen Sie sich: Solange Sie Ihr Bestes gegeben haben, egal, welche Umstände gegen Sie wirkten oder Ihnen halfen, dann war es gut genug. Trotzdem gibt es ein paar Anhaltspunkte, die helfen können. Als aktiver Zuhörer müssen Sie normalerweise nicht bewusst irgendetwas tun. Egal, mit wem Sie reden, mit Ihren Liebsten, der älteren Generation, Ihren Kindern, der Prozess ist immer derselbe. Wie bei allem im Leben handeln wir nicht immer so, dass es zum erwünschten Ergebnis kommt. Letzten Endes braucht man nur zu entscheiden, sich verletzlich zu machen, und das den anderen zu zeigen. Warum sollte Ihnen jemand seine Hoffnungen und Befürchtungen anvertrauen, seine Vergangenheit und seine Zukunftsträume, wenn er nicht das Gefühl hat, dass das erwidert wird? Ganz einfach: Er wird es nicht tun. Ich hörte mir besorgt und belustigt an, wie meine Kinder Lale »Märchen« über mich erzählten. Sie nahmen kein Blatt vor den Mund. Gleich am ersten Tag, als er sie kennenlernte, holte er sie in seinen Kreis hinein, teilte ihnen einzelne Aspekte seiner Vergangenheit mit. Er machte sich vor ihnen verletzlich, und sie taten dasselbe in der Gewissheit, dass das, was sie über ihre Mutter sagten, auf Respekt und Wohlwollen stoßen würde. Sie gaben ihm Munition, um zurückzufeuern, wenn er zum Scherzen aufgelegt war, und das war er sehr oft. Indem wir Lale in meine Familie hineinließen, schufen wir eine Welt, in der ich zuhören und er mir eine Geschichte erzählen konnte, die er unbedingt loswerden wollte.

Am Tag nach Lales Tod begleitete meine Familie mich zu seiner Beerdigung; an diesem Abend betraten wir zum ersten Mal eine Synagoge, um ihm Lebwohl zu sagen. Er war jetzt zu Gita gegangen, aber keiner von uns wird ihn je vergessen.

Noch einen draufsetzen

»Ich habe keine saubere Wäsche mehr«, erklärte ich meiner Londoner Verlegerin aus meinem Hotelzimmer in Johannesburg, wo ich auf Lesereise für meine Romane *Der Tätowierer von Auschwitz* und *Das Mädchen aus dem Lager* war. In zwei Tagen sollte es nach Hause gehen, aber ich hatte eben das Telefonat geführt, das alles veränderte. Der Anruf ging ins israelische Rechovot, wo ich mit einer 92-jährigen Dame namens Livia gesprochen hatte. Ich hatte zugehört, wie sie mir von ihrer Deportation zusammen mit ihrer Schwester aus der Slowakei im März 1942 erzählte. Hatte zugehört, wie sie mir sagte, sie erinnere sich, wie Lale Sokolov ihr bei der Ankunft in Auschwitz-Birkenau die Nummer auf den linken Arm tätowierte. Zugehört, wie sie mir erzählte, sie und ihre beiden Schwestern seien nach dem Krieg nach Israel gegangen. Zugehört, wie sie mich nach Israel einlud, um sie zu besuchen, ihre Geschichte zu hören. Dann sprach ich noch mit ihrem Sohn, dessen E-Mail mir vor ein paar Tagen den Schlaf geraubt hatte: »Ich glaube, meine Mutter und ihre Schwestern haben eine Geschichte, die Sie interessieren könnte«, hatte er geschrieben. Und das stimmte.

»Kaufen Sie neue Wäsche«, kam es vom anderen Ende der Leitung. Meine Verlegerin hatte dasselbe Gefühl wie ich. Für diese Geschichte lohnte es sich, noch einen draufzusetzen – genau genommen, 8000 Kilometer draufzusetzen.

Ich recherchierte die Adresse, die Livia mir gegeben hatte – Rechovot lag etwas landeinwärts von Tel Aviv –, und suchte nach einer Unterkunft in der Nähe. Soweit ich sehen konnte, war es eine Trabantenstadt südöstlich von Tel Aviv, Hotels waren dort dünn gesät. Ich sah nach, ob es einen Flug von Johannesburg nach Tel Aviv gab. Ja, es gab einen. Ich rief zu Hause an und fragte, wie meine Familie es fände, wenn ich noch eine Woche länger wegbliebe, ich müsste noch woandershin. *Dann musst du wohl,* hörte ich – sie fragten nicht weiter nach.

Zwei Stunden nachdem ich von Johannesburg nach Melbourne hätte fliegen sollen, saß ich im Flugzeug nach Tel Aviv. Ich flog über Nacht und landete am frühen Morgen, ganz allein in einem Land, in dem ich noch nie gewesen war, dessen Sprache ich nicht beherrschte, aber mit neuer Wäsche im Koffer. Ich hatte noch kein Geld in der Landeswährung, aber schließlich funktionierten Kreditkarten ja überall, oder? Ich hatte mich in dem Hotel einbuchen können, das am nächsten an Livias Wohnung lag, und nannte dem Taxifahrer die Adresse. Wir ließen Tel Aviv hinter uns und machten uns auf den Weg nach Rechovot. Es war Hochsommer, und selbst so frühmorgens stieg vom Boden ein warmer Dunst auf, den die Häuser zurückstrahlten.

Als wir vor dem Hotel standen, zückte ich meine Kreditkarte.

»Keine Karte, nur Cash«, so die harsche Antwort.

Als ich erklärte oder zu erklären versuchte, dass ich gerade erst eingereist war und noch kein Bargeld hatte, fuhr der Fahrer wieder los, weg vom Hotel, und ich saß auf dem Rücksitz fest. Leichte Panik, während ich ganz ruhig fragte, wohin er fuhr. Es stellte sich heraus, dass die Abkürzung ATM in vielen Sprachen gebräuchlich ist, und ich verstand, dass ich zu einem Geldautomaten gebracht wurde; erst wenn ich dort Bargeld abgehoben hatte, ginge es wieder zurück zum Hotel.

Bei einem Geldautomaten, der frei am Rand einer unbefestigten Straße herumstand, ohne sichtbare Verbindung zu irgendeinem Gebäude, geschweige denn einer Bank, stieg ich widerstrebend aus dem Taxi, während meine Koffer drinblieben, und steckte meine Karte in eine Maschine, deren Anweisungen ich nicht lesen konnte. Ich hatte keine Ahnung vom Wechselkurs, aber ich wusste, wie viele Schekel ich bezahlen musste, drückte also nach Gutdünken auf die Knöpfe und gab doppelt so viel ein, wie der Taxifahrer verlangt hatte.

Der Automat spuckte meine Karte aus, es folgten die Schekel.

Ich hatte das Hotelzimmer für einen zusätzlichen Tag gebucht, damit ich schon frühmorgens einchecken konnte. Ich brauchte dringend eine Dusche. Livias Sohn hatte mir gesagt, ich sollte zu ihnen kommen, sobald ich konnte. Keine Stunde später saß ich wieder im Taxi. Erneut zückte ich meine Kreditkarte, wieder hieß es: »Nur Cash.« Der große Schein, den ich nach vorne reichte, kam zurück – der Fahrer wollte die passende Summe oder nur wenig darüber. Ich erklärte, der Geldautomat habe mir eben nur große Scheine gegeben, aber das galt nicht. Er würde mich zu einem Laden fahren, in dem ich irgendetwas kaufen und Wechselgeld erhalten würde.

Willkommen in Israel!

Schließlich ließ das Taxi mich vor einem Wohnblock heraus. Beim Aussteigen sah ich Livia, ihren Sohn und ihre Schwiegertochter vom Balkon im ersten Stock winken. Die Haustür ging auf, Livias Sohn begrüßte mich mit einer herzlichen Umarmung und führte mich nach oben, wo mich seine Mutter und seine Frau mit offenen Armen erwarteten. Was für ein Empfang! Das ist der Eindruck, den ich von Israel in Erinnerung behalten werde.

»Sie sind sicher hungrig. Setzen Sie sich, wir haben Frühstück für Sie und Kaffee, wahrscheinlich brauchen Sie Kaffee?«

Es war noch nicht einmal neun Uhr morgens.

Zwei Tage verbrachte ich bei Livia, lernte auch andere Familienmitglieder kennen, hörte ihnen zu, wie sie die Geschichte der drei Schwestern aus der Slowakei erzählten, die Auschwitz-Birkenau überlebt hatten. Keiner hielt sich irgendwie zurück – sie wollten mir alles zu hören geben, was sie in meiner kurzen Zeit in Israel unterbringen konnten. Ich wusste, dass ich für Livias Geschichte nicht so viel Zeit haben würde wie für Lales, aber ich wollte mich wiederum nicht durch Mitschreiben ablenken. Daher bat ich Livias Schwiegertochter, für mich Notizen zu machen. Und wie ich es so oft in meinem Leben und besonders mit meinem lieben Freund Lale getan habe, saß ich nur da und hörte zu. Und trank starken türkischen Kaffee und aß pünktlich jede Stunde etwas Neues. Diesmal war der Kaffee allerdings hervorragend – ich ließ mir mehrfach nachschenken!

In ihrer ersten E-Mail hatten Livias Sohn und Schwiegertochter mir geschrieben, dass Livia aus derselben Stadt kam wie Gita. Und ihre Häftlingsnummer war 4559, also drei vor Gitas. Während Livia den *Tätowierer von Auschwitz* las, so berichteten sie, hatte sie kein Auge zugetan – sie war verblüfft darüber, wie zutreffend mein Bericht war. Außerdem sagten sie, Livia erinnere sich an Erlebnisse mit

Gita, denn sie sei oft mit ihr zusammen gewesen und würde mir gerne weitere Einzelheiten zu Teilen meines Buchs liefern, die kritisiert worden waren. Livia hatte, meinten sie, ein unglaubliches Gedächtnis und wollte im direkten Gespräch mit mir für Klarheit sorgen.

Das Telefonat zwei Tage nach der ersten E-Mail war sehr bewegend, zeitweise flossen bei uns allen die Tränen. Livias Sohn erzählte mir, als seine Mutter das australische Buchcover gesehen hatte (es zeigt zwei Arme mit Häftlingsnummern), habe sie nur gesagt: »Das muss von Lale und Gita handeln.« Ich war überwältigt. Noch während ich mit Livia sprach und sie ganz klar äußerte, sie wolle mich treffen und nicht nur telefonieren, wusste ich, dass ich zu ihr musste – auch mir ist das persönliche Gespräch lieber.

Beim Auflegen merkte ich, dass ich zitterte. Gänsehaut hatte ich auch. Ich musste sofort zu Livia und ihrer Familie. Ich rief meine Verlegerin in London an, und nur wenige Minuten später sagte sie mir: »Steigen Sie ins Flugzeug.«

Nach diesem nur fünfminütigen Telefonat wusste ich, dass ich meinem Instinkt folgen musste. Ich hatte die schöne Stimme einer alten Dame gehört. Ich bewertete nicht, hinterfragte nicht einmal, warum ihre Familie Kontakt zu mir aufgenommen hatte – als Livia mit mir sprach, fühlte es sich einfach nur richtig an. Ich dachte zurück an die Tasse Kaffee mit meiner Freundin vor so vielen Jahren, als sie mir von einem Mann erzählte, der womöglich eine hörenswerte Geschichte zu erzählen hatte – es hatte sich ganz genauso angefühlt.

Ich musste es tun – mein Gefühl sagte es mir.

In diesem Augenblick bewirkten der Zeitpunkt, die Umstände, meine Erfahrung und der Zuspruch meiner Verlegerin, dass ich wirklich noch ordentlich etwas drauflegte. Aber auch damals »legte ich drauf«, als ich mich auf eine Tasse Kaffee mit einem alten Mann einließ, der um seine Frau trauerte. Es ist sogar noch einfacher: Mit dem Drauflegen meine ich auch, dass ich mich als Zuhörerin öffnete. Wenn wir aktiv zuhören, dann nicht mit dem Ziel, zu urteilen oder uns eine »Meinung« über das zu bilden, was uns erzählt wird. Und noch etwas, was wir alle mehr üben sollten: zuhören, ohne eine Antwort vorzubereiten – denn das ist fast in sich schon eine Ablenkung. Wir brauchen nicht alles zu kommentieren, was uns gesagt wird. Häufig ist es vielleicht sogar besser, gar nichts zu sagen als womöglich das Falsche.

Wie gesagt wollte ich weder bei Lale noch bei Livia irgendetwas tun, was mich von dem ablenken würde, was ich zu hören bekam, oder sie von dem, was sie sagen wollten. Ich machte also keine Notizen, nahm allerdings später ein Gespräch zwischen Livia und mir auf. Bei diesem Prozess echten Zuhörens und wirklicher Offenheit geht es nicht nur darum, die Worte zu hören, sondern auch auf die Pausen dazwischen und auf den Kontext zu achten. Wie Lale wandte sich Livia über ihren Sohn an mich, weil sie hochbetagt ist und möchte, dass die einzigartige Geschichte von ihr und ihren Schwestern erzählt wird, solange noch Zeit ist. Aus meiner Erfahrung mit Lale wusste ich, dass ich mich zunächst selbst vorstellen musste – mich verletzlich machen, indem ich leicht verschlafen und ganz allein direkt aus dem Flugzeug zu ihr kam –, dass ich ihr rasch zeigen musste, wer ich bin und wofür ich stehe, indem ich ganz im Moment da war. Ich versuchte alle Gedanken daran wegzuschieben, ob ich mit dieser Geschichte würde arbeiten können, ob sie mir wirklich alles würde erzählen wollen, wohin die Geschichte führte; ich wollte einfach nur zuhören, offen da sein, bereit, ihr zuzuhören. Die Geschichte, die sie mir erzählte, war eine Geschichte voller Kraft, Hoffnung, Überlebensmut und voller Liebe. Und dass ich Livia zuhören durfte, dass ich ihrer 94 Jahre alten Schwester Magda und ihrer ausgedehnten Familie begegnen durfte, ist eines der größten Privilegien in meinem Leben. Livias älteste Schwester Cibi starb 2014.

Am Abend meines zweiten Tages bei Livia und ihrer Familie sagte Livia, ich solle morgen freinehmen und nach Jerusalem fahren. Ich offenbarte meine völlige geografische Ahnungslosigkeit, als ich sagte, ich könne wohl kaum an einem Tag dorthin und wieder zurückfahren. Bei uns in Australien muss man von einer Stadt in die andere normalerweise fliegen. Zum Glück leben Livias Sohn und Schwiegertochter in Kanada und wissen, wie mühsam die großen Distanzen in solchen Ländern sind. Am nächsten Tag fuhr mich ein Taxi die vierzig Minuten »hinüber« nach Jerusalem. Ich ließ mich direkt nach Yad Vashem fahren, in die Internationale Holocaust Gedenkstätte. Sie sollte mein erster Halt in Jerusalem sein. Fünf Stunden lang verbrachte ich in diesem fesselnden Museum. Ich saß in ihrem Archiv, wo mir eine sehr freundliche Assistentin half, die Datenbanken nach Informationen über Lale, Gita und Cilka zu durchsuchen. Zum Schluss ging ich in den Museumsshop. Den *Tätowierer von Auschwitz* gut sichtbar dort liegen zu sehen, war ein Schock für mich. Ich weiß nicht, warum, aber ich hatte nicht erwartet, die englische Ausgabe dort vorzufinden. Ich wusste, dass die hebräischen Übersetzungsrechte nach Israel verkauft worden waren, aber meines Wissens war das Buch dort noch nicht erschienen.

Ich nahm ein Buch in die Hand und betrachtete es, überwältigt, es an dieser heiligsten Holocaust-Gedenkstätte anzufassen. Eine Verkäuferin kam und fragte, ob ich es kaufen wolle. Wie von selbst entfuhr mir, dass ich die Autorin war, dass es mein Buch war, und ich dankte ihr, dass sie es hier vorrätig hatten. Sie rief ihre Chefin, und in einem langen Gespräch erfuhr ich, wie gut sich das Buch hier verkaufte, wie oft sie Nachschub ordern mussten. Auch kamen immer viele Menschen in ihren Shop und fragten gezielt nach dem Buch, sagten, aus welchem Land sie kamen und dass sie diese Geschichte lesen wollten, vor allem aber, dass sie das Buch hier in Yad Vashem kaufen wollten.

Ich stamme aus einer Kleinstadt in Neuseeland. Ich bin Mitte sechzig, und hier stand ich in Yad Vashem in Jerusalem und hörte, dass Leser aus der ganzen Welt hierherkamen, um mein Buch zu kaufen. Ich kaufte ein Exemplar – auch ich wollte eine Ausgabe des *Tätowierers von Auschwitz* besitzen, die ich in Yad Vashem gekauft hatte.

Es war später Nachmittag, als ich den Shop verließ und im Museumscafé eine Tasse Kaffee bestellte. Kleiner Rückblick: Als ich in Johannesburg war, was jetzt Ewigkeiten her schien, in Wirklichkeit aber erst wenige Tage zurücklag, kam nach einer Veranstaltung, auf der ich gesprochen hatte, eine Frau zu mir. Wir unterhielten uns, und sie fragte, wohin ich als Nächstes reisen würde. Vielleicht nach Israel, sagte ich. Sie hatte einen guten Freund in Jerusalem, und wenn ich dorthin kam, sollte ich ihn anrufen. Sofort schickte sie ihm eine SMS und kündigte an, dass sie mich kennengelernt hatte und ich mich vielleicht melden würde. Während ich nun meinen Kaffee trank, ging ich meine Nachrichten durch und sah eine von diesem Mann: Wenn ich in Jerusalem war, sollte ich ihn anrufen. Kurz entschlossen tat ich es. Er war noch ein paar Stunden im Büro, aber er lud mich zum Abendessen zu sich nach Hause ein. Seine Frau wusste zu diesem Zeitpunkt noch nichts von mir und hatte auch keine Ahnung, dass sie heute Abend eine Fremde bekochen würde. Er schlug mir vor, in die Altstadt zu gehen und mich umzusehen. In ein paar Stunden würde er mich anrufen und einen Treffpunkt vereinbaren.

Ich bin ganz schön gutgläubig, oder? Erzählen Sie bloß nicht meiner Familie davon!

Mein Spaziergang durch die Altstadt war herrlich. Es ist so ein buntes, lebendiges Viertel voller Menschen, Alte und Junge. Ich schlenderte durch die gepflasterten Straßen, kaufte ein Souvenir, kostete die eine oder andere Spezialität. Am vereinbarten Treffpunkt fuhr ein Auto an den Rand, und ein Fremder sagte: »Steigen Sie ein.« Ich tat, was mir gesagt wurde.

Wir fuhren zu ihm nach Hause, wo seine Frau für uns drei umwerfend gekocht hatte. Von ihrem Balkon, auf dem wir saßen, hatte man einen atemberaubenden Blick über die Stadt und auf den Sonnenuntergang an meinem dritten Tag in Israel. Wir unterhielten uns stundenlang. Nach Mitternacht brachte mich mein neuer Freund bis in mein Hotel zurück. Von ihm und seiner Frau erhielt ich eine Lektion über die Politik und Geschichte Israels. Während meines Studiums hatten wir den Nahostkonflikt durchgenommen. Ich dachte, ich wüsste Bescheid – aber ich wusste gar nichts. Jetzt weiß ich etwas mehr. Was für eine Ehre war es, einen Abend mit Einheimischen zu verbringen, die bereit waren, von ihrem Leben in einem immer noch von Konflikten geplagten Land zu erzählen. Dabei wollen sie nur, dass die Auseinandersetzungen ein Ende haben. Sie selbst lebten in Frieden mit den Palästinensern und wohnten in einem Haus mit sehr vielen palästinensischen Freunden als Nachbarn.

Am nächsten Tag ging ich wieder zu Livia und ihrer Familie und verbrachte weitere drei Tage mit ihnen. Ich hörte zu, aber ich erzählte ihnen auf ihre Nachfrage auch von mir und meiner Familie. Mehrfach holte ich mein Handy heraus, als drei Generationen der Familien von Livia und ihrer Schwester zu mir kamen, und zeigte ihnen voller Stolz die Fotos meiner Enkelkinder (von den Erwachsenen weniger).

Ich bekam mit, dass verschiedene Verwandte der drei Schwestern sich an dem Tag, als ich in Jerusalem war, getroffen und beraten hatten, ob sie mir ihre Geschichte anvertrauen konnten. Offenbar wurde ich für mehr als akzeptabel befunden, und gegen Ende meines Aufenthaltes erhielt ich eine offizielle Anfrage, »die Geschichte der drei Schwestern aus der Slowakei zu erzählen«. Ich hoffe sehr, dass diese einzigartige Erzählung von Hoffnung, Liebe und Überlebenswillen Gegenstand meines nächsten Romans sein wird.

Mit einer Woche Verspätung kehrte ich nach Hause zurück und berichtete meiner Familie und meinem Verlag Ausschnitte von dem, was ich gelernt hatte, was ich zu hören bekommen hatte und welche reiche Erfahrung es mir eingebracht hatte, dass ich bereit gewesen war, noch etwas draufzulegen.

Vor ein paar Jahren unternahm ich eine andere Reise. Ihr Ziel lag näher an Australien, aber trotzdem Welten entfernt von jedem Ort, an dem ich zuvor oder seither je gewesen bin.

Osttimor.

Bereits seit mehreren Jahren hatte ich losen Kontakt zu einem der inspirierendsten, großzügigsten Menschen, die ich je getroffen habe. Mehrmals im Jahr reist dieser Mann, ein brillanter Kardiologe, nach Osttimor und stellt diesem verarmten Land sein Fachwissen zur Verfügung. Dort identifiziert er Jungen und Mädchen, deren Lebenserwartung stark beeinträchtigt ist, wenn sie sich nicht einem einfachen kardiologischen Eingriff unterziehen, der in westlichen Ländern jeden Tag rund um die Uhr durchgeführt wird. Nach der Diagnose bringt der Kardiologe diese Kinder auf eigene Kosten nach Australien, wo dieser lebensrettende Eingriff in großen öffentlichen Krankenhäusern von kompetenten und hilfsbereiten Ärzten durchgeführt wird. Ich leistete dazu einen kleinen Beitrag, indem ich mich um die Patienten und ihre Betreuer und Übersetzer kümmerte, wenn sie in unser Krankenhaus kamen. Diese Kontakte gehören zu den beglückendsten Momenten in meinen zwanzig Jahren in unserem sozialen Dienst.

Ich wurde gebeten, ein kleines Team zu begleiten, das nach Dili, der Hauptstadt von Osttimor, reiste, um eine weitere Gruppe kleiner Patienten zu untersuchen und die Nachsorge bei denen vorzunehmen, die bereits von diesem wunderbaren Kardiologen behandelt worden waren. Mit auf der Reise war auch die Frau des Kardiologen, die schon viele Male mit ihrem Mann dort gewesen war und sich aktiv dafür eingesetzt hatte, gemeinsam mit den Einheimischen eine Trinkwasserzufuhr in die vielen kleinen Dörfer im Bergland außerhalb von Dili zu organisieren und eine Schule zu planen und aufzubauen.

Da ich keine medizinische Hilfe anzubieten hatte, begleitete ich die Frau des Kardiologen auf einer zweitägigen Reise in die Berge; dort sollten wir die von ihr mitgegründete Schule besuchen und die Wasserleitung aus Bambus besichtigen, die neben der Straße – oder eher neben dem Trampelpfad – verlief und Trinkwasser in die Dörfer brachte. Wir wurden von einem Einheimischen gefahren, der uns als Guide und Übersetzer zur Seite stand: Er hieß Eddie.

Ich saß die sechs Stunden, die wir für die etwa siebzig Kilometer auf einen Berg hinauf brauchten, mit Eddie vorne in dem Geländewagen. An vielen Stellen war die Straße praktisch inexistent. Mehrmals stieg Eddie aus und untersuchte die Piste und den Abstand zur Felskante über dem Abgrund, um abzuschätzen, ob wir durchkommen würden. Ich glaube, auf dieser Strecke fuhren wir nie schneller als zehn Stundenkilometer.

Eddies Auto war sehr auffällig, und in den Dörfern, die wir auf dieser schmalen Piste durchquerten, wusste jeder, wer da am Steuer saß. Als wir ins erste Dorf kamen, sah ich staunend zu, wie Männer und Frauen, Jungen und Mädchen aus ihren Hütten gelaufen kamen – die aus nicht mehr als vier Wänden bestanden, manche mit Dach, viele ohne –, seinen Namen riefen und zur Begrüßung, ja zur Huldigung mit den Armen winkten. Durch das heruntergelassene Fenster winkte Eddie zurück, während sie neben dem Auto herliefen, oft blieb er stehen, stieg aus und plauderte ein paar Minuten mit einigen der Männer, bevor wir weiterfuhren.

Meine Mitreisende erklärte mir, dass Eddie in diesem

kleinen Land fast wie ein Gott verehrt wird. Sie kannte niemanden, dem mehr Respekt entgegengebracht wurde. Wenn Eddie stehen blieb, stiegen wir beide aus und spielten mit den Kindern, die kichernd an unseren Kleidern zupften und uns zeigten, wie geschickt sie Steine oder Stöcke werfen konnten. Mit nacktem Po tappten Kleinkinder umher. Windeln gab es hier nicht. Die Frauen blieben schüchtern im Hintergrund, lächelten, fragten sich, wer wir waren. Wenn wir ihnen winkten und einen Gruß zuriefen, winkten sie zurück.

Mir war schon ein bisschen über Eddie erzählt worden. Dieser bemerkenswerte Mann war als kleiner Junge aus seiner Heimat geflohen. Osttimor wurde 1975 von Indonesien besetzt, und über die Jahre kamen fünfzig Prozent der Bevölkerung ums Leben, viele von ihnen in Hungersnöten. In dieser schrecklichen Zeit lebte Eddie in Australien und ging dort zur Schule, aber als 1999 die Vereinten Nationen die Verwaltung des Landes übernahmen, kehrte er zurück. Seither arbeitet er unermüdlich, um medizinische Versorgung und Schulbildung für alle zu ermöglichen. Er lehnt jede politische Bindung ab und arbeitet unabhängig von allen Lagern, die in einem der jüngsten Staaten unserer Region weiterhin um die Macht kämpfen. Damit hat er sich allgemeinen Respekt verschafft.

Auf unserer Fahrt in die Berge stellte ich Eddie ein paar beiläufige Fragen, weil ich verstehen wollte, wie es in seinem Land zuging und wie es gekommen war, dass wir drei gerade gemeinsam unterwegs waren, um eine kleine Schule mitten im Dschungel zu besuchen. Ich zeigte ihm meine Bereitschaft, seine Geschichte anzuhören, wenn er jemanden brauchte, der ihm zuhörte.

Er beantwortete meine behutsamen Fragen, dann fing er allmählich an, auch ohne Aufforderung zu erzählen. In den nächsten zwei Tagen hörte ich die erstaunlichsten Geschichten, denn dieser bescheidene Mann teilte mir seine Freude und Hoffnungen für seine Heimat mit. Ein Land, in dem 1975 sein Bruder im Kampf gegen die indonesischen Besatzer starb und in das er als einziges Mitglied seiner Familie zurückgekehrt war.

Auf unserer Rückfahrt nach Dili fragte ich, ob ich noch weiter mit ihm sprechen und seine Geschichte vielleicht aufschreiben könnte. Er lehnte ab. Ich erfuhr, dass schon viele Journalisten und Autoren aus Australien und den USA an ihn herangetreten waren, um über ihn zu schreiben. Er lehnte immer ab – er sah sich nur als einen Menschen, der sein Möglichstes tat, um den Menschen in Osttimor ein besseres Leben zu ermöglichen. Ich kann jedenfalls bestätigen, dass er kein gewöhnlicher Mensch ist, der einfach nur in außergewöhnlichen Umständen lebt: Er selbst ist ein *außergewöhnlicher* Mensch, der Erhebliches bewirkt. In den nächsten Tagen, die ich noch im Land verbrachte, unterhielten wir uns häufig. Er stellte mir seine Frau vor, zeigte mir Bilder seiner noch kleinen Kinder.

Eddie bewirkt Unglaubliches in seiner Gemeinschaft, in der es an allem mangelt. Doch auch wir können alle etwas bewirken, egal, wo wir sind. Es kann etwas so Einfaches sein wie ein Besuch bei einer älteren Nachbarin, ein kleines ehrenamtliches Engagement in unserem Wohnort oder ein offenes Ohr für jemanden, der Ansprache braucht. So oft hatte ich im Krankenhaus mit Eltern zu tun, die den Tod ihres Babys verkraften mussten und völlig verzweifelt waren – es gab keine Worte, mit denen ich den herzzerreißenden Schmerz hätte lindern können, der sich auf ihren Gesichtern spiegelte. Trotzdem dankten sie mir aus vollem Herzen, wenn ich ihnen half, die Beerdigung ihres Kindes zu organisieren, und ich wusste, dass schon eine einzige Geste praktischer Hilfe etwas bewirken kann.

Ein Jahr später war der befreundete Kardiologe wieder in Dili und versuchte junge Leben zu retten. Wie immer war Eddie sein Fahrer und Übersetzer. Während seines Aufenthalts erhielt ich eine E-Mail von meinem Freund. Sie war leer, bis auf den Betreff: *Eddie sagt Ja*. Ich hoffe, dass ich eines Tages Gelegenheit bekomme, noch einmal nach Osttimor zu reisen und irgendwie die Geschichte von Eddie zu erzählen, dem tapfersten Menschen, dem ich je begegnet bin. Eddie hat wirklich einen draufgesetzt, indem er in sein Land zurückgekehrt ist, obwohl er ganz einfach in Australien bleiben und ein bequemes Leben hätte führen können. Er hat sich Gefahren für Leib und Leben ausgesetzt, indem er sich Feinden in den Weg gestellt hat in einem Land, das weiterhin zerrissen ist und nach seiner Identität sucht. Wenn ich kann, werde auch ich einen draufsetzen, noch einmal nach Dili fahren und hoffentlich Eddies Geschichte erzählen – ich wäre stolz darauf.

Die Erfahrung hat mir immer wieder gezeigt: Wenn ich selbst mit offenen Ohren einen Schritt aus meiner Komfortzone heraus mache, finde ich jemanden, der eine erstaunliche Geschichte zu erzählen hat.

Und dafür brauche ich einfach nur zuzuhören.

Die richtige Frage stellen

Oft werde ich gefragt, wie man als Zuhörer erkennt, welches die richtige Frage im rechten Augenblick ist, wonach die Leute gefragt werden wollen oder welche Frage eine Geschichte in Gang bringt. Woran merken wir, ob eine behutsame Ermunterung angebracht ist, ein Hinweis, dass wir bereit sind zuzuhören, und was könnte dagegen als aufdringlich empfunden werden?

Wenn ich über diese Fragen nachdenke, höre ich immer Lales Worte bei unserer ersten Begegnung. Er fragte: »Wussten Sie, dass ich der Tätowierer war?« Ich musste doppelt verneinen. Ich hatte ihn gerade erst kennengelernt, ich wusste nicht, wovon seine Geschichte handelte, und obendrein hatte ich keine Ahnung, was ein »Tätowierer« war – er verwendete das deutsche Wort. Er erklärte: »Also, ich war, ich war der, der in Auschwitz-Birkenau die Nummern auf die Arme machte.« Dann zog er seinen Ärmel hoch und hielt mir seinen linken Arm ein paar Zentimeter vors Gesicht. Mit möglichst neutraler Miene las ich die verblassten grünen Zahlen, auf die er zeigte: 32407. Jetzt wusste ich, was ein »Tätowierer« war.

Mir war klar: Um Lales Geschichte zu erfahren, musste ich zuhören und durfte ihn nicht unterbrechen. Die wenigen Male, in denen ich unvermittelt eine Frage stellte, reagierte er verstimmt, verlor den Faden bei dem, was er gerade erzählte, und wusste nicht mehr weiter. Nein, ich musste mit den Bruchstücken arbeiten, mit denen er mich manchmal geradezu bombardierte, häufig ohne dass ein klarer Zusammenhang sichtbar wurde. Sie können sich vorstellen, dass bei so vielen unzusammenhängenden emotionalen und sachlichen Informationen irgendwann der Moment kam, an dem ich nachfragen, um Aufklärung bitten musste, um ein tieferes Verständnis für das entwickeln zu können, was er als Zeuge miterlebt und selbst durchgemacht hatte.

Der Tag, an dem Lale sagte: »Habe ich Ihnen schon von Cilka erzählt?«, wurde für mich zum Wendepunkt. Als ich erwiderte: »Nein, wer war das?«, stellte er einfach nur fest: »Sie war der tapferste Mensch« – er reckte den Zeigefinger –, »nicht das tapferste Mädchen: der tapferste Mensch, dem ich je begegnet bin.« Dann wurde er nervös und konnte nichts weiter über sie sagen als: »Wir konnten sie nicht retten.«

Ich ließ es dabei bewenden, wusste aber, dass ich auf Cilka zurückkommen würde, wenn ich den richtigen Zeitpunkt für gekommen hielt. Tatsächlich dauerte es noch mehrere Monate, bis ich Genaueres über sie und ihre Rolle in Birkenau erfuhr, weil Lale immer sehr aufgebracht war, wenn er davon sprach, was sie dort und in ihrer späteren Lagerhaft in einem sibirischen Gulag durchgemacht hatte.

Bei einem Besuch bei seinem Freund Tuli erwähnte Lale, dass Tuli und Cilka aus derselben Stadt kamen, Bardejov. Sofort fragte ich Tuli, was er für Erinnerungen an sie hatte. Er erzählte, er habe sie schon in ihrer Heimat gekannt, habe gewusst, was sie in Birkenau machte, und sie tue ihm leid. Er war der Erste, der mir sagte, Cilka habe etwas »Schlechtes« getan. Als ich nachfragte, meinte er, er habe nur gehört, was sie zu tun hatte. Dennoch war sie freundlich zu ihm gewesen und war das Risiko eingegangen, ihm warme Kleider und eine Decke zu besorgen, als er im ersten Winter beinahe erfror. Er sagt, sie habe ihm das Leben gerettet.

Tulis Kommentar, Cilka habe »Schlechtes« getan, brachte mich dazu, auch andere Überlebende nach ihr zu fragen, besonders die Frauen, zu denen ich Kontakt hatte, wenn ich Lale begleitete. Wie von Tuli hörte ich ganz gegensätzliche Geschichten: Cilka sei ein »furchtbares Mädchen« gewesen, oder aber: »Sie war so jung, so tapfer«, »Sie hat aus ihrer privilegierten Stellung heraus so vielen Menschen mit Essen und Kleidern geholfen«. Ich wusste, dass ich Lales Aufforderung folgen musste: »Wenn Sie meine Geschichte fertig haben, müssen Sie über Cilka schreiben – die Welt muss von ihr erfahren.«

Viele Monate lang trug ich in meiner Handtasche eine Liste mit Fragen an Lale herum und wartete auf den richtigen Moment, um sie zu stellen. Wie gesagt folgte ich, wenn Lale erzählte, meiner Intuition, unterbrach ihn, wenn er sich zu sehr aufregte oder die Erschöpfung kam. Dann streute ich absichtlich eine Frage ein. Und zwar nicht über ihn, Gita, den Holocaust oder ihr Leben danach, sondern über etwas ganz anderes – ganz häufig ging es um Sport. Und wenn wir dann das aktuelle Sportgeschehen besprochen hatten, zog ich wie beiläufig den Zettel aus der Handtasche und pickte eine Frage heraus, die ungefähr zu dem passte, was er eben noch erzählt hatte. »Bei unserem letzten Treffen haben Sie das und das erzählt, können Sie mir noch etwas zu … sagen?«

Auf so eine Frage hin war Lale meist ganz eifrig und setzte mir die Dinge mit Begeisterung auseinander. Daran merkte er, so sagte er, dass ich ihm zugehört hatte. Ob ich eine sehr emotionale Frage stellen konnte, hing immer ganz entscheidend vom Zeitpunkt ab, besonders wenn es um Gita und später um Cilka ging. Beide hatten ihm auf ihre Weise das Leben gerettet: Gita, weil er sie lieben durfte, und Cilka, weil sie dem Mann, der sie vergewaltigte, einen Gefallen für ihn abrang: »Helfen Sie Lale.« An vielen Tagen kam es überhaupt nicht infrage, über diese beiden Frauen zu sprechen oder eine Frage zu stellen, und dann hielt ich mich an andere Aspekte seines Lagerlebens.

Extrem schmerzhaft war für Lale auch die Erinnerung an zwei weitere Aspekte seiner Zeit in Birkenau. Ich musste also äußerst vorsichtig sein, wenn unser Gespräch sie berührte oder wenn ich Fragen dazu loswerden wollte. Dabei ging es um seine Beziehung zu den Roma-Familien und zu dem sogenannten »Todesengel«, Josef Mengele.

Wie gesagt hatte sich Lale mit den Roma angefreundet, mit denen er in derselben Baracke wohnte; er nannte diese Männer und Frauen seine neue Familie. Er hatte ihnen Hoffnung gemacht, auch sie könnten eine Möglichkeit finden, wie sie den Horror, den sie durchmachten, überleben könnten; und dann musste er, ein Gewehr vor der Brust und unter der Androhung, selbst mitgenommen zu werden, tatenlos mitansehen, wie all die 4500 Roma – Männer, Frauen, Kinder – mitten in der Nacht auf Lkws verladen wurden und am nächsten Tag aus den Schloten der Krematorien auf ihn herabregneten. Das war ein schweres Trauma für ihn, und an den Schuldgefühlen litt er sein ganzes Leben lang. Über viele Monate hinweg erfuhr ich von diesem Teil seiner Geschichte in Birkenau nur aus kleinen Ausbrüchen von Schmerz und Wut. Ich ahne, dass Lale hier noch viel mehr erlebt hat – immer wieder deutete er es an, aber letztlich entschied er, es mit ins Grab zu nehmen, und das respektiere ich. Und ich habe ihn zu diesem Thema bestimmt nie zu drängen versucht – ich stellte ihm dazu keine Fragen, sondern hörte nur zu, wenn er von sich aus darauf zu sprechen kam.

Mit Mengele war das anders. Es war kein Problem für ihn, von den entsetzlichen Taten zu berichten, die er diesen Menschen hatte begehen sehen, weil er in diesem Zusammenhang kaum eigene Schuld- und Schamgefühle hatte; dazu kam seine Empörung über die Untaten dieses Mannes. Es machte ihn wild vor Wut, wenn er an die häufig gegen Kinder gerichteten Grausamkeiten dachte, deren Zeuge er geworden war.

Relativ früh in unserer Bekanntschaft nahm Lale mich ins Jewish Holocaust Centre in Melbourne mit und führte mich dort herum. Relativ ruhig, mit fast klinischer Distanz beschrieb und erklärte er mir die Ausstellung. Einmal ging er mir ein paar Schritte voraus. Mir fiel das erst auf, als ich ihn plötzlich hysterisch rufen und fluchen hörte. Mit anderen Besuchern der Ausstellung lief ich zu ihm – er hielt sich kaum noch aufrecht, zeigte zitternd auf das Foto vor ihm und stieß immer weitere Verwünschungen aus. Das Foto zeigte Mengele in seinem weißen Arztkittel, aufgenommen in Auschwitz. Sechzig Jahre später kehrte der Schrecken von damals zurück, und er brach zusammen. Später sollte ich von Lale viel von dem erfahren, was er da miterlebt hatte.

Übrigens fiel mir dieser Teil von Lales Geschichte beim Schreiben am schwersten: Was sollte ich weglassen, was aufnehmen? Ich war selbst so schockiert, wenn ich nur hörte, welche Grausamkeiten er beschrieb, dass ich nach reiflicher Überlegung beschloss, viel von dem Gehörten für mich zu behalten. Ich wollte nicht, dass Lales Geschichte Mengeles Geschichte würde.

Lale war Ende achtzig, als wir einander kennenlernten (er starb drei Tage, nachdem wir zu seinem 90. Geburtstag gemeinsam Kuchen gegessen und, ja, Kaffee getrunken hatten), und er trug sich mit Erinnerungen, die häufig sehr schmerzhaft waren; über manche hatte er seit Kriegsende nicht gesprochen. Sein Gedächtnis war messerscharf, aber er war kein geborener Erzähler. Ich musste seine Geschichte aus den kleinen Momentaufnahmen zusammensetzen, aus Erinnerungen, die kamen und gingen, und aus meinen Recherchen neben unseren Gesprächen. Stunden las ich Bücher über Auschwitz-Birkenau in den Jahren, die er dort verbracht hat, und sichtete Videomaterial der USC Schoah Foundation. Das war häufig traumatisierend, schockierend, verstörend; aber wenn ich mir Lale vorstellte, diesen freundlichen alten Mann, der nach Kriegsende ein so erfülltes Leben führte, und wenn ich meine Verantwortung für ihn und die Geschichte bedachte, schaffte ich es. Häufig stieß ich bei meiner Forschung auf eine Geschichte oder ein Detail, das ich später behutsam bei ihm zur Sprache brachte. Hin und wieder überraschte er mich damit, dass er haargenau wusste, was ich meinte; dann sprang er auf den Zug auf und füllte die trockenen Daten der Geschichtsbücher mit Erlebtem aus, machte die Geschichte selbst lebendig. Wenn ich dann fragte, warum er das nicht früher erwähnt hatte, meinte er achselzuckend, es sei ihm einfach nicht eingefallen, nicht wichtig vorgekommen, oder er habe seit Jahren nicht daran gedacht. Doch immer wusste er, wovon ich sprach, denn er war dabei gewesen und konnte alles bezeugen.

Einmal las ich von dem Tag im Frühjahr 1944, an dem ein Flugzeug der Alliierten im Niedrigflug über Birkenau geflogen war. Ich wollte Lale fragen, ob er dabei gewesen war, ob er sich daran erinnerte, aber ich musste mit Themen, die er selbst nicht ansprach, sehr vorsichtig sein – schließlich wollte ich seine persönliche Holocaust-Geschichte schreiben und nicht eine vollständige historische Abhandlung über den Holocaust; außerdem war mir bewusst, dass es vielleicht Dinge gab, die er nicht anfasste, weil sie zu verstörend für ihn waren. Ich kam auf die Frage zurück, als wir einmal über einen meiner Söhne sprachen, der eine weite Auslandsreise unternahm. Es ging gerade um die Ausmaße der Flugzeuge, in denen wir heute herumfliegen, und allgemein über Luftfahrt und die Maschinen, die die Alliierten im Krieg benutzten. Dann erzählte ich ihm, was ich gelesen hatte, und fragte, ob er das Flugzeug 1944 gesehen hatte. Er reagierte auf der Stelle: Er sprang von seinem Stuhl auf, stapfte durch sein Wohnzimmer, fluchte. Als ich ihn beruhigt hatte und fragte, ob er darüber sprechen wollte, sagte er mir, er erinnere sich so deutlich, als wäre es gestern passiert.

Als das Flugzeug mitten am hellen Tag zum ersten Mal über das Lager flog, blickten alle, die draußen waren, auf, weil sie meinten, es würde gleich bei ihnen landen – so niedrig flog es. Zusammen mit ein paar anderen blieb Lale wie erstarrt stehen und sah die Maschine abdrehen, dann wenden und ein zweites Mal genauso niedrig über sie hinwegfliegen. Die Gefangenen gerieten in Bewegung, erzählte er, liefen durcheinander, sahen nach oben. Lale war gerade im Bereich, in dem die Selektion lief, überall war SS, und er hatte Angst, wie sie wohl auf das Flugzeug reagieren würden. Er tätowierte gerade Neuankömmlinge und wagte nicht, sich zu rühren, hielt aber kurz inne und sah auf, als das Flugzeug wendete und wieder auf das Lager zuhielt.

Hunderte Häftlinge reagierten gleich, zeigten schreiend auf die Krematorien und riefen in den Himmel: »Werft die Bomben ab! Werft die Bomben ab!« Die Maschine kam ein weiteres Mal im Tiefflug, dann zog sie ab. Weiter sagte Lale, jeder Mann und jede Frau, jeder Junge und jedes Mädchen wäre glücklich in einem Angriff der Alliierten ums Leben gekommen, wenn damit auch die Gaskammern und die Krematorien zerstört worden wären. Stattdessen erlagen viele dem Gewehrfeuer, das die SS-Leute auf die schreienden und gestikulierenden Häftlinge eröffneten.

Lale selbst ging schnell zu dem nahe gelegenen Gebäude, in dem die Häftlinge geduscht, gewaschen und entlaust wurden, und drückte sich an die Mauer. Er blieb dort, bis nicht mehr geschossen wurde und die Überlebenden sich in Sicherheit gebracht hatten. Eine einfache Frage zu einem Ereignis hatte einen Erinnerungsschwall ausgelöst, bei dem ich wieder einmal nicht wusste, wohin mit meinem Entsetzen, meiner Wut über das, was dieser schöne alte Mann erlebt hatte. Bei dieser Szene überlegte ich nicht lange, ob ich sie in mein Buch aufnehmen sollte. Es war eine der seltenen Momentaufnahmen, die ich in einem Zug von Lale zu hören bekam – ich hatte zum richtigen

Zeitpunkt die richtige Frage gestellt, und da quoll die Erinnerung aus ihm heraus.

Wieder ein Fall, in dem Geschichte und Gedächtnis Hand in Hand gingen. Und nicht auseinanderdrifteten.

Als unsere Beziehung zu einer Freundschaft wurde, traute ich mich eher, Lale direkte Fragen zu stellen. Immer noch wählte ich Zeit und Ort sorgfältig aus, je nachdem, was ich wissen wollte und wie sensibel das Thema möglicherweise war. Meistens beantwortete er bereitwillig all meine Fragen – in der Hoffnung, indem er der Welt erzählte, was er als Zeuge miterlebt und selbst durchgemacht hatte, könne er dazu beitragen, dass es nie wieder einen Holocaust geben wird. Oft sagte er mir das: »Sie erzählen meine Geschichte, damit es nie wieder passiert.« Und ich antwortete dann immer dasselbe: dass ich hoffte, ich könnte seine Geschichte angemessen erzählen und den jüdischen Männern, Frauen und Kindern, die in dieser Schreckenszeit gelebt hatten und ermordet worden waren, ein Denkmal setzen.

Wenn ich daran zurückdenke, wie Lale an mich glaubte, erinnert mich das an den Glauben eines Kindes an seine Eltern. Diesen bedingungslosen Glauben, der darauf beruht, dass man jemandem voll und ganz vertraut. Lale schien voll und ganz darauf zu vertrauen, dass ich seine Geschichte einem breiten Publikum erzählen würde. *Mit oder ohne Ryan Gosling.*

Lale zuzuhören bedeutete nicht immer nur, seine Worte zu hören. Häufig ging es auch um das, was er gerade *nicht* sagte, um die Stille zwischen den Worten. Viel aussagekräftiger waren häufig sein verstörter Gesichtsausdruck, die feuchten Augen, die zitternde Stimme, die Hände, mit denen er Dämonen und Schrecken verscheuchte, die nur er sah. Ich musste es, so verstand ich, für den Moment dabei bewenden lassen; musste die Wauwaus holen, damit er bei ihnen den Körperkontakt bekam, den er in diesem Stress brauchte; musste um noch eine Tasse Kaffee bitten.

Praktische Tipps zum aktiven Zuhören

Die meisten von uns erinnern sich an eine Situation, in der wir jemandem etwas anvertrauen wollten, der Adressat sich aber abwandte. Um etwas Persönliches zu offenbaren, braucht man Mut, und wenn man dann auf Gleichgültigkeit trifft, kann das niederschmetternd sein. Genauso geht es einem Kind, das den Eltern etwas schenken möchte, die aber viel zu beschäftigt sind, um es eines Blickes zu würdigen; oder einem Angestellten, der mit einem Problem zum Chef kommt, welcher jedoch nicht damit behelligt werden möchte, sich damit zu befassen.

Ein Freund von mir, ein viel beschäftigter Abteilungsleiter, erzählte mir einmal von seiner Beschämung über das Ergebnis einer anonymen Umfrage bei seinen Mitarbeitern; sie hatten sich beklagt, dass er nie den Blick von seinem Bildschirm abwandte, wenn sie mit einer Frage zu ihm kamen. Er behauptete, er habe ihnen trotzdem immer zugehört (was mir kaum möglich scheint), aber er sah ein, dass er unbedingt auch *sichtbar* zeigen musste, dass er zuhörte. Und nie werde ich vergessen, wie ich bei einer großen Veranstaltung zum 60. Jahrestag der Befreiung des KZs Auschwitz mit Holocaust-Überlebenden sprach. Lale hatte mich als »Begleiterin« dahin mitgenommen. Es wimmelte von Security-Leuten, weil der israelische Generalkonsul anwesend war, und unter die tausend geladenen Überlebenden und ihre Angehörigen hatten sich zahlreiche Männer und Frauen in schwarzen Anzügen, Hemd und Krawatte gemischt, denen vom Ohr aus ein Lautsprecherkabel in die Anzugjacke führte. Man sah sie häufig in ihre Ärmelaufschläge sprechen, und die Wölbungen unter ihren Jacketts verrieten, dass sie bewaffnet waren.

Wir waren umringt von Lales Freunden, alle redeten auf einmal, überwältigt von diesem Moment. Mir war sehr bewusst, dass wir der Security auffielen, und aus dem Augenwinkel meinte ich zu sehen, dass mehrere der Sicherheitsleute auf uns zukamen. Ich war abgelenkt und überhörte, dass mir gerade eine Frage gestellt worden war. Lale zupfte mich am Ärmel, alle sahen mich an: »Sie hören uns nicht zu!«, rief er. »Warum denn nicht?« Ich blickte in das Dutzend Gesichter, die mich anstarrten. Eine der Frauen meinte ganz ruhig: »Lale sagt, Sie hören immer zu. Wollen Sie nicht hören, was jemand anders zu sagen hat?« Ich versank im Boden. Lale musterte mich enttäuscht. Ich entschuldigte mich wortreich, aber der Augenblick war dahin.

Die besten Tipps zum aktiven Zuhören
Zuhören – *echtes* Zuhören – ist ein aktiver Prozess. Die aktive Zuhörerin ist sich bewusst, wo und wie sie sitzt oder steht und was sonst noch im Raum los ist. Sie kann sich ganz auf ihr Gegenüber konzentrieren, und indem sie sich mit körperlichen Reaktionen auf das Erzählte zurückhält, gibt sie dem Erzählenden den Raum und das Zutrauen zu wissen, dass ihm zugehört

wird. Wenn das nächste Mal jemand zu Ihnen kommt und etwas Wichtiges loswerden möchte, könnten Sie in etwa Folgendes versuchen:

• Es mag banal klingen, aber wenn der andere zu Ihnen zu Besuch kommt, heißen Sie ihn in Ihrer Umgebung willkommen. Rücken Sie ihm einen Stuhl zurecht, bieten Sie eine Tasse Tee an, räumen Sie Papiere vom Tisch, wenn Sie gerade gearbeitet haben, schalten Sie Ihr Telefon aus oder legen es zur Seite. Tun Sie das alles bewusst und gut sichtbar; Sie richten hier eine Bühne ein. Wenn Sie den anderen besuchen, überlassen Sie es ihm, die Umgebung herzurichten, und warten Sie, bis er damit zufrieden ist.
• Achten Sie auf gleiche Augenhöhe, im Sitzen oder im Stehen. Nicht ohne Grund setzt sich ein Arzt auf den Bettrand des Patienten, wenn er schlechte Nachrichten hat.
• Wenn Sie das Umfeld beeinflussen können, sorgen Sie dafür, dass Ihr Gegenüber das Licht nicht im Gesicht und Sie es nicht im Rücken haben. Für ein offenes Gespräch muss Ihr Gesicht zu erkennen sein.
• Manchmal kann es unangenehm sein, einander gegenüberzusitzen – das erinnert ein bisschen an einen Gefängnisbesuch oder die Verhöre, die wir alle aus dem Fernsehkrimi kennen. Versuchen Sie, eher im rechten Winkel zueinander zu sitzen als gegenüber. Lale und ich saßen auch immer im rechten Winkel

am Tisch, ich am Kopfende, er auf dem Platz neben mir – das hatte er so angewiesen.

- Nutzen Sie den Gesprächseinstieg, um Ihrem Gegenüber die Befangenheit zu nehmen und eine Verbindung herzustellen. Sie können über das Wetter reden, die Anreise, eine gemeinsame Freundin, etwas Allgemeines – so werden Sie beide daran erinnert, dass Sie im selben menschlichen Universum leben. Gleichzeitig sollten Sie dafür sorgen, dass auch *Sie* sich körperlich wohlfühlen. Aktives Zuhören bedeutet auch, dass wir uns unseres eigenen körperlichen Zustands sehr bewusst sind.

- Versuchen Sie, Ihre Hände still zu halten – außer Sie benutzen einen Gegenstand als Auslöser für die Erinnerung (siehe auch Kapitel 1). Selbst dann sollten Sie ihn aber ganz langsam in den Händen bewegen, damit er nicht zur Ablenkung werden kann.

- Wenn der andere zu erzählen begonnen hat, werden Sie selbst ganz ruhig. Achten Sie auf optische und akustische Zeichen: Wie ist die Körperhaltung? Wie der Tonfall? Steigt die Anspannung? Kämpft er oder sie damit, die Wörter über die Lippen zu bekommen? Ein Nicken oder ein kurzes Lächeln im richtigen Augenblick oder auch eine erhobene Augenbraue signalisieren, dass Sie dem Gesagten folgen und zum Weitersprechen ermuntern.

- Widerstehen Sie dem Drang zu unterbrechen. Vielleicht löst etwas, was Sie hören, eine Reaktion aus, und Sie möchten das Gesagte mit einer ähnlichen

Erfahrung bestätigen. Halten Sie sich möglichst zurück – hier geht es um den anderen.

• Wenn der Erzählende zögert oder ins Stocken gerät, befürchtet er vielleicht, Ihre Aufmerksamkeit verloren zu haben; möglicherweise haben Sie aus Versehen die Augen abgewandt, oder Ihr Gegenüber hat den entscheidenden, sensibelsten Punkt der Erzählung erreicht und zögert fortzufahren. Versuchen Sie, das zuletzt Gesagte zu wiederholen, oder greifen Sie ihm ein bisschen unter die Arme, indem Sie nach einer Einzelheit zu einem weiter zurückliegenden Punkt fragen: »Dabei sind Sie doch nie gerne geschwommen …«, oder: »Sie haben gesagt, Sie fanden Ihren Onkel sehr schwierig, an welchen Tagen gingen Sie denn normalerweise zu ihm?« Wenn Sie wiederholen, was er oder sie gesagt hat, bestätigt das, dass Sie zugehört haben; eine Nachfrage zu einem früheren Punkt gibt der Geschichte einen festeren Anker und erlaubt dem Erzählenden, noch einmal etwas aufzugreifen und klarzustellen, um dann von einer sichereren Grundlage aus weiterzugehen.

• Es ist wichtig zu wissen, wann – und wie – man dem Erzählenden helfen kann, aus einer Geschichte *heraus*zufinden. Vielleicht hat er alles gesagt, was er konnte oder wollte, und das müssen Sie respektieren, auch wenn die Geschichte noch nicht zu Ende ist. Merken Sie sich, was er als Letztes gesagt hat und wie Sie bei Ihrem nächsten Treffen daran anknüpfen können. Ich erwähnte schon, wie Lale manchmal plötzlich verstummte und den Kopf schüttelte, wenn die Erinnerung zu unerträglich wurde. Ich lernte, das als Signal dafür zu interpretieren, dass ich die jeweilige Sitzung beenden musste; dann fing ich an, mich ein bisschen zu bewegen, oder beugte mich vor und streichelte einen seiner Hunde, um die Situation aufzulockern und ihm Raum zu geben. Kurz darauf war es dann der richtige Moment dafür, einen Spaziergang mit den Hunden vorzuschlagen oder ihn nach seiner Meinung zum aktuellen Sportgeschehen zu fragen. Er war in seinen Gedanken gerade bei etwas so Schrecklichem, dass er wieder in der Realität seines Wohnzimmers verankert werden musste. Ich verließ nie den Raum, ohne sicher zu sein, dass das passiert war.

Ich hoffe, diese Hinweise sind Ihnen eine Hilfe. Aktiv zuzuhören, sich mit Unterbrechungen zurückzuhalten, mit eigenen Erfahrungen zurückzustecken, still und wach zu bleiben – das alles ist mental und körperlich anstrengend. Doch zuhören zu dürfen, ist ein Privileg, und wenn jemand beschlossen hat, seine Geschichte zu erzählen, verdient er unsere volle Aufmerksamkeit – ich glaube, mindestens das sollten wir ihm zugestehen.

4 Unseren Kindern zuhören

Hören Sie ernsthaft zu, was immer Ihre Kinder Ihnen erzählen wollen. Wenn Sie nicht aufmerksam den kleinen Dingen zuhören, solange Ihre Kinder klein sind, werden sie Ihnen, wenn sie groß sind, die großen Dinge nicht erzählen – denn für sie waren alles immer große Dinge.

Alle Eltern wissen das: Ihre Kinder hören nicht auf, Ihre Kinder zu sein, wenn sie ein Alter erreichen, in dem sie als erwachsen gelten. Zum Spaß behaupten wir, unsere Elternpflicht würde nur darin bestehen, sie durchzubringen, bis sie ihre eigenen Entscheidungen treffen können. Wir hoffen, dass wir das geschafft haben, obwohl wir wissen, dass wir auf dem Weg auch Fehler gemacht haben. Sie kennen das, oder?

Wir haben die Trotzphase hinter uns gebracht, in der jedes Gespräch mit Wutanfällen und Frustration und der neu gelernten Frage »Wieso?« gespickt war. Wir haben sie einem Schulsystem anvertraut und gehofft, dass dessen Prinzipien zu unseren eigenen passen. Wir haben gehofft, dass wir der Gesellschaft bei ihrem Schulabschluss vielseitige junge Erwachsene präsentieren können. Personen, die in der Welt ihren eigenen Weg gehen können, mit einer Leidenschaft fürs Leben, in fachlicher wie in sozialer Hinsicht. Wir haben getan, was wir als Eltern tun mussten, um sie durch die Pubertät zu bekommen. Mehr will ich zu diesem Thema nicht sagen.

Auf diesem Weg haben wir immer wieder zugehört, während sich die Probleme der Heranwachsenden von scheinbar kleinen Sorgen – »Meine beste Freundin will nicht mehr mit mir spielen!« – zu größeren Sorgen wie einer scheiternden Beziehung auswuchsen. Besonders von Letzterem hoffen wir, dass unser Kind uns davon erzählen wird, aber beides ist wirklich wichtig. Wenn wir auf die kleinen Dinge gehört haben, wirklich zugehört haben, dann ist es sehr viel wahrscheinlicher, dass unser Kind uns die großen Dinge erzählt, vor allem wenn es um Beziehungen geht – Freundschaften genauso wie Liebesbeziehungen; und das ist meines Erachtens in ihrem Leben als Heranwachsende das Wichtigste überhaupt.

Ich fand, mein Mann und ich hatten uns mit unseren drei Kindern ganz ordentlich angestellt – alle redeten wir zum Schluss noch miteinander, was für alle Eltern schon eine ungeheure Leistung ist. Der Kontakt bleibt erhalten, und wir nehmen stark am Leben der anderen teil. Seit meine Kinder erwachsen sind und zwei von ihnen selbst Eltern, sagen sie mir, ich sei mit ihnen zu nachgiebig gewesen und hätte stärker durchgreifen müssen – ihren eigenen

Kindern würden sie es nicht durchgehen lassen, wie sie sich verhalten hatten! Verstehen Sie? Es gibt kein richtig oder falsch, wie man seinen Kindern zuhören muss, es gibt nur Ihren eigenen Weg. Es bleibt abzuwarten, inwiefern meine Kinder etwas »besser« machen. Ich freue mich einfach nur darüber, dass wir eine Beziehung haben, in der sie sich so frei fühlen, auch Kritik zu äußern – wenn auch immer mit viel Gelächter und großen Erinnerungen an die Situationen, in denen sie fanden, sie seien mit etwas durchgekommen, weil ich »eingeknickt« war.

Als unser Ältester ein Baby war, schenkte mir jemand einen Erziehungsratgeber der neuseeländischen Autorin Trish Gribben, *Pyjamas don't matter*. Das Buch wurde meine Bibel, um zu entscheiden, bei welchen Meinungsverschiedenheiten ich standhaft bleiben würde und wo ich nachgab. War es für uns beide den Stress wert, wenn mein Kind eines Abends sagte, er oder sie wolle keinen Schlafanzug anziehen? Kam es darauf wirklich an? Schadete es irgendwem, wenn ein nacktes Kleinkind tief und fest schlief in der Meinung, einen Sieg über seine Mutter davongetragen zu haben? Die Psychotherapeutin Philippa Perry schreibt, wie wichtig es ist, sein Kind »gewinnen« zu lassen. Kritik an einem allzu nachgiebigen Erziehungsstil geht auf die Befürchtung zurück, das Kind würde später zu einem tyrannischen Erwachsenen, wenn man ihm etwas »durchgehen« lässt. Doch Perry weist darauf hin, dass ein Kind, das nie das Gefühl bekommt, seinen Willen durchsetzen zu können, womöglich ein unterwürfiger Erwachsener wird. Im schlimmsten Fall wird es wie von selbst zum Opfer, das schon als Kind oder dann als Erwachsener Mobbing zulässt. Es ist wichtig, sagt sie, dass Kinder lernen, sich in einer Situation durchzusetzen, in der sie sich »im Recht« fühlen und man ihrer Logik auch folgen kann.

So, und jetzt übertragen wir diesen Gedanken auf alle die Tausenden von Anforderungen eines Elternlebens. Das eine, was wir als Eltern dafür brauchen, ist das Zuhören: ganz zuhören, worum wir gebeten werden, damit unsere Reaktion immer gerecht ausfällt, solange dabei die Sicherheit gewahrt bleibt. Das wurde zu meinem einzigen Kriterium bei der Frage, ob ich einer Forderung nachgeben sollte, von der ich wusste, dass viele der Eltern in meinem Umkreis sie abgelehnt hätten. Ich stellte es mir gern als Gespräch vor – wir arbeiteten gemeinsam an einer Lösung, statt in einer Situation zu stecken, in der einer »verantwortlich« war, der Richter, der mit einem Ja oder einem Nein vorgab, was zu geschehen hatte.

Licht aus um sieben, noch eine Viertelstunde, um ein Kapitel in einem Lieblingsbuch zu Ende zu lesen – kein Problem. Das schadet niemandem. Handeln Sie die Viertelstunde aus, und lassen Sie sie am nächsten oder übernächsten Abend nicht zu einer halben werden.

Als einer meiner Söhne acht oder neun Jahre alt war, beschloss er, dass er nicht im Dunkeln schlafen wollte. Wir konnten keine schlechte Erfahrung, keinen Albtraum oder sonst etwas ausfindig machen, was ihn ängstigte, er wollte einfach das Licht anbehalten. Ein paar Nächte lang ließen wir es an, bis er eingeschlafen war. Dann wachte er mitten in der Nacht auf und kam, um uns zu wecken, damit wir es wieder anschalteten. Alle Versuche, ihm zu sagen, er solle es einfach selbst anschalten und wieder ins Bett gehen, scheiterten. Um zwei Uhr nachts das Licht anzuschalten, war unser Job. Da ich aber meinen Schlaf sehr liebe, ließen wir sein Licht eben ganz an. Ein paar Monate ging das so, bis er eines Abends sagte, wir sollten es ausschalten ... Irgendwann hatte unser Sohn die Sache für sich selbst geklärt.

Einen Kampf tragen alle Eltern aus, Jahr für Jahr, manchmal monatlich, wöchentlich, täglich: das unvermeidliche »Das mag ich nicht!« beim Essen. Einmal, ein einziges Mal zwang mein Mann unseren ältesten Sohn, etwas zu essen, was er nicht essen wollte – er würgte es hinunter. Und kurz danach wieder herauf. Ich habe keine Patentlösung für diese Herausforderung, wenn ich etwa erlebe, wie meine dreijährige Enkelin bei jeder Mahlzeit Nudeln will oder bloß ein Nutellabrot. Meine Tochter machte sich Sorgen, dass sie nicht genügend Obst und Gemüse aß. Jemand riet ihr, stattdessen Smoothies zu mixen – und jetzt trinkt sie eben ihr Obst und Gemüse.

Ich stelle hier eine gewagte Behauptung auf, aber sie entspringt solider empirischer Forschung, nämlich meiner eigenen Erfahrung und der mehrerer Freundinnen. Es ist einfacher, Jungen im Teenageralter zuzuhören, sie zu verstehen, ihre Probleme und Sorgen nachzufühlen, als Mädchen im Teenageralter. Meine beiden ersten Kinder sind Jungs, und ich fand, ich hatte sie wirklich außerordentlich gut durch die Teenagerjahre gebracht, auch wenn sie heute natürlich etwas ganz anderes behaupten. Als unsere Tochter in dieses Alter kam, ging es sehr viel härter zur Sache. Ich muss mir das Lächeln verkneifen, wenn ich sehe, wie sie mit ihrer Dreijährigen aneinandergerät und jetzt schon merkt, dass sie nicht so ist wie ihre lockeren, unbekümmerten Brüder.

Karma.

Beim britischen Gesundheitswesen NHS gibt es einfache Ratschläge zur Kommunikation mit Teenagern, die Sie hier nachlesen können: https://www.nhs.uk/mental-health/children-and-young-adults/advice-for-parents/talk-to-your-teenager/. Dieser offene Ansatz gefällt mir sehr, denn er passt zu jedem Teenager, den ich kenne: NIEMALS URTEILEN. Gehen Sie davon aus, dass die jungen Leute aus gutem Grund so handeln, wie sie handeln. Zeigen Sie ihnen, dass Sie ihre Urteilskraft respektieren und neugierig sind, welche Entscheidungen sie treffen. Und ZIEHEN SIE NICHT IN JEDE SCHLACHT. Wenn Sie immer nur an allem herumnörgeln, wird Ihnen schon bald nicht mehr zugehört.

Wenn ich gefragt werde, ob ich auf meine Leistung als Autorin stolz bin, sage ich immer Ja – denn ich bin stolz –, füge aber hinzu, dass es auch überwältigend und manchmal schwierig ist; dass ich weiß, wie viel Glück ich hatte, Lale Sokolov zu begegnen und meinem Leben eine neue Wendung geben zu können. Mein größter Stolz sind meine drei erwachsenen Kinder, die ich erzogen habe und die ich jetzt mit ihrem Umfeld, ihren Partnern und Familien erlebe. Ich bin nicht nur stolz auf das, was sie geschafft haben und wie sie ihre eigenen Kinder erziehen, sondern auch darauf, dass sie als Geschwister einander weiterhin eine starke Stütze sind.

Als *Der Tätowierer von Auschwitz* in Europa erschien, ging ich auf Lesereise, die mich über einen Monat von zu Hause fernhielt. Meine Tochter war, als ich abreiste, schwanger. Eine Woche später erzählten mir sie und ihr Mann per Skype, dass sie das Baby verloren hatte, während ich in der Luft war, auf dem Weg fort von meiner Familie. Sie hatte mir absichtlich nichts erzählt, bis sie das Krankenhaus verlassen konnte und sich zu Hause erholte – zumindest in medizinischer Hinsicht; die emotionale Genesung sollte noch sehr viel länger dauern. Dennoch wurde mir warm ums Herz, als sie mir erzählte, wie ihre beiden Brüder sie in dieser schwierigen, aufwühlenden Zeit unterstützt hatten. Als sie am Ostersonntag mit »Verdacht auf Fehlgeburt« ins Krankenhaus kam, rief sie sie an. Auf der Stelle ließen die beiden alles stehen und liegen und kamen zu ihr. Sie standen ihr bei und ermöglichten es ihrem Mann, nach Hause zu fahren und nach den beiden Kleinen zu sehen. Sie verzichteten auf die Zeit mit ihren Partnern und Kindern, um für ihre Schwester da zu sein. Dass meine Kleine sofort nach ihren Brüdern rief und wusste, wie sie reagieren würden, erfüllt mich als Mutter mit mehr Stolz als alles, was sonst in unserem Leben geschehen ist.

Weitere siebzehn Monate später erlebte ich mit meiner Tochter und meinem Schwiegersohn im Kreißsaal, wie ihr Jüngster zur Welt kam. Und noch einmal vier Monate nach diesem fröhlichen Moment traf mich wie ein Schlag die Erkenntnis, wie wichtig es ist, nicht nur zu hören, was gesagt wird, sondern auch, was nicht gesagt wird. Ich hatte die Körpersprache dieser jungen Mutter, meiner eigenen Tochter, ignoriert, nicht wahrgenommen, nicht interpretiert.

Als Mutter von drei kleinen Kindern würde sie es nicht leicht haben, aber meine starke Tochter, Polizistin von Beruf, wusste schon, wie sie das stemmen konnte – nicht wahr? Ihre Familie traute ihr das jedenfalls zu. Sicher, sie war müde, aber welche Mutter eines Neugeborenen ist nicht müde?

Wieder ging ich auf Reisen, diesmal für sieben Wochen, um die Veröffentlichung meines zweiten Romans zu unterstützen. Mein Enkel war gerade sechs Wochen alt. Bei der Abreise hatte ich ein beklommenes Gefühl und sorgte mich etwas wegen der Gesundheit meiner Tochter, aber ich hoffte, das tapfere Gesicht, mit dem sie, wie mir durchaus aufgefallen war, die Erschöpfung überspielte, würde sich bald glätten.

Zwei Wochen vor der Geburt des Babys hatte ich meine Tochter und ihren Mann zur Unterzeichnung eines Kaufvertrags begleitet – sie kauften ein Grundstück und bauten ihr Traumhaus. In der 38. Schwangerschaftswoche plante sie ihr neues Zuhause. Eine Woche nach der Entbindung suchte sie Fliesen aus, Wasserhähne, Lampen, Teppiche, Herd, Duscharmaturen und, und, und. Wie viele Einbauleuchten wollen Sie in der Küche, im Wohnzimmer, in den Kinderzimmern? Welche Farbe soll die Außenverkleidung haben? Ich wiegte ein weinendes Baby, wickelte es und sah zu, wie meine müde, emotional ausgezehrte Tochter sich beide Beine ausriss, um ein Zuhause für ihre Familie zu entwerfen.

Nach meiner Reise fand ich zu Hause einen blühenden kleinen Jungen und seine großen Geschwister vor, stellte aber bei meiner Tochter keine Verbesserung fest. Sie war immer noch gesund, erledigte immer noch alles, war die perfekte Mama, aber irgendetwas fehlte. Am meisten verstörte mich, dass ich eine Veränderung in ihrem Verhalten gegenüber den beiden älteren Kindern feststellte. Sonst war sie eine äußerst hingebungsvolle und geduldige Mutter, doch jetzt stauchte sie sie bei jeder Kleinigkeit zusammen und ignorierte ihr ständiges Betteln, mit ihnen zu spielen. Offenbar war sie auch jeden Tag unterwegs. Es war immer so viel zu tun und so wenig Zeit dafür. Mir fiel auf, dass sie beim Stillen ihren Kleinen weder ansah noch anders mit ihm kommunizierte, obwohl er mit den Armen fuchtelte, mit den Händen auf ihre Brust patschte und an ihren Kleidern zog. Ich sagte nichts.

Weihnachten nahte. Für mein Mädchen war das immer die glücklichste Zeit – niemand liebt die festliche Zeit so wie sie. Manche Rituale hatte sie von zu Hause mitgebracht, andere für ihre eigene Familie erfunden. Schon vor dem 1. Dezember musste die Weihnachtsdeko aufgehängt und der Baum geschmückt werden – sie wollte diese Jahreszeit immer möglichst lange genießen. Nicht aber dieses Jahr. Ja, der Baum wurde aufgestellt und auch geschmückt, aber es dauerte mehrere Tage statt wie sonst nur einen. Die Kinder sollten sagen, was sie sich vom Weihnachtsmann wünschten, und ihre Antworten wurden blind gekauft, damit sie nicht länger darüber nachdenken musste. Ihr Mann sollte die Geschenke einpacken.

Mehrfach sagte sie zu uns: »Kann ich einfach mal einen Tag zu Hause haben, im Schlafanzug, allein mit meinem Baby, damit ich es kennenlerne?« Viel zu oft versprachen wir es ihr, aber dann fand sich doch ein Grund, weshalb sie sich anziehen und schminken und das Haus verlassen musste.

Es klingt verrückt, aber sogar ihr Baby war Teil der Verschwörung. Der Kleine beklagte sich nie, weinte selten, lächelte, brabbelte und schlief, während er von einem Einkaufszentrum zum anderen geschoben wurde. Hätte doch wenigstens er sich quergestellt. Seinem Vater und seiner Großmutter klargemacht, dass er zu Hause bleiben und ausgestreckt in seinem Bettchen schlafen wollte statt zusammengeklappt in seinem Buggy.

Dabei gab es Anzeichen. Es brauchte ein Foto, bis wir die Botschaft wahrnahmen, die Hilfeschreie, auf die wir nicht hörten. Ich ging mit meiner Familie zum Kindergartenabschluss meines hübschen fünfjährigen Enkels. Ich forderte die Familie auf, sich eng aneinanderzukuscheln, um recht fröhliche Erinnerungsfotos schießen zu können. Hinterher betrachtete ich die Fotos, und da sah ich es: An diesem Tag, der eigentlich einer der glücklichsten Tage im Leben meiner Tochter hätte sein sollen und können, blickten mir tote Augen und ein gezwungenes Lächeln entgegen.

Am nächsten Tag weigerte sie sich zu duschen, die Jogginghose abzulegen, sich zu schminken. Am nächsten Tag auch und am übernächsten. Ihr Mann wusste nicht weiter und bat mich, zu kommen und »mit ihr zu reden«. Er hatte das Nötigste getan und die beiden Älteren bekocht, angezogen, gewaschen und gekämmt. Seine Frau hatte das Baby gestillt, wenn es nötig war.

»Ich bin kaputt«, sagte sie auf meine Frage, was los war. »Seit Wochen schreie ich um Hilfe, aber keiner hört mir zu«, ergänzte sie. »Hast du das nicht gesehen? Hätte ich es dir erst ausbuchstabieren müssen?«

Während ihr Mann und ich uns die Beine ausrissen, um wiedergutzumachen, dass wir nicht für sie da gewesen waren, ihre stummen Hilferufe nicht gehört hatten, rasten meine Gedanken in der Zeit zurück – nicht um Jahre, nur um Tage, wenige Wochen. Warum hatte ich in einem der wichtigsten Momente im Leben meiner Tochter nicht zugehört, in dieser Zeit, in der eine Familie Raum braucht, in der ungefragt Dinge für sie erledigt werden müssen und sie ein emotionales Umfeld benötigt, in dem die vergrößerte

Familie ihre neuen Bindungen festigen kann, damit jedes Familienmitglied in der neuen Welt seinen Platz findet?

In Babyschritten, wie wir es nennen, packen wir alle mit an, um mein zerbrochenes Kind wieder zusammenzusetzen. Wir stellen fest, dass auf zwei Schritte vorwärts immer ein Schritt rückwärts folgt. Wie wir diesen Rückschritt aufnehmen und wie wir auf die Bedürfnisse dieser jungen Mutter eingehen, wird bestimmen, wie lange es dauert, bis sie wieder ihre Kinder anlächelt, bis sie sich wirklich auf sie einlässt und wieder wahrnimmt, wie viel Freude sie in ihr Leben bringen.

Bei meiner Arbeit im Krankenhaus musste ich mit sehr vielen Eltern von sehr kranken Kindern sprechen. Für mich war es immer ein Trost, wenn sie mir erzählten, wie grundlegend ihre Beziehung und besonders ihre Kommunikation sich veränderte. Ich fragte mich, warum so oft eine Tragödie oder ein traumatisches Ereignis nötig war, damit die Eltern ihren Kindern zuhörten und von ihnen lernten. Besonders erinnere ich mich an die Mutter eines todkranken Mädchens im Teenageralter; ihre Tochter hatte mitbekommen, wie sie vor dem Krankenzimmer zum Vater gesagt hatte: »Sie liegt im Sterben.« Die Tochter griff das auf und sagte: »Mama, das Sterben dauert nur Sekunden, die übrige Zeit leben wir.« Diese einfache Feststellung werde ich niemals vergessen. Ein junges Mädchen mit einer verfrühten Weisheit, die uns daran erinnerte zu leben; oder wie Lale Sokolov sagen würde: »Wenn du am Morgen aufwachst, ist es ein guter Tag.«

In dem großartigen Lied »What a wonderful world« beschreibt Louis Armstrong Menschen, die mehr lernen würden, als er je wissen konnte. Damit meint er die nächste

Generation. Wenn mein siebenjähriger Enkel sich mit mir über dunkle Materie und die Gravitationstheorie unterhalten möchte, weiche ich nicht seinem Blick aus, verdrehe nicht die Augen oder halte nach seinen Eltern Ausschau, um mich zu »retten«. Dass er schon jetzt das Stadium erreicht hat, über das Armstrong singt, macht mir zugleich Freude und Angst. Ich erkläre ihm, dass ich nichts von dunkler Materie verstehe, und bitte ihn, mir beizubringen, was er weiß. Ob sein Begriff davon sich mit dem der Experten deckt, ist irrelevant – er will es mir erzählen. Und ich will es hören, und sei es nur, um mich auf ihn einzulassen. Als sein Vater ihn einmal fand, wie er ihre sämtlichen Kleiderbügel ruinierte und sie zu Mustern und Kunstwerken verbog, die nur er sah, war seine Reaktion bloß: »Man braucht ganz schön viele Kleiderbügel, um Größe zu erreichen.«

Ich stelle fest, dass ich meinen Enkelkindern heute ganz anders zuhöre als meinen eigenen Kindern im selben Alter. Bestimmt bestätigt mir das jede Großmutter. Liegt es einfach daran, dass wir mehr Zeit und Raum haben, weil wir nicht die gestressten Vollzeit-Eltern sind? Wahrscheinlich. Doch bei mir ist es auch die Erkenntnis, dass diese jungen Menschen die Welt anders sehen als ich. Sie sind sehr viel mehr globalen Einflüssen ausgesetzt, als ihre Eltern oder ich es in ihrem Alter waren. Und wenn ich ihnen zuhöre, wie sie verarbeiten und erklären, was sie zu wissen meinen, fordert mich das heraus, es ihnen nachzutun, darüber nachzudenken, was ich über die Welt weiß und nicht weiß. Und das liebe ich – wie könnte ich auch anders? Diese Gespräche mit unseren Kindern und Enkelkindern sind oft die besten Gelegenheiten, ihnen Geschichten aus unserer eigenen Erfahrung zu erzählen. Unterschiedliches zu vergleichen. Voneinander zu lernen.

Als meine Kinder klein waren, ertappte ich mich öfter, als ich gerne zugebe, bei den Worten: »Als ich so alt war wie ihr …« Meine Kindheitserfahrungen unterschieden sich so total von ihren – zunächst einmal ein anderes Land. Dann eine andere Zeit. Ich wurde in einer ausgehenden Ära geboren, in einem ländlichen Umfeld, in dem Kinder gesehen, aber nicht gehört wurden, wo Disziplin über alles ging und das Konzept, dass ein Kind »Gefühle« haben könnte, eigentlich nicht existierte – zugehört wurde uns da natürlich nicht. Meine Kinder wussten das und waren fasziniert, wie anders ich sie erzog, aber das hinderte mindestens einen, manchmal auch alle drei, von ihnen nicht daran, über eine imaginäre Geige zu streichen und die Titelmelodie der Fernsehserie *The Twilight Zone* zu summen. Manchmal tun sie das noch heute. Ich hörte dann einfach nicht hin, und bis heute hält es mich nicht davon ab, ihnen auch als Erwachsenen meine Lebensweisheiten mitzugeben. Sie erwarteten von mir, dass ich ihnen zuhörte, und das tat ich; und im Gegenzug habe ich, wie ich finde, das Recht, gehört zu werden. Und ich glaube, ich habe auch etwas anzubieten – so wie wir alle. Ich habe in meinem Leben so viele Erfahrungen gemacht, es gab so viele Situationen, in denen ich richtig gehandelt habe – oder falsch. Jedenfalls glaube ich, dass meine Kinder und ich seit dem Tag ihrer Geburt einen Dialog führen und dass wir das noch viele Jahre lang tun werden. Mit den Jahren verschiebt sich die Dynamik, aber das Gespräch geht immer weiter.

Als sie klein waren, ergaben sich diese Gespräche häufig beim Abendessen. Für uns war es wichtig, jeden Abend ge-

meinsam zu essen, egal, wie viel los war, was für einen Tag
mein Mann und ich gehabt hatten: Es war ein Zusammen-
finden als Familie. Bei drei Kindern im Abstand von insgesamt zehn Jahren und mit einem wie so oft dominanten
Mittelkind musste ich mir etwas überlegen, um das für jeden
angenehm zu gestalten. Statt unserem rechteckigen Esstisch
schaffte ich einen runden an, damit es keinen Streit gab, wer
am Kopfende sitzen durfte. Ich wollte, dass alle gleichbe-
rechtigt von ihrem Tag erzählen konnten – keiner sollte dem
anderen ins Wort fallen, keiner das Gespräch dominieren.
Zufällig ergab sich, dass eine grüne Pfeffermühle aus dem
Supermarkt zur »Sprechmühle« wurde. Wenn jemand sie
vor seinen Teller stellte, hörten wir alle zu. Irgendwann holte
sie sich ein anderes Geschwisterkind, das auch etwas sagen
wollte, und wieder hörten wir alle zu. Wir Eltern steuerten
unauffällig die Sprechzeit, indem wir die Sprechmühle nahmen, ein anderes Kind nach seinem Tag fragten und sie vor
ihm aufstellten. Niemand durchbrach jemals diese Regel:
Jeder wurde angehört und mit dem, was er sagen wollte,
respektiert.

Und damit komme ich zu dem Wort Respekt. Wie können wir erwarten, dass unsere Kinder uns und das, was wir
sagen, respektieren, wenn wir umgekehrt nicht ihre Mei-
nungen und Sorgen respektieren und das dadurch zeigen,
dass wir ihnen zuhören? Bis heute mache ich es selbst nicht
immer richtig, aber ich versuche es. Und besonders, als sie
in der Pubertät waren, war ich auch nicht immer einverstanden mit dem, was sie sagten. Aber ich hörte zu und gab
ihnen auch zu verstehen, dass ich zuhörte – die Regeln zum
aktiven Zuhören gelten für jedes Alter. Das bedeutet nicht,
dass alles, was Ihr Kleinkind Ihnen erzählt, in eine tief-

schürfende Unterhaltung münden muss – häufig genügt schon ein kurzes Nicken. Oft wechseln sie so schnell von einem Thema zum nächsten, dass man gar nicht folgen kann. Es frustriert sie, wenn sie es nicht schaffen, sich verständlich zu machen – meist können sie sich einfach noch nicht so präzise ausdrücken –, und das kann schwierig werden. Und so frustrierend es sein kann, wenn sie etwas besonders Bedeutsames mitteilen wollen, egal wie alt sie sind: Machen Sie sich klar, dass sie die Bedeutung des Zuhörens vielleicht noch gar nicht begriffen haben. Denken Sie beispielsweise an den Frust meines Enkels, als seine Schwester sich weigerte, ihm zuzuhören.

Häufig können kleine Kinder schon große Weisheiten verkünden. Dazu befähigen sie die Erfahrungen und Umstände ihres Lebens; sie sind eben kleine Menschen mit derselben Intelligenz wie wir – ich fürchte, das wird manchmal vergessen. Immer wenn ich mich in einer Situation mit meinen Kindern herausgefordert fühlte, versuchte ich mich zu erinnern, wie ich in ihrem Alter war und wie es mir ging, wenn meine Eltern auf diese oder jene Weise reagierten. Ausgelassene Partys? Hatten wir alle. Die Eltern angelogen – welcher Erwachsene hat das als junger Mensch nicht getan? Ich möchte den sehen, der nie zur Notlüge gegriffen oder von irgendetwas besser gar nicht erzählt hat. Das tun wir alle. Der verzweifelte Wunsch nach Privatsphäre, Unabhängigkeit, Freiheit? Wieder dasselbe. Wenn Sie sich in Ihr Kind hineinversetzen, werden Sie sich leichter tun, seine Perspektive einzunehmen, und auch leichter die passende Reaktion finden.

Genauso wichtig ist die Erkenntnis, dass wir unsere Kinder nicht von allen negativen, traumatischen Ereignissen abschirmen können – so gern wir es täten – und dass auch diese Ereignisse ihr Denken, ihre Weltsicht, ihre Persönlichkeit prägen werden.

Häufig wurden zu den gemeinsamen Trauerfeiern für tot geborene Babys, an denen ich im Rahmen meiner Arbeit im Krankenhaus teilnahm, von den Eltern auch Geschwisterkinder mitgebracht. Häufig bekam ich mit, wie die Eltern einander trösteten, während ein Kleinkind dabei zusah. Einsam, verloren, überwältigt von der Kapelle mit der traurigen Reihe kleiner weißer Särge und all den Fremden, die ebenfalls trauerten. Eine der anwesenden Sozialarbeiterinnen war immer da, um sich zu einem verstörten Kind hinunterzubeugen, es zu trösten und den Eltern zu helfen, das Kind in ihren Kreis mit aufzunehmen. Immer wieder nahm die Sozialarbeiterin mit Erlaubnis der Eltern das Geschwisterkind nach der Feier noch einmal mit in die Kapelle und erklärte, warum sie an diesem ersten Mittwoch im Monat hier waren. Manchmal zündete das Kind eine Kerze für den Bruder oder die Schwester an, die es nie kennengelernt hatte. Ausbildung, Mitgefühl, ihr einfaches anständiges Menschsein ermöglichte es diesen wunderbaren Kollegen, etwas zu bewirken.

Ich weiß, dass wir immer aufgefordert werden, »altersgemäß« mit Kindern zu sprechen; aber wir müssen sehr empfänglich für die Kinder sein, deren Alter nicht mit ihrer Lebenserfahrung zusammenpasst. Nur indem wir ihnen zuhören, wirklich zuhören, können wir ihnen helfen, ihre Gedanken zu verarbeiten und Sorgen zu identifizieren, die vielleicht aufkommen, wenn ihre Gefühle nicht anerkannt und ernst genommen werden.

Ich hatte das Glück, einen Urgroßvater und einen Vater

zu haben, die mir zuhörten und denen ich liebend gern zuhörte. Leider war meine Mutter wie gesagt sehr selten für mich ansprechbar und hatte auch nicht das Bedürfnis, ernsthaft mit mir zu reden. Das änderte sich nicht, als ich erwachsen und selbst Mutter war. Ich beschloss, es mit meiner Tochter genau umgekehrt zu machen – und jede Gelegenheit zu nutzen, mit jungen Menschen ins Gespräch zu kommen.

Als Heranwachsende hielten es meine Brüder und ich wie meine Eltern. Doch seit wir erwachsen sind, stehen wir ständig im Austausch. Außer meiner eigenen Familie wende ich mich auf der Suche nach einem Zuhörer immer an einen meiner Brüder. Und sie kommen genauso zu mir. Wenn ich in den Spiegel sehe, stelle ich fest, dass dieser ältere, manchmal auch weisere Mensch jetzt ich bin, und das nicht nur für die jungen Menschen aus meinem Umfeld, sondern für jeden jungen Menschen, mit dem ich ins Gespräch kommen darf.

Der Tätowierer von Auschwitz wurde auch als Young-Adult-Ausgabe veröffentlicht, worauf ich außerordentlich stolz bin. Schulbesuche und Gespräche mit Jugendlichen sind für mich ein reines Vergnügen. Mit um die hundert Vierzehnjährigen in einem Raum zu sitzen und zu merken, mit welchem Respekt sie mir zuhören, ist wirklich eine große Ehre für mich. Und dass sie tatsächlich zuhören, merke ich an ihren unglaublichen Fragen. Wenn sie sich nach meinem Vortrag um mich scharen, statt in ihre nächste Schulstunde zu gehen, schicke ich Lale Sokolov ein leises Danke, dass er mir seine Geschichte erzählt hat, damit ich sie an eine neue Generation weitergeben kann.

Nicht nur ältere Menschen haben mit ihren Geschichten

mein Leben verändert. Vor vielen Jahren lernte ich im Krankenhaus einen jungen Patienten kennen, dessen Krankheit sich im Endstadium befand. Zum Zeitvertreib spielte er auf einer tragbaren Spielkonsole. Ich erfuhr, dass er bei sämtlichen verfügbaren Games alle Levels gemeistert hatte. Ein kurzer Anruf beim Produzenten dieser Spiele bewirkte, dass sie ihm zwei neue, noch nicht veröffentlichte Spiele anboten. Ein junger Mann, der bei der Firma als Entwickler arbeitete, kam in unser Büro, um sie auszuliefern. Wir kamen ins Gespräch, und er erzählte, dass er gerne die Gelegenheit genutzt hatte, das Büro zu verlassen, um die Spiele persönlich vorbeizubringen, statt sie mit der Post zu schicken. Und statt sie selbst entgegenzunehmen, bat ich die Sozialarbeiterin, die sich um den Jungen kümmerte, den Besucher auf die Station zu führen, damit er sie dem Patienten auch persönlich überreichen konnte.

Das Ergebnis dieses Aufeinandertreffens eines Patienten im Endstadium und eines Spieleentwicklers war eine durch und durch schöne Freundschaft. Mehrmals tauchte der Entwickler auf dem Weg in die Station in meinem Büro auf und dankte mir, dass ich ihn in Kontakt mit dem Jungen gebracht hatte. Er erzählte mir von seinem privilegierten Leben, er habe gar nicht gewusst, dass Kinder derart todkrank werden konnten. Er lernte die Familie des Jungen kennen und andere Jugendliche auf der Station. Sein Leben sei ein anderes, sagte er mir, seit er sich der Tragödie bewusst geworden war, dass junge Menschen Monate im Krankenhaus verbringen und schmerzhafte Therapien durchmachen. Es überwältigte ihn, wie positiv sie mit ihrer Krankheit umgingen und wie sehr sie und ihre Familien auf Besserung, auf Genesung hofften. Er

175

selbst hatte sich den Patienten geöffnet, von sich erzählt, seine eigene Verletzlichkeit eingestanden. Er wurde ein regelmäßiger Besucher und so vertraut mit ihnen, dass sie anfingen, ihm Streiche zu spielen. Bis zum Schluss blieb er mit dem Jugendlichen in Verbindung, und ihre Freundschaft war beiden ein echter Trost.

Praktische Tipps,
wie wir Kindern zuhören können

Es folgen ein paar Gedanken, wie man Kindern zuhören kann, die Ihnen vielleicht weiterhelfen können.
Natürlich sind sie nicht nur bei unseren eigenen Kindern anwendbar, sondern bei allen jungen Menschen,
denen wir begegnen. Entscheidend ist, dass wir aktiv
zuhören: mit Aufmerksamkeit, Respekt für das Kind,
das mit uns redet, Respekt für das Gesagte, egal, wie
trivial oder unwichtig es uns zunächst vorkommt. Ich
kann nur wiederholen: Wenn man bei den kleinen
Dingen nicht zuhört, bekommt man die großen Dinge
wahrscheinlich gar nicht erst erzählt.
Zeit – das ist das Geheimnis, wenn man einem Kind
zuhört. Sich die Zeit zu nehmen, einem Kind zuzuhören, wenn es noch klein ist, ist ausschlaggebend für
eine enge, feste Beziehung, die sich in den schwierige-
ren Jahren der Pubertät sehr auszahlt. Ich verstehe,
dass Sie nicht immer alles stehen und liegen lassen
können, aber wenn Sie möchten, dass Ihr Kind weiß,
wie wichtig es Ihnen ist, wenn Sie ihm Vertrauen und
Selbstbewusstsein vermitteln wollen, dann müssen Sie
Zeit finden, ihm zuzuhören.
Als meine drei Kinder klein waren, war ich berufstätig
und sehr eingespannt. Zwischen Büro, dem Abholen
in der Schule, einem Nachmittagstee, den Hausaufga-
ben und der Wäsche blieb nicht sehr viel Zeit für diese
intimen Momente. Ich wusste das, die Kinder wussten

es – und wir stellten uns darauf ein. Doch wenn ich spürte, dass eines von ihnen etwas auf dem Herzen hatte und ich mich nicht unmittelbar mit ihm hinsetzen und zuhören konnte, fand ich es immer gut, es um Hilfe bei einer Hausarbeit zu bitten. Es ist erstaunlich, was ein Kind einem alles erzählt, wenn man zusammen Wäsche faltet, den Garten wässert oder den Tisch deckt.

Lehrer nehmen häufig ein Kind, um das sie sich Sorgen machen, aus dem Klassenverband heraus und geben ihm einen besonderen Arbeitsauftrag – zum Beispiel eine kleine Ausstellung vorzubereiten oder die Klassenbibliothek zu sortieren. Damit fühlt sich das Kind nicht nur wichtig, sondern es erhält obendrein Gelegenheit zum Reden, ohne die Sorgen direkt ansprechen zu müssen. Ähnlich können Sie das auch zu Hause tun. Entscheidend ist dabei, sich auf eine manuelle Tätigkeit zu konzentrieren, selbst wenn es etwas ganz Triviales ist, um ein neutrales, sicheres Umfeld zu schaffen – und keinen direkten Blickkontakt herzustellen. Wenn das Kind ins Stocken gerät oder verstummt, können Sie sich immer wieder der gemeinsamen Arbeit zuwenden und ihm Zeit geben, Gedanken und Vertrauen zu sammeln: »Also, wie viele Wäscheklammern brauche ich hier?«, oder: »Mit den Handtüchern sind wir durch, wollen wir uns an die Socken machen?«

Natürlich ist mir klar, dass die meisten Jugendlichen sich mit Hausarbeit nicht hinter dem Ofen hervorlocken lassen. Wie kann man stattdessen vorgehen? Wenn Sie schon früh ein Vertrauensverhältnis zu Ihrem Kind aufgebaut haben, sollten Sie über eine feste Grundlage verfügen, auf der Sie es auch durch die schwierigere Pubertät schaffen. Da aber Jugendliche ihr soziales Umfeld erweitern und sich statt an die Eltern immer mehr an ihre Altersgenossen wenden, wenn sie emotionale Unterstützung und Bestätigung brauchen, kann es durchaus herausfordernd sein, das Gespräch in Gang zu halten. Doch egal, wie schwer es ist, und egal, wie oft Sie auf eine einfache Frage wie »Wie war es in der Schule?« ein undankbares Grunzen ernten: Bleiben Sie dran! Die Arbeit, die Sie jetzt in die Beziehung investieren, wird sich auszahlen, wenn die Jugendlichen erwachsen sind.

Versuchen Sie, eine Situation zu schaffen, in der Ihre Kinder sprechen und Sie als Zuhörerin präsent sind. Bei uns war das der Esstisch und die Sprechmühle, die für alle funktionierte, aber man kann ein Kind oder einen Teenager auch allein in eine Situation bugsieren, in der er oder sie eher erzählt. Gut ist zum Beispiel das Auto – da sitzt man beieinander, aber beide schauen nach vorne. Sechs Jahre lang fuhr ich meine Tochter jeden Morgen in ihre Highschool. Wir kamen an der Polizeischule vorbei und sahen die Auszubildenden draußen trainieren. Häufig sprachen wir über diesen Beruf. Meine Tochter witzelte, wie gern sie sie auf der Bahn oder auf der Straße laufen sah, und diesen Teil der Arbeit würde sie als Leichtathletin jedenfalls gut hinbekommen. Sechs Jahre nach ihrem Schulabschluss, nach Jobs und Reisen, wurde sie als Polizeibeamtin vereidigt.

Die besten Tipps, um Ihren Kindern zuzuhören:

- Suchen Sie sich eine Tätigkeit, die Sie gemeinsam erledigen können.
- Vermeiden Sie direkten Blickkontakt.
- Stellen Sie offene Fragen.
- Wenn das Gespräch ins Stocken gerät, konzentrieren Sie sich auf das, was Sie mit den Händen tun, damit das Kind sich wieder sammeln kann; dann kommen Sie auf einen Aspekt aus dem Gespräch zurück und stellen eine sachliche Frage, mit der Sie zeigen, dass Sie zugehört haben.
- Achten Sie auf Ihre Körperhaltung. Verschränken Sie nicht die Arme, und bewegen Sie sich langsam und bedacht.
- Wenn Ihr Kind Ihnen etwas sagen möchte und Sie nicht sofort zuhören können, planen Sie einen späteren Zeitpunkt ein – und geben Sie zu verstehen, dass er oder sie dann Ihre ungeteilte Aufmerksamkeit bekommt. Zum Beispiel können Sie sagen: »Das interessiert mich wirklich – sollen wir beide nachher zusammen eine Tasse Tee trinken?«
- Vermeiden Sie in Ihren Antworten klare Handlungsvorgaben. Wenn Ihr Kind über ein spezielles Problem sprechen möchte, fragen Sie, was es selbst

für die beste Lösung hält. Bittet es weiterhin um einen Rat, machen Sie ein paar Vorschläge, und lassen Sie Ihr Kind entscheiden. Unterstützen Sie die gewählte Entscheidung.

- Vergessen Sie nicht zu fragen, wie Ihr Kind sich bei dem Erzählten *fühlt*. Vergewissern Sie sich zum Schluss, dass alles gesagt ist, was es auf dem Herzen hatte.
- Es muss nicht immer todernst zugehen. Sie können sich in Ihren Antworten humorvoll zeigen, aber nie sarkastisch – das ist immer unpassend.
- Tun Sie nie als halb so wild ab, was Ihr Kind Ihnen erzählt. Ihnen mögen seine Sorgen vielleicht unwichtig oder gar lächerlich vorkommen, aber ihm sind sie wichtig – und es hat sich entschieden, damit zu Ihnen zu kommen. Zeigen Sie, dass dieses Vertrauen berechtigt war.
- Der Psychotherapeutin Philippa Perry zufolge ist jedes Verhalten eine Form der Kommunikation, auch Wutanfälle von Kleinkindern. Versuchen Sie also, zuzuhören und auf das Verhalten zu reagieren. Was war der Auslöser dafür, und was möchte sie oder er Ihnen damit sagen?
- Ein Kind erwischt nicht immer den »richtigen« Augenblick, um Ihnen etwas zu sagen. Bemühen Sie sich unter allen Umständen, das Gesagte anzuerkennen. Bemühen Sie sich zuzuhören, und wenn das nicht geht, fragen Sie, ob er oder sie es später erzählen kann. Allerdings kann es passieren, dass

der passende Moment, wenn Sie ihn wieder abrufen wollen, unwiederbringlich vorbei ist.

- Ziehen Sie nicht in jede Schlacht – auf den Schlafanzug kommt es nicht an. Diese Regel gilt sowohl für das Kleinkind, das an einem heißen Sommertag unbedingt in Gummistiefeln in den Kindergarten gehen will, als auch für den Teenager, der die Grenzen des Erlaubten zu dehnen versucht. Hauptsache, alle sind in Sicherheit, oder? Und kommt es wirklich darauf an?
- Seien Sie offen und gefasst auf alles Mögliche – vielleicht bekommen Sie zu hören, was Sie sich nicht erhofft hatten oder wollten – vielleicht kommt auch ein Geständnis, das Sie überrascht oder sogar empört.
- Machen Sie sich auch darauf gefasst, dass Ihr Kind ein bestimmtes Ereignis oder eine Situation völlig anders interpretiert als Sie – vielleicht hören Sie harsche Kritik oder fühlen sich zu Unrecht oder grundlos angegriffen; trotzdem ist es sehr wichtig zuzuhören. Versuchen Sie vor allem, nicht wütend zu reagieren.
- NIEMALS URTEILEN. Und wenn doch, behalten Sie Ihr Urteil für sich, zumindest so lange, wie Sie brauchen, um Ihre Antwort zu relativieren.
- Versuchen Sie bei jüngeren Kindern, im Gespräch eine Anregung unterzubringen. Nachdem mein Enkel mir die Schwerkraft erklärt hat, könnte ich zum Beispiel damit anknüpfen, wie einfach es in meiner

Kindheit zuging oder in der seines Vaters, um ihn darüber zum Nachdenken zu bringen, wie sehr die Welt sich verändert hat.

- Hören Sie aufmerksam auf das, was ein Kind Ihnen durch eine bestimmte Geschichte oder Anekdote erzählen möchte.
- Üben Sie diese Fertigkeiten des aktiven Zuhörens immer wieder – sie haben in jeder Situation Gültigkeit, in der Sie zuhören, egal wie alt das Kind ist.

5 · Sich selbst zuhören

Die Welt gibt uns Tag für Tag Antworten. Lernen wir,
ihr zuzuhören.

Sich selbst zuhören. Leichter gesagt als getan, oder? Was
meine ich eigentlich damit? Später werde ich auf den Preis
des Zuhörens eingehen und erklären, wie wichtig es ist, auf
die eigenen Reaktionen zu achten, sich selbst zu stärken,
sich mit dem Gehörten nicht selbst zu belasten. Zunächst
aber soll es darum gehen, wie wir beim Zuhören auf unsere
eigenen Instinkte achten und lernen können, uns selbst zu
vertrauen.

Wer ein guter Zuhörer sein und andere unterstützen
möchte, muss zunächst einmal über eine gute, stabile Beziehung zu sich selbst verfügen. Sie müssen sich selbst behandeln wie einen guten, verlässlichen Freund, sonst können
Sie anderen diesen Freundschaftsdienst gar nicht anbieten.

Denken Sie daher immer daran, freundlich zu sich selbst zu sein – wenn Sie es nicht sind, wer soll es sonst sein? Wir können anderen nicht helfen, sie nicht verstehen, wenn wir nicht auch uns selbst verstehen. Wir alle kennen die Momente des Selbstzweifels, der Selbstvorwürfe, der Scham: »Das hätte ich nicht sagen sollen«, »Ich hätte richtig zuhören sollen, was mir da jemand zu erzählen versucht hat«, »Da habe ich wirklich einen dummen Vorschlag gemacht«. Dann ist es ganz wichtig, dass wir tun, was wir auch bei einer Freundin tun würden – nämlich uns selbst sagen: Schwamm drüber, du hast es gut gemeint. Ich glaube, genau das ist wirklich entscheidend: Man kann es immer nur so gut machen, wie es hier und jetzt gerade möglich ist. Schuldgefühle und Selbstvorwürfe sind immer destruktiv.

In meinen Jahren im Krankenhaus hatte ich täglich mit Patienten zu tun, mit ihren Angehörigen und Freunden. Sie machten oft gerade tragische, traumatische Zeiten durch, und da ich vorn im Büro saß, war ich häufig die Erste, mit der sie zu tun hatten. Ich bin nicht als Sozialarbeiterin ausgebildet, aber meine Chefin nannte mich »Gelegenheitsberaterin«. Ich bewundere die Berufe in der sozialen Arbeit. Ich habe so oft miterlebt, was Sozialarbeiterinnen bewirken können, wenn sie jemanden in der schlimmsten Zeit ihres Lebens begleiten. Durch den Tod eines geliebten Partners, von Vater oder Mutter, Geschwister, einem lieben Freund. Und besonders belastete mich der Tod von Neugeborenen, den ich leider sehr oft miterleben musste, und ich werde mich mein Leben lang daran erinnern.

Ich schreibe über diesen Teil meines Lebens, weil es in meinen zwanzig Jahren im Krankenhaus kaum einmal eine

Woche gab, in der ich nicht mit dem Tod eines Babys zu tun hatte, sei es durch Fehlgeburt, Totgeburt oder Säuglingssterblichkeit. Nun habe ich dieses Kapitel mit Überlegungen dazu begonnen, dass wir uns selbst zuhören und uns vor der Trauer anderer schützen müssen. Oft habe ich das für mich selbst nicht getan, und ich bin den Kollegen im Krankenhaus ewig dankbar, dass sie mir geholfen haben, mit meinen eigenen Gefühlen fertigzuwerden; besonders meine Chefin rief mir regelmäßig ins Gedächtnis, welche Rolle ich für diese Familien spielte – zuhören, Empathie zeigen und etwas bewirken, und sei es nur eine Kleinigkeit.

Am besten erinnere ich mich aus meiner Zeit im Programm für perinatale Sterblichkeit an die kleinen Dinge, die auf den ersten Blick unbedeutend aussahen, aber sehr stark nachwirkten. Wie schon berichtet, wurde im Krankenhaus einmal im Monat eine Trauerfeier für die Babys abgehalten, die in den letzten vier Wochen verstorben waren. Wir vom Verwaltungsteam waren ebenso dabei wie die Geistlichen, Bestatter und Friedhofsangestellten. Meist am ersten Mittwoch im Monat nahm ich an der Feier teil. Zwölfmal im Jahr, zwanzig Jahre lang – das macht ziemlich viele erste Mittwoche im Monat.

Was unser Team an diesen Mittwochen um zehn Uhr zu leisten hatte, wurde nie einfacher. Ein neuer Monat. Neue Familien. Manchmal Familien, die wir schon kannten und die jetzt einem zweiten Baby Lebwohl sagten. Manchmal war ich den Eltern schon begegnet, manchmal nicht. Häufig lernte ich sie kennen, wenn sie uns Kleidung brachten, Zeichen ihrer Liebe, Andenken, Fotos, die sie ihrem Baby mit in den Sarg geben wollten. Ich nahm diese Dinge in Empfang, versprach den Eltern, diese besonderen Objekte ihrem Baby auf jeden Fall mitzugeben, das Baby in diesen kostbaren Kleidern zurechtzumachen. Sehr häufig tat ich das selbst. Während ich das Baby anzog, sprach ich mit ihm, erzählte, wer die Menschen auf dem Foto waren; dass dieses Bild der dreijährige Bruder oder die Schwester gemalt hatte; dass ihre Mutter diese Blume am selben Morgen im Garten gepflückt hatte; ich las den Brief der Oma vor, erzählte, wer zur Familie gehörte, woher das Kind kam und dass alle sich in Liebe an ihn oder sie erinnern würden.

Unter all den Andenken, die ich in Särge legte, sticht für mich eines heraus; erst kürzlich fiel es mir wieder ein, als mein fünfjähriger Enkel mir seine ersten Murmeln zeigte und mich bat, mit ihm zu spielen. Ein trauerndes Elternpaar stand vor mir, und ich hörte zu, während die Mutter mir mehrere Gegenstände gab und erklärte, worum es sich handelte und warum sie sie dem Baby mitgeben wollte. Das Jäckchen, das sie gestrickt hatte, war ihrem frühgeborenen Baby viel zu groß, aber es war das Erste, was sie für ihren Erstgeborenen gemacht hatte, und sie wollte, dass er es auch bekam. Ihr Partner stand mit gesenktem Kopf neben ihr und hörte traurig zu, wie seine Frau schluchzend die Bedeutung jedes Gegenstands erläuterte. Eine seiner Hände steckte in der Hosentasche, und ich hörte etwas klicken. Als seine Frau in Tränen ausbrach, nahm er sie in den Arm, und dann zog er die Hand aus der Tasche und sah mich über ihre Schulter hinweg an: In seiner Hand lagen zwei Murmeln.

»Das sind die ersten beiden Murmeln, die mein Vater mir geschenkt hat. Als Kind hatte ich viele Murmeln, ein paar habe ich verloren, andere gewonnen, aber diese hier habe ich nie aufs Spiel gesetzt. Ich wollte meinem Sohn beibringen, mit Murmeln zu spielen. Bitte, nehmen Sie eine, suchen Sie eine aus und geben Sie sie meinem Sohn. Ich behalte die andere.« Als ich die Hand ausstreckte, um blind eine Murmel zu nehmen, schloss er kurz die Faust und die Augen, dann öffnete er sie wieder und ließ mich eine der Murmeln nehmen. Ich entschied mich für die blaue und ließ ihm die gelbe – ich weiß nicht, warum.

Zwei Jahre später stand derselbe Vater wieder in meinem Büro, in einer Hand die gelbe Murmel, in der anderen sein Handy, und auf seinem Gesicht das strahlendste Lächeln der Welt. Er wollte mir Bilder seiner neugeborenen Tochter zeigen, die erst wenige Stunden alt war. Er hatte die Murmel ins Krankenhaus mitgenommen, als seine Frau Wehen bekam. Er sagte mir, ich hätte die richtige Murmel ausgesucht – er spürte, dass die gelbe besser zu seinem neugeborenen Töchterchen passte.

Wie passt diese Geschichte zu diesem Kapitel? Als ich diesem Vater zum ersten Mal begegnet bin, als ich mit ihm interagierte und auch, als ich die Murmel aus seiner Hand nahm, schwieg ich. Nichts, was ich hätte sagen können, hätte diesem Mann geholfen. Er hatte alles, was er brauchte, die Partnerin in seinen Armen. Ohne einen Blick zurück verließen sie mein Büro. So, wie es sein sollte. Ich hatte auf mich selbst gehört: Es gab nichts, was ich tun oder sagen konnte, das den Schmerz dieses Paares auch nur ansatzweise hätte lindern können. Ich tat, worum sie mich baten: Ich suchte die Murmel aus. Bei unserer zweiten Begegnung hörte ich wieder zu, aber diesmal umarmte ich ihn. Es fühlte sich richtig an. Wieder gab es eigentlich keine Worte für das, was er mir erzählt hatte. Mein Instinkt sagte mir, dass Körperkontakt jetzt nicht nur für ihn das Richtige war, sondern auch für mich – er hatte einen Schritt auf mich zu gemacht, sich die Mühe gemacht, zu mir zu kommen und mir diese wunderbare Nachricht zu bringen, und da machte ich auch einen Schritt auf ihn zu. Solcher Körperkontakt zwischen uns Angestellten und einem Angehörigen von Patienten war eigentlich nicht vorgesehen, wahrscheinlich galt das als unprofessionell, aber manchmal war es einfach das Richtige, eine menschliche Geste. Ich stelle mir gerne vor – nein, ich glaube es –, dass es in diesem Moment einfach passte.

Mein Nachtrag zu dieser Geschichte: Ich nahm meinen Enkel lange in den Arm (glücklicherweise lässt er sich gerne von Oma umarmen), und dann versuchte ich, ihm die Tricks beizubringen, die ich als Kind beim Murmelspielen beherrschte.

Beim Zuhören seinem Instinkt zu folgen – aus dem Bauch heraus zu handeln – und zu wissen, wann man wie reagieren sollte, ist nicht immer einfach. Das Passende ist nicht immer offensichtlich. Manchmal weiß man, dass ein Kontakt eine einmalige Sache bleiben wird – mit einer Verkäuferin, mit dem, der vor einem in der Schlange steht, um ins Flugzeug zu steigen oder ins Theater zu gehen, an Orten, an denen ein kurzes Gespräch angebracht ist. In diesem Fall haben Sie eine Gemeinsamkeit, eine bevorstehende Reise, die Freude auf dasselbe Theaterstück, einen Einkauf, bei dem die Verkäuferin ihren Job macht. Ein lockeres Gespräch sollte dann genau das sein: locker. Ich würde hier nur einen Kommentar zur Situation abgeben und auf die Bemerkungen des anderen eingehen. Und auch wenn wir immer höflich und freundlich bleiben und andere so behandeln sollten, wie wir selbst behandelt werden möchten, brauchen wir nicht ständig mit jedem ins Gespräch zu kommen – das würde einen verrückt machen und wäre eine große Zeitverschwendung.

Einmal hatte ich so ein lockeres Zusammentreffen, das plötzlich sehr bedeutsam wurde. Ich gehe nicht so oft ins Theater, wie ich gerne würde; aber vor ein paar Jahren nutzte ich die Gelegenheit, den Stand-up-Komiker Billy Connolly zu erleben. Als ich mit meinem Mann am Einlass anstand, fragte die Frau vor mir, ob ich Billy schon einmal gesehen hatte. Stolz berichtete ich, dass ich vor ein paar Jahren in Christchurch schon einmal auf einem Konzert von ihm gewesen war. Sie erzählte, dass sie ihn zum ersten Mal live erleben würde, dass sie und ihr Mann aber seit Jahrzehnten große Fans seines Humors waren. Mir fiel auf, dass sie offenbar ohne Begleitung da war, ich sagte aber nichts. Sie aber redete einfach weiter. Sie hatte vor Monaten die Tickets gekauft, aber vor wenigen Wochen war ihr Mann gestorben. Zunächst wollte sie nicht allein kommen, aber dann hatte sie erkannt, dass ihr Mann wollen würde, dass sie hinging, und jetzt war sie in seinem Andenken hier. Spontan folgte ich meinem Instinkt und schlug vor, uns nach der Show auf einen Drink zusammenzusetzen und über das Erlebte auszutauschen. Tatsächlich trafen wir uns auf einen Absacker, übertrumpften uns in unserer Begeisterung und waren uns einig, dass Billy Connolly einfach der lustigste Mensch der Welt ist. Wir sprachen nicht über ihren kürzlich verstorbenen Mann und verabredeten uns auch nicht noch einmal. Tatsächlich trafen wir uns nie wieder. Aber jedes Mal, wenn Mr Connolly über meinen Fernsehbildschirm geistert oder ich sein schönes Gesicht in einer Zeitschrift sehe, denke ich an sie. Ich freue mich, dass mein Mann und ich an diesem Tag vielleicht etwas ganz Kleines bewirkt haben, und sie hat unseren Abend jedenfalls noch besonderer gemacht.

Timing. Ort und Zeitpunkt, die kleinen Dinge, nach denen wir nicht suchen, die Menschen, mit denen wir zufällig in Kontakt kommen, können uns oft mehr prägen als eine lebenslange Freundschaft oder Beziehung. »Präsentieren« Sie sich gar nicht groß, seien Sie einfach nur ganz da, wo Sie sind, dann kommt die Welt zu Ihnen. Seien Sie mindestens offen, geduldig, haben Sie keine Angst – ein guter Ansatz für den Umgang mit Menschen. Sie werden sehen, wie oft Sie dann von diesen Zufallsbegegnungen profitieren! Nicht jeden Tag, jede Woche oder jeden Monat. Genau das macht das Leben so schön – man weiß es nie im Voraus. Sie können nur den Menschen, die durch Ihr Leben gehen, mit Intuition begegnen, Ihrem Instinkt folgen, ob Sie einen Kontakt herstellen oder nicht. Wie gesagt: Sie dürfen auch so frei sein, keinen Kontakt herzustellen! Hören Sie auf sich selbst, sprechen Sie mit sich selbst, wenn Sie mögen – das ist ganz in Ordnung, ich tue das beim Schreiben auch. Ich habe gelernt, mich selbst zum Lächeln zu bringen, mich nicht von anderen abhängig zu machen, obwohl ich es genauso liebe, wenn andere mich zum Lächeln bringen.

Diese Jahre im Krankenhaus waren manchmal ziemlich heftig. Meine Zeit mit Lale, seine Erzählungen und die Recherche dazu gingen mir manchmal ganz schön an die Substanz. Als Autorin in der Öffentlichkeit zu stehen, ist ein überwältigendes Glück, aber es setzt mich auch unter Druck, und öffentliche Personen bekommen eben auch viel Kritik ab. Jeder kann seine Meinung haben, aber ich reagiere darauf menschlich. Wenn ich meinen Mann bitte, die DVD des

Films *Die unglaubliche Reise in einem verrückten Flugzeug* herauszusuchen, weiß er schon, dass ich einmal herzlich lachen muss. Es funktioniert immer. Und wenn ich weinen muss, kann ich das mit Bette Midlers Film *Freundinnen*. Um mich emotional überwältigen zu lassen, um irgendwo wirklich ganz einzutauchen, sehe ich *Jenseits von Afrika*, auch wegen der herrlichen Musik und der Geschichte voller Liebe, Hoffnung und Lebensmut. Filme geben mir die Emotionen, die ich brauche, um selbst zu empfinden – vielleicht ist das eine Form von Katharsis. Ich weiß, was ich fühle, aber wenn ich es durch so einen geliebten, wieder und wieder gesehenen Film kanalisiere, kann ich diese Gefühle in einer »sicheren« Umgebung ausleben und mich von dem distanzieren, was mich belastet.

Als ich den *Tätowierer von Auschwitz* aus meinem eigenen Drehbuch zum Roman umarbeitete und mich dazu mitten im Winter in die Hütte meiner Schwägerin und meines Bruders auf dem kalifornischen Big Bear Mountain zurückgezogen hatte, benutzte ich Musik, um Kopf und Herz in den Raum zu versetzen, den ich brauchte. Wenn ich mich morgens zum Schreiben hinsetzte, hörte ich erst einmal neun Minuten lang Henryk Góreckis *3. Sinfonie – Sinfonie der Klagelieder* in der Aufnahme mit der Sopranistin Zofia Kilanowicz und dem K. Szymanowski State Philharmonic Orchestra unter der Leitung von Jacek Kasprzyk. Im Lauschen auf diese wunderschöne, schwermütige Musik horchte ich auch auf meinen eigenen Herzschlag – ich brachte Körper und Geist in Einklang. Die Gesichter meiner Liebsten zogen vor meinem inneren Auge vorbei, meine Liebe zu ihnen war so stark, dass ich sie körperlich spürte. Ich dachte an Lale Sokolov, diesen Mann, über den ich gerade schrieb, der leider nicht lange genug gelebt hat, um seine Geschichte in einem gedruckten Buch zu lesen. Wenn die Musik zu Ende war und ich die Augen aufschlug, wischte ich mir immer ein paar Tränen weg. Und dann begann ich zu schreiben. Stundenlang. Wenn es Zeit war, für diesen Tag zu speichern und herunterzufahren, beschloss ich den Tag wieder mit Musik. Die Leidenschaft, mit der Andra Day ihren kraftvollen Song *Rise up* singt, riss mich von meinem Stuhl, legte mir ein breites Lächeln aufs Gesicht, und mit geballter Faust versicherte ich Lale, dass wir auf einem guten Weg waren, seine Geschichte mit der Welt zu teilen.

Ich war glücklich, dass ich mich damals entschieden hatte, mich auf ein Treffen mit einem Mann einzulassen, dessen Frau kürzlich verstorben war und der jemandem seine Geschichte erzählen wollte. Obwohl es die anstrengendste Zeit des Jahres war, drei Wochen vor Weihnachten, hörte ich auf mein Bauchgefühl und sagte mir: *Geh hin, was hast du schon zu verlieren?* Immer wenn mein Instinkt mir dazu geraten hat, etwas zu tun, ein Risiko einzugehen, hat sich das hinterher als richtig erwiesen, und dafür bin ich sehr dankbar.

Manchmal irren wir uns auch, und ich muss mich dann zwingen, diese lästige innere Stimme zu ignorieren, die mir einflüstert: *Probier's doch einfach.* Aber ich habe auch gelernt, auf meine Instinkte zu vertrauen. Als ich aus meiner Familie weglief und aus dem Gefängnis, als das ich meine Kleinstadt empfand, floh ich nicht nur in die nächste Großstadt, sondern ins Ausland, und stand mit neunzehn Jahren ganz allein in Australien. Ich bereue diese impulsive Entscheidung kein bisschen – mein Mann, drei Kinder und fünf Enkel bezeugen, dass es der beste Impuls war, dem ich je gefolgt bin.

Wahrscheinlich habe ich manchmal in meinem Leben den Fehler begangen zu denken, die beste Antwort auf Probleme, denen ich mich nicht stellen wollte, bestünde darin, sie zu ignorieren oder, treffender, vor ihnen davonzulaufen. Eine Antwort ist das, ja, aber die beste eigentlich nicht. Zum Glück konnte ich mich von der Liebe und Unterstützung meiner Familie leiten lassen, sie halfen mir, mich wieder darauf zu konzentrieren, wer ich war, wer wir als Familie sein konnten. Und sie halfen mir zu verstehen, wovor ich überhaupt weglaufen wollte.

Als Mitte 2018 in Neuseeland mein ältester Bruder starb, kehrte ich dorthin zurück und nahm wieder Kontakt zu alten Freunden auf; dabei entdeckte ich eine spirituelle Verbindung zu meiner Heimat, wie ich sie sonst nirgends in der Welt empfinde. Zurück in Australien, dachte ich, ich wollte in mein Geburtsland zurückkehren, mich in die Einmaligkeit von Land und Leuten hüllen. Natürlich war es die Trauer, die mich dorthin zog. Meine australische Familie hörte mir zu, verstand meinen Wunsch »heimzukehren«, und dann erinnerten sie mich daran, dass ich, wenn ich wegzog, meine Kinder und Enkel zurücklassen würde – ich würde die Lebenden verlassen, um bei den Toten zu sein. Es reichte schon, dass sie mich unterstützt hätten, hätte ich meinen Mann überzeugen können aufzubrechen. Sie erinnerten mich an die Verbindung zu meiner Familie, meinen Freunden und zu allem, was vor mir liegt.

Ich liebe das Wort »Verbindung« – Dr. Brené Brown zufolge können wir keine Verbindung aufnehmen, wenn wir uns nicht vor anderen selbst verletzlich machen, andere »sehen« lassen, wer wir sind, und das Risiko eingehen, dass ihnen das, was sie da sehen, nicht gefällt. Eine Verbindung können wir auf der niedrigsten Ebene aufbauen, etwa wenn wir im Supermarkt einen verschwörerischen Blick mit jemandem wechseln, der sich nach langer Betrachtung der gigantischen Auswahl für dieselbe Müslimarke entscheidet wie wir. Und dann sind da die wichtigeren Verbindungen, ausgehend von einem gemeinsamen Interesse zweier Menschen, das viele weitere gemeinsame Interessen offenlegt – mit dem Austausch von Geschichten entsteht eine Verbindung zu einem Dritten und im Lauf der Zeit und von vielen Gesprächen ein festes Band.

Vor kurzer Zeit war ich während einer Lesereise für mein Buch *Das Mädchen aus dem Lager* an einem kalten, nassen Wintertag in der New Yorker U-Bahn unterwegs. Wir fuhren in einer Gruppe von Lower Manhattan nach Upper Manhattan. Normalerweise hätte ich ein Taxi genommen, aber die Einheimischen, die mich begleiteten – ich kannte sie nicht –, versicherten mir, dass wir mit der U-Bahn sehr viel schneller wären.

In diesem während der Stoßzeit völlig überfüllten Zug erzählte mir eine meiner Begleiterinnen, wie stolz sie auf ihren jugendlichen Sohn war, der eine spezielle Lernbehinderung hat. Ich weiß nicht, warum sie mir das ausgerechnet an diesem öffentlichen Ort anvertraute und warum sie mir überhaupt von ihrem Sohn erzählte, aber sie tat es, und ich empfand es als Ehre. Eine nahe Bekannte in Australien, die mit dieser Person beruflich zu tun hat, hatte auch einen Sohn, ein paar Jahre älter, mit derselben Behinderung. Ich habe mit diesen beiden Menschen immer noch zu tun, und inzwischen sind sie auch unabhängig von mir miteinander verbunden. Ich bin so froh, dass ich diese Verbindung zwischen zwei Menschen herstellen konnte, die mir so viel bedeuten. Ich weiß, dass sie sich inzwischen über andere Dinge austauschen als das rein Berufliche. Zwischen ihnen ist etwas Dauerhaftes entstanden. Doch so wichtig es ist, sich in das Leben anderer Menschen einzubringen, so wichtig ist es auch zu erkennen, wann dafür der richtige Zeitpunkt ist – oder wann man sich besser zurückhält.

Seit der Veröffentlichung des *Tätowierers von Auschwitz* im Januar 2018 habe ich Tausende E-Mails aus aller Welt erhalten. Die meisten sind ganz kurz, enthalten nur ein Dankeschön dafür, dass ich diese Geschichte erzählt habe. Doch viele dieser Leser gehen auch weiter, erzählen mir von einem eigenen tragischen oder traumatischen Ereignis, das häufig noch nicht weit zurückliegt und ihnen die Hoffnung auf die Zukunft genommen hat. Bei der Lektüre von Lales und Gitas Geschichte haben sie wieder Hoffnung gefasst. Von ihrer Liebe zu lesen, ihrem Mut und ihrem Überlebenswillen in einer der dunkelsten Epochen der jüngeren Geschichte, so schreiben sie mir, hat ihnen die Kraft gegeben, sich aufzuraffen und nach ihren verlorenen Träumen für sich selbst und ihre Lieben zu suchen. Außerdem gibt es die vielen E-Mails von Leserinnen, die selbst eine wunderbare Geschichte haben und Rat oder Unterstützung suchen, sie in irgendeiner Form an ein Publikum zu bringen. Außerdem höre ich von Lesern, die mich bei einer Lesung persönlich angesprochen haben oder ein Fernseh- oder Radiointerview mit mir gehört haben. Ich empfinde es als solche Ehre, dass so viele Menschen von den Geschichten, die ich erzählt habe, berührt worden sind und auf mich zukommen.

Doch die eine E-Mail, die ich in Südafrika erhielt und

die mich veranlasste, zweimal innerhalb eines halben Jahres nach Israel zu reisen, hebt sich für mich von allen anderen ab. Dank dieser E-Mail werde ich eine andere wunderbare Geschichte über Stolz, Überlebenswillen und Hoffnung erzählen. Diesmal geht es um die Liebe von drei Schwestern. Was ich in der Stimme einer 92-jährigen Frau hörte, lockte mich zu ihr, in ihr Land, zu ihrer Geschichte. Manchmal braucht es gar nicht viel – Bauchgefühl und Instinkt aus jahrzehntelanger Offenheit für die Geschichten anderer leiten einen. Wer sich selbst bei der Begegnung mit Fremden verletzlich macht, wer weiß, dass man selbst ehrlich und offen sein muss, damit andere sich öffnen können, wird damit belohnt.

In anderen Fällen habe ich auf Briefe geantwortet und ihre Schreiber besucht, weil es einfach richtig war. Aus Anerkennung für die Mühe, die sich Leute machen, die zuerst schreiben und sich verletzlich machen, indem sie mir mitteilen, wie sie sich fühlten, als sie über Lale, Gita und Cilka gelesen haben.

Auf derselben New-York-Reise besuchte ich auch eine Suchtrehabilitationseinrichtung in New Jersey, nachdem mir eine Beraterin von dort geschrieben hatte. Sie erzählte, mehreren der jungen Klienten in der Einrichtung, die sich nach einer Drogenabhängigkeit in einer Therapie befanden, sei Lale Sokolovs Geschichte sehr nahe gegangen, und sein Überleben habe sie inspiriert und ihnen Hoffnung gegeben.

Über zwei Stunden saß ich mit etwa fünfzig jungen Männern und Frauen zum Gespräch zusammen, erzählte ihnen weitere Geschichten über Lale und Gita und hörte mir ihre eigenen Überlebensgeschichten an. So tragisch oft ihre Vergangenheit war, es beeindruckte mich, wie entschieden sie ihre Drogenprobleme angingen und nach Möglichkeiten suchten, das Leben zu führen, von dem sie jetzt zu träumen wagten. Studium, Arbeit, der Aufbau von ernsthaften Beziehungen und die Erwiderung von Hilfe, die sie aus ihrem Umfeld erhalten hatten – ich hoffe, sie werden diese Ziele erreichen. Ich erfuhr, wie viele von ihnen nicht in ihre Familien würden zurückkehren können, weil ein Familienmitglied immer noch abhängig war. Sie akzeptierten das, weil sie wussten, dass sie nur so – wie Lale und Gita – so gut wie möglich leben konnten. Auch die Mitarbeiter, die mit diesen Menschen arbeiteten, sie unterrichteten und unterstützten, beeindruckten mich. Sie engagierten sich für ihre Einrichtung und arbeiteten trotz knapper Mittel daran, diesen jungen Menschen Mut zu machen, die für sich selbst einstehen wollten. Ich bin ihnen ehrlich dankbar, dass sie mich kontaktiert und in ihrer Einrichtung empfangen haben. Zurück in Australien, bekam ich eine hübsche Mappe mit Briefen von allen, denen ich an diesem Tag begegnet bin, in denen sie mir berichteten, was die gemeinsame Zeit für sie bedeutet hatte.

Ich möchte, dass sie wissen, wie viel die Begegnung mit ihnen auch mir bedeutet hat. Ich bin stolz auf die Zeit mit ihnen, ich denke oft an sie, ich empfinde es als Segen, in ihren Kreis eingeladen worden zu sein. Ich habe ihnen zugehört, sie haben mir zugehört, ich folgte meiner inneren Stimme, die mir sagte, dass es eine wertvolle Erinnerung werden würde – und das wurde es auch.

Es folgt jetzt eine Geschichte von meinem Bruder Ian, der erzählt, wie er lernte, sich selbst zuzuhören:

Ians Geschichte

Einen Tag nach meinem sechzehnten Geburtstag eröffnete mir meine Mutter, ich würde am nächsten Tag nicht zur Schule gehen – wir führen nach Auckland. Ich konnte an einer Hand abzählen, wie oft ich schon in Auckland gewesen war, und ich dachte, der Ausflug wäre ein Geburtstagsgeschenk.

Im Zug erfuhr ich dann, dass wir zur Rekrutierungsstelle der neuseeländischen Marine führen. Mein älterer Bruder war dort seit vier Jahren im Dienst, und ich dachte, wir würden ihn besuchen; die Bedeutung des Wortes »Rekrutierungsstelle« machte ich mir anfangs gar nicht klar.

Wir kamen in ein Büro, und ich saß stumm da, während meine Mutter für mich alle Fragen beantwortete. Das Nächste, woran ich mich erinnere, ist, dass ich ein Papier unterschreiben sollte. Damit verpflichtete ich mich zu einem zwölfjährigen Dienst bei der Marine. Die Ausbildung begann ab sofort, doch die zwölf Jahre zählten erst von meinem 18. Geburtstag an, also zwei Jahre später. Ich kam nie auf den Gedanken, bei meiner Mutter zu protestieren; ich glaubte blind, dass sie wusste, was das Beste für mich war. Wie konnte ich mich da so täuschen?

Wenige Wochen später steckte ich in einer Marineuniform und trainierte gemeinsam mit Dutzenden anderen jungen, naiven, leicht zu beeindruckenden Männern. In unserer Einheit gab es keine Mädchen. Vom ersten Tag an war mir das Leben bei der Marine verhasst. Zweieinhalb Jahre lang ließ ich die Demütigungen, Erniedrigungen und Beschimpfungen über mich ergehen, die in der Ausbildung Alltag waren. Meine einzige Rettung waren die Freundschaften, die ich dort schloss.

Drei Monate vor meinem 19. Geburtstag machte ich mit zwei befreundeten Matrosen einen Motorradausflug. Auf einer Landstraße außerhalb von Auckland raste ein Auto in uns hinein – meine beiden Freunde starben, ich überlebte. Nach den Beerdigungen beschloss ich, nicht einen Tag länger in Her Majesty's Royal New Zealand Navy zu bleiben. Ich reichte, inzwischen volljährig, die Papiere zu meiner Entlassung ein. Nach Eingang meines Antrags bei meinem Vorgesetzten, einem Unteroffizier, lud dieser mich vor und gab mir unmissverständlich zu verstehen, dass ich nicht freigestellt werden würde – ich hatte meine Zeit abzudienen, die Marine würde einen Mann aus mir machen.

Den Vorschriften nach konnte ich meine Freistellung jeden Monat neu beantragen. Das tat ich, und jedes Mal wurde der Antrag abgewiesen. Einen Tag nach der dritten Ablehnung ging ich gerade mit Freunden über den Hof, als unser Hauptmann uns aufhielt. Er glotzte mich an, baute sich dicht vor mir auf und sagte mir, meine Haare gefielen ihm nicht, ich solle sie schneiden lassen. Ich wusste, dass er mich damit demütigen wollte, aber damals war mir das egal – ich wollte einfach nur weg von dort. Am nächsten Tag ging ich zu einem Friseur in Auckland und ließ mir die Haare schneiden.

Am Montag ließ er mich vortreten und inspizierte meine Haare.

»Ich habe doch gesagt, Sie sollen sich die Haare schneiden lassen.«

»Das habe ich auch getan, Sir.«

Ihm zufolge war es alles andere als ein Marineschnitt,
wo ich denn gewesen sei? Ich nannte ihm den Friseur-
salon in Auckland. Er fragte mich, wie viel ich bezahlt
hatte, und ich sagte, fünfzehn Dollar, damals ein üblicher
Preis für einen Haarschnitt. Er versuchte mich vor meinen Freunden lächerlich zu machen, das sei doch reine
Geldverschwendung gewesen. Er befahl mir, in seinen
Wagen zu steigen, und wollte mich zum Marinefriseur
bringen, aber ich weigerte mich und trollte mich.

Daraufhin wurde ich vor seinen Vorgesetzten zitiert,
dann vor dessen Vorgesetzten, bis ich schließlich vor dem
Standortkommandanten stand. Als er mir sagte, ich solle
mir die Haare schneiden lassen, wehrte ich mich: Ich hatte
den Befehl befolgt und das bereits erledigt.

Umgehend wurde ich der Befehlsverweigerung bezich-
tigt und in eine Zelle gesteckt. Wenn zwei Personen einen
Befehl verweigern, gilt das übrigens als Meuterei. Es war
ein Freitag, der nächste Tag war mein 19. Geburtstag, und
meine Eltern hatten zu Hause, eine Stunde südlich von
Auckland, eine Party für all meine Marinefreunde geplant.

Ich feierte meinen 19. Geburtstag in einer Zelle, während meine Kumpels zu meinen Eltern fuhren und »meine«
Party feierten.

Das Militärgericht tagte am Montag. Mein Vertreter
sagte mir, ich solle schweigen, er würde ein mildes Urteil beantragen, da ich noch über den Tod meiner beiden engsten
Freunde trauerte. Der Kommandant berichtete persönlich,

was passiert war. Der Richter fragte mich, ob ich mutwillig einen Befehl meines Vorgesetzten verweigert habe. Ich hielt nicht den Mund, wie mein Anwalt es mir geraten hatte.

»Nein, Sir, ich habe ihm gesagt, er soll sich verpissen, und Ihnen sage ich das auch!«

Natürlich wurde ich schuldig gesprochen und zu neun Monaten Militärgefängnis verurteilt.

Also zurück in die Zelle. Ein paar Tage vergingen, dann musste ich zu einer ärztlichen Untersuchung, die meine Haftfähigkeit feststellen sollte – ich bestand sie.

Am Tag meiner Überstellung ins Gefängnis holte mich der Nachrichtenoffizier des Standorts ab. Er fragte mich, ob wir kurz bei der Nachrichtenstelle halten könnten, weil er die eingegangene Post abholen wollte. Ich hatte es nicht eilig, eingesperrt zu werden.

Kurz darauf kam er wieder und setzte sich ins Führerhaus des Lkws.

»Nennen Sie mir Ihren Namen und Ihr Geburtsdatum.«
Ich nannte sie ihm.

»Heute ist Ihr Glückstag«, meinte er.

Dann las er eine der Nachrichten, die er eben abgeholt hatte. Der Kommodore von Auckland musste alle Gefängnisstrafen für Matrosen abzeichnen. Ihm war aufgefallen, dass ich mehrere Entlassungsanträge gestellt hatte, ich wollte ganz offensichtlich nicht bei der Marine bleiben, und ich war umgehend freizustellen. Diese Freistellung rangierte nur ganz knapp oberhalb der unehrenhaften Entlassung.

Ich verbrachte ein paar Tage im Gefängnis, bis die nötigen Papiere fertig waren, dann wurde ich zur Bushaltestelle gebracht und nach Hause geschickt.

Als meine Mutter den Schock verdaut hatte, dass ich nicht mehr bei der Marine war, meinte sie: »Tja, dann frage ich bei Mr X nach (unserem freundlichen Ortspolizisten) und bitte ihn, dich bei der Polizei unterzubringen.«

Ich packte nicht einmal meine Koffer aus.

Inzwischen habe ich mein Leben so gestaltet, wie ich es wollte, ein Leben, das zu mir passt, und was war es für ein Leben! Ich habe in verschiedenen Ländern gelebt, bin ein erfolgreicher Geschäftsmann geworden und habe außerdem eine wunderbare Familie.

Praktische Tipps, um sich selbst zuzuhören

Wie gehen Sie vor, wenn Sie wichtige Entscheidungen treffen müssen? Manche Menschen erstellen akribische Pro- und Kontra-Listen; andere wenden sich um Rat an Freunde oder Verwandte. Viele von uns verlassen sich auf ihr »Bauchgefühl« – aber woher kommt dieser Instinkt und wodurch wird er geformt? Und wie lernen wir, ihm zu vertrauen und uns selbst zuzuhören?

Wir alle sind Produkte unserer Lebenserfahrung. Ein glückliches, geborgenes Kind wird zu einem resilienten Erwachsenen, der über die Ressourcen und das Selbstvertrauen verfügt, mit allem fertigzuwerden, womit das Leben ihn konfrontiert. Wer weniger selbstsicher ist, hat zu kämpfen, ist sich seiner Entscheidungen weniger sicher, vertraut weniger darauf, für alle Eventualitäten gewappnet zu sein. Und womöglich treffen wir dann wirklich ungünstige Entscheidungen. Doch egal, wie wir aufgewachsen sind und wie oft wir in der Vergangenheit gute oder schlechte Entscheidungen getroffen haben, wir alle können lernen, uns selbst zuzuhören. Ich habe viele Jahre gebraucht, bis ich gelernt hatte, auf meine Instinkte zu vertrauen, aber heute tue ich das – und zwar so.

Lernen Sie zuallererst, sich selbst zu vertrauen. Viele von uns, auch ich, verbringen ihre Jugendjahre damit, die Vorstellungen der anderen zu erfüllen, wer wir sind und wie wir uns verhalten sollen. Das mag Konformismus sein oder Pflichtgefühl, vielleicht auch der Wunsch zu gefallen, aber die meisten von uns stellen das eigene Gefühl hintan und tun, was von ihnen erwartet wird – und sehr viele von uns machen ihr Leben lang so weiter. Es muss nicht so kommen, aber jahrelanger Druck von der Schule und der Gesellschaft kann am Ende ausmerzen, was uns zu eigenständigen Persönlichkeiten macht.

Und nun lassen Sie alles das bitte beiseite und kehren Sie zurück zu Ihren frühesten Kindheitserinnerungen. Wenn wir als Kinder unseren eigenen Interessen folgen dürfen, entdecken wir instinktiv, in welchen Bereichen diese liegen; ab der Pubertät werden diese Vorlieben häufig überlagert von den Erwartungen anderer. Denken Sie an Ihre Kindheit zurück, und fragen Sie sich:

- Womit habe ich mich beschäftigt, wenn ich allein war?
- Habe ich alleine gespielt, oder war ich lieber mit anderen zusammen?
- Mit welchem Spielzeug habe ich am meisten gespielt?
- (Wenn Sie gerne gelesen haben) Welche Bücher mochte ich am liebsten? Rätselbücher? Wahre Geschichten? Fantasy und Märchen?
- Auf welche Leistung war ich als Kind besonders stolz?
- Welche Rollenspiele mochte ich?
- Bei welcher Tätigkeit war ich am glücklichsten und fühlte mich am selbstsichersten?

Vielleicht staunen Sie über einige Ihrer Antworten –
und vielleicht stellen Sie fest, dass diese sehr weit von
Ihrem aktuellen Leben entfernt sind. Aber indem Sie
sich diese Fragen stellen, stellen Sie eine grundlegende
Verbindung zu sich selbst und Ihren Instinkten her,
ganz ohne die Überlagerung der Erfahrung. Damit
fangen Sie an, auf Ihr wahres Ich zu hören.

Als Kind interessierten mich immer Geschichten
von früher. Ich wollte wissen, *warum* etwas passierte,
wie die Menschen reagierten, *wie es sich anfühlte,* was
sie erlebt hatten. Ich vermute, mein Antrieb dabei war
unglaubliche Neugier – und heute sehe ich, dass diese
Neugier sich wie ein Muster durch mein ganzes Leben
zieht. Das war mir nicht immer bewusst, aber wenn ich
zurückblicke, sehe ich einen Faden, der mich als
Gramps' Zuhörerin mit mir als Lale Sokolovs Zuhörerin verbindet. Seit ich das verstanden habe, fällt es mir
sehr viel leichter, auch *mir selbst* zuzuhören.

Die besten Tipps, um sich selbst zuzuhören

- **Machen Sie Notizen.** Wie schon beschrieben,
  führte ich über meine Besuche bei Lale eine Tabelle,
  in der ich festhielt, wie unser Treffen verlaufen war,
  wie er auf mich gewirkt hatte. Und, ganz wichtig:
  Ich notierte auch, wie ich selbst mich an diesem Tag
  fühlte, weil ich ahnte, dass das genauso wichtig war.
- **Vertrauen Sie Ihrem Bauchgefühl,** und lernen Sie
  gleichzeitig, zwischen Instinkt und Impuls zu un-

terscheiden – daran habe ich jahrelang gearbeitet. Zählen Sie bis zehn, um zu »hören«, ob Sie richtig handeln. Lassen Sie die E-Mail über Nacht im Entwürfe-Ordner; schreiben Sie Pros und Kontras auf, bevor Sie eine wichtige Entscheidung treffen. Wer mich gut kennt, weiß, dass ich selbst diesen Tipp nicht immer ausreichend befolge!

- **Identifizieren Sie Ihren »Glücksort«,** und finden Sie einen Weg dahin, wenn Sie mit etwas Schlimmem konfrontiert sind. Ich habe immer Lales Hunden Tootsie und Bam Bam den Kopf gekrault, wenn ich von dem, was er mir erzählte, gestresst oder überwältigt war. Wenn ich unterwegs bin, hole ich oft mein Handy heraus und scrolle durch Bilder meiner geliebten Familie. Auch Musik kann mich in andere Zeiten und an andere Orte versetzen.
- **Akzeptieren Sie,** dass Ihre Empfindungen über eine Person, eine Situation und das, was Sie hören, nicht immer konstant bleiben. Wir verändern uns, wir wachsen, wir bleiben uns selbst manchmal eher treu und sind geduldiger als ein andermal. Manchmal gibt es gar keinen sichtbaren Grund dafür.
- **Wenn Sie keine Verbindung zu jemandem aufbauen können,** ist das nicht immer Ihr Fehler. Vielleicht liegt es auch am Gegenüber, oder wahrscheinlich kann gar keiner etwas dafür.
- **Denken Sie immer an das,** wofür Sie dankbar sein können – vielleicht schreiben Sie es auch auf. Vielleicht ist es einfach nur, dass Sie Kinder haben oder

dass Sie den Sonnenaufgang sehen können oder, in meinem Fall, den Sonnenuntergang – ich bin nämlich kein Morgenmensch.

Jedes Mal, wenn ich vor einer Entscheidung oder einer Gelegenheit stehe und nicht weiß, was ich tun soll, lenke ich meine Entscheidung, indem ich an das Kind zurückdenke, das ich gewesen bin, und an die unbeeinflussten Entscheidungen, die ich damals getroffen habe. Natürlich spielen jetzt auch praktische Aspekte sowie Verpflichtungen und Verantwortung für andere eine Rolle. Wir können also als Erwachsene sehr viel schwerer unbeeinflusste Entscheidungen treffen – und dennoch glaube ich: Um gute Entscheidungen zu treffen, ist es unabdingbar, auf sich selbst zu hören. Und wenn sich die Gelegenheit ergibt, jemandem zuzuhören, der eine Geschichte hat, dann nehme ich sie unbedingt wahr!

6 Wege in ein Narrativ der Hoffnung *oder* dem Narrativ gerecht werden

»Meine Mutter/Großmutter/mein Vater/Großvater will nicht mit mir reden, mir nichts von ihren/seinen Erfahrungen im Holocaust erzählen. Wie kann ich sie dazu bringen?«

Unzählige Male habe ich das zu hören bekommen. Wieder und wieder. Meine Antwort ist ganz einfach: Gar nicht. Ich habe einmal einen Freund von mir, einen etablierten Melbourner Psychiater, gefragt, ob ich Lale schadete, wenn ich ihn von derart emotionalen Erlebnissen erzählen ließ, zumal er noch über den Verlust von Gita trauerte. Dieser Freund wusste schon viel über meine Beziehung zu Lale. Er versicherte mir, dass ich Lale nicht schadete, denn er würde mir nie etwas erzählen, worüber er nicht von sich aus sprechen wollte. Das beruhigte mich sehr. Und wie gesagt weiß ich, dass Lale viel von seiner Geschichte mit ins Grab genommen hat. Mein Psychiater-Freund meinte, mehr Sorgen als um Lale mache er sich darum, ob ich mich auch gut um mich selbst kümmerte. Er merkte, wie sehr ich mich in unserer Freundschaft engagierte, und riet mir nachdrücklich, auf mich aufzupassen.

»Tu, was für euch beide richtig ist«, sagte er. »Du kannst gar nichts falsch machen, wenn du deinem Instinkt folgst und dich selbst schützt – dann schützt du Lale automatisch mit.«

Er sollte recht behalten.

In diesem Wissen nahm ich meine Verantwortung sehr ernst. Ich wusste, dass ich Lales Geschichte unbedingt so erzählen musste, wie er sie in Erinnerung hatte – es steht in diesem Buch nichts, was er mir nicht erzählt hat. Dennoch unterzog ich alles, was er mir sagte, einer sorgfältigen Prüfung, weil mir bewusst war, wie extrem sensibel dieses ganze Thema ist. Ich übernahm nur Einzelheiten, die ich in anderen Quellen überprüfen konnte. Doch auch wenn seine Geschichten nicht immer ganz zu den recherchierten Fakten passten, war ich mir zugleich bewusst, dass ich ja nicht *die* Geschichte des Holocausts erzählte, sondern *eine* Holocaust-Geschichte – Lales Geschichte eben.

Anfangs wollte ich Erinnerungen schreiben; ich ging sogar extra zu einem Memoir-Workshop (einen der fünf veranschlagten Tage). Nach dem einen Tag wusste ich, dass Stil und Aufbau eines Erinnerungsbuchs nicht zu dem passten, wie Lale sich seine Geschichte vorstellte. Ich sah Lales Geschichte auf der Leinwand vor mir, egal, ob klein oder groß. Da ich schon viele Kurse, Seminare und Workshops zum Drehbuchschreiben besucht hatte und wusste, wie man das anging, beschloss ich, so zu arbeiten. Erst nachdem ich mehrere Jahre lang über der Ausarbeitung des Skripts gesessen hatte, entschied ich, das Drehbuch in einen Roman umzuschreiben. Ich bin keine Historikerin, und die Geschichte des Holocausts wurde schon von so vielen brillanten Köpfen niedergeschrieben und aufgezeichnet; daher entschied ich mich für das fiktive Medium, um alles zu gestalten, was Lale mir in unserer dreijährigen Freundschaft erzählt hatte.

Lale entschied sich, mit mir zu reden, weil Gita tot war. Nur deshalb sprach er jetzt ausführlich über seine Erfahrungen im Holocaust. Dass er das nicht früher getan hatte, lag daran, dass sie einander geschworen hatten, ihre Vergangenheit nicht öffentlich zu thematisieren, weder allein noch gemeinsam. Das erzählte er mir bei unserer allerersten Begegnung. Er war ganz ruhig, absolut sachlich: Er konnte seine Geschichte jetzt erzählen, weil Gita tot war, aber ich musste mich mit dem Schreiben beeilen, weil er zu ihr wollte. Über die nächsten drei Jahre hinweg kamen wir immer wieder auf Gitas hartnäckige Weigerung zurück, über ihre Vergangenheit zu sprechen, und dann lehnte er sich zu mir herüber und flüsterte: »Wir haben uns nur unter uns erinnert, im Schlafzimmer.« Das erzählte er nur zu gern, und dabei stand ihm immer ein Zwinkern im Augenwinkel.

Erinnerungen an entsetzlichen Schrecken, sechzig Jahre lang nur im privatesten Umfeld erwähnt. Nicht auszudenken!

Lale schilderte, dass Gita die Vergangenheit hinter sich lassen wollte, dass sie immer fragte, wie sie gut und glücklich leben sollte, wenn sie dauernd über Birkenau, über den Verlust ihrer Familie redete. Von Lale und seinem Sohn Gary hörte ich immer wieder, wie wenig Gita vor Gary herausgelassen hatte; Lale war offener und unverblümter mit seiner Zeit als Tätowierer umgegangen. Ja, er und auch Gita hatten sich für die USC Schoah Foundation filmen lassen, aber als sie in diese Interviews einwilligten, dachten sie, diese Bänder wären nicht direkt fürs Publikum zugänglich. Abgesehen von diesen Interviews hatte Gita sehr wenig über ihre Erlebnisse berichtet. Auch die Freunde, die ich mit Lale kennenlernte, bestätigten, dass sie sich an den Gesprächen über den Holocaust nicht beteiligte. Sie hörte zu, sagten sie mir, aber stumm, sie erzählte nichts. Lale gestand mir, er habe sich durchaus mit seinen Freunden ausgetauscht, er wusste ja, dass sie dasselbe erlebt hatten und untereinander frei reden konnten, dass niemand urteilen würde, dass in dieser Gruppe Scham und Schuldgefühle unnötig waren. Wenn nach einem Sabbatmahl die Frauen zum Abwaschen in die Küche gingen (ich zitiere!), kamen die Männer häufig auf ihre gemeinsame Tragödie zu sprechen.

Dass Lale gleich nach Gitas Tod so dringend nach jemandem suchte, mit dem er reden konnte, zeigt, wie groß sein Bedürfnis war, der Welt von dem Mädchen zu erzählen – in Lumpen gekleidet, ungewaschen und mit geschorenen Haaren –, dessen Arm er hielt und das ihm das Herz stahl. Und er glaubte, wenn er sich zu Wort meldete und die Leute hörten, was er zu sagen hatte, würde es nie wieder einen Holocaust geben. Ich glaube, er spürte immer die Hand der Geschichte auf der Schulter, ihm war klar, dass er im Holocaust eine einzigartige Rolle gespielt hatte und dass es sich lohnte, daran zu erinnern. Er war hochintelligent und begriff, dass die noch übrigen Überlebenden gegen Ende ihres Lebens immer bereitwilliger das Wort ergriffen und dass es ein zunehmendes Bedürfnis bei den Leuten gab, diese Geschichten zu hören und daraus zu lernen. Fast war es, als fühlte er sich verpflichtet, seine Geschichte zu erzählen, bevor er »zu Gita« ging.

Bestimmt hatte Lale eigentlich nicht vor, zu erzählen, wie bewegend, wie traumatisierend die Ereignisse waren, die er miterlebt und selbst durchgemacht hatte. Anfangs wollte er mir wohl einfach nur die Fakten liefern, wie er sie in Erinnerung hatte. Erst als er wirklich Vertrauen zu mir gefasst hatte, gestattete er sich selbst, sich vor mir zu öffnen. Und von da an ließ er bis an sein Lebensende häppchenweise Geschichten heraus, die er so tief in sich vergraben hatte, dass er wohl selbst erschrak, als er sie laut aussprach. Wie schon erwähnt, hörte ich auf diese Weise zum ersten Mal von Cilka Klein.

Eines Tages waren wir einen Kaffee trinken gegangen (yeah!) und saßen mit mehreren seiner Freunde zusammen. Sie wussten inzwischen, dass ich über Lale schrieb, erzählten mir nun selbst mit viel Humor ihre Geschichten und fragten ihn augenzwinkernd: »Hast du ihr das schon erzählt? Ich wette, du hast ihr noch nicht erzählt, wie …« – oft ging es da um irgendwelchen Unfug, den die Männer angestellt hatten, woraufhin die anwesenden Frauen es gleich genauer wissen wollten. Bei diesen formlosen Kaffeebegegnungen erfuhr ich vor allem von Lales und Gitas Leben in Melbourne, ihrem Lebensstil, den Partys, die sie mit ihren Freunden gefeiert hatten. Wenn wir danach in Lales Wohnung zurückkamen und ich eine weitere Tasse

Kaffee ablehnte, bevor er in der Küche verschwand und sie ungefragt kochte (puh, gerettet), fiel mir auf, dass er in nachdenklicher Stimmung war. Leichtigkeit und Witzeleien waren vorbei. Als wir uns setzten, wandte er sich mir zu und fragte: »Habe ich Ihnen schon von Cilka erzählt?«

Ich erwiderte: »Nein, wer war das?«

»Sie war der tapferste Mensch« – er reckte den Zeigefinger –, »nicht das tapferste Mädchen: der tapferste Mensch, dem ich je begegnet bin.«

Als ich ihn bat, mir mehr von ihr zu erzählen, schüttelte er den Kopf, wandte sich ab, sah zu Boden. Seine Lippen zitterten. Ich beließ es dabei, schwenkte auf ein weniger schmerzliches Thema um – aber gleichzeitig sah ich, wie es in ihm arbeitete und dass es ihm ein Bedürfnis war, mir davon zu erzählen. In den nächsten Monaten berichtete er immer wieder von ihr, und jedes Mal schloss er mit den Worten: »Wenn Sie meine Geschichte fertig haben, müssen Sie Cilkas erzählen, ich will, dass die Welt von Cilka erfährt.«

Lale fehlten häufig die Worte für Cilkas Überlebenskampf in Birkenau. Das Wort »Vergewaltigung« konnte oder wollte er nicht verwenden. Stattdessen sagte er etwa: »Er zwang sie dazu.« Wenn ich fragte: »Wozu?«, wand er sich, wich meinem Blick aus und murmelte: »Na, mit ihm zu schlafen.« Er hob die Hand und sagte: »Er war da oben«, dann ließ er sie fallen: »Sie war hier unten. Wie hätte sie sich wehren sollen?« Er schüttelte den Kopf und murmelte wieder und wieder: »Es gab nichts, womit wir ihr hätten helfen können, sie retten vor diesem Schwein in Birkenau oder vor dem, was ihr hinterher passiert ist.« Dann sagte er: »Wenn Gita hier wäre, könnte sie es Ihnen erzählen, und das würde sie auch. Sie hat Cilka in der Slowakei besucht, als sie aus Sibirien zurück war, die Mädchen haben darüber geredet.«

Lale bekam seine Geschichte nicht als Roman zu lesen, aber er las sie in der ursprünglichen Form als Drehbuch. Nach einem Jahr hatte ich einen ersten Entwurf zu Papier gebracht, und als ich an seinem Geburtstag mit ihm Kaffee trank und ein kleines Stück Kuchen aß, das er in einem nahen Café gekauft hatte, überreichte ich ihm mein Geschenk. Er riss das Papier auf und legte mein erstes gebundenes Manuskript frei, das Drehbuch *Der Tätowierer von Auschwitz*. Den Kuchen schob er zur Seite (er war ohnehin kein großer Esser) und blätterte die Seiten durch. Doch er las nicht, er fuhr nur auf jeder Seite mit dem Finger über seinen und Gitas Namen. Er strahlte und grinste – dieses Lachen werde ich nie vergessen. Als ich ihn an diesem Abend verließ, drückte er sich immer noch das Manuskript an die Brust. Es war, als hätte ich ihm ein kleines Stück von Gita zurückgegeben, in geschriebenen Worten – den Worten, die er mir gegeben hatte.

Ich hatte das Glück, dass ein Melbourner Filmproduzent mein Skript optionierte. Das nächste Jahr über beteiligten diese Leute Lale an der Ausgestaltung meines ursprünglichen Skripts. Alle Änderungen und redaktionellen Eingriffe wurden ihm vorgelegt. Er gab gelegentlich weitere Änderungswünsche an, aber insgesamt war er hochzufrieden damit, wie ich seine Geschichte dargestellt hatte, und vor allem, wie ich über Gita geschrieben hatte. Er sagte nicht mehr jedes Mal, wenn wir uns trafen: »Ich muss zu Gita.« Jetzt wollte er noch so lange leben, bis seine Geschichte der Welt präsentiert wurde.

Leider kam es dazu nicht mehr. Er starb am 31. Oktober 2006 – drei Tage nach seinem 90. Geburtstag, drei Jahre nach unserer ersten Begegnung.

Es wäre falsch zu behaupten, dass Lale im Prozess des Erzählens den Schmerz ablegte, sein Trauma und die Schuldgefühle – bis ans Ende trug er unendlich schwer daran. Doch der Umstand, dass er mit mir darüber sprechen konnte, dass er wusste, dass seine Geschichte erzählt werden würde, hat meines Erachtens sehr wohl dazu beigetragen, ihm die Last etwas leichter zu machen, die er sein ganzes Leben lang mit sich herumschleppte. Mehrfach bekam ich aus erster Hand mit, wie das freie Sprechen, die Geborgenheit, das Wissen, dass ich seiner Geschichte gerecht zu werden versuchte, ihm neuen Lebensmut verlieh.

Fünf Wörter, die Lale mir ständig sagte, ließen mich stets aufblicken und die Ohren spitzen.

»Habe ich Ihnen schon erzählt …?«

Nach dieser Eröffnung folgte manchmal etwas, wovon ich noch nie zuvor gehört hatte. Mir kam das nicht immer gelegen, wenn ich eigentlich dachte, ich hätte seine Geschichte im Kasten, und mein aktueller Drehbuchentwurf gerade von anderen gelesen wurde.

Besonders verschmitzt sagte er mir eines Tages: »Habe ich Ihnen schon erzählt, dass ich ein Playboy war?«

Auf meine anfängliche gespielte Missbilligung reagierte er schnell mit dem Hinweis, er spreche von seinem Leben vor Gita. Und ihm zuzuhören, wie er von seinem »Playboy«-Leben in Bratislava vor seiner Deportation erzählte, von seinen feinen Maßanzügen, blitzblanken Schuhen, wohlfrisierten Haaren und seiner ganzen stolzen Erscheinung, war ein ehrliches Vergnügen. Er hatte so viele

Freundinnen, erzählte er mir. Sein guter Job warf genug Geld ab für Essen und Wein, Vergnügungen, die teure Garderobe, die er so liebte. Er schritt durch sein Wohnzimmer und vergaß mich, er kehrte zurück ins Damals, beschrieb sein Leben in allen Einzelheiten. Und was war das für ein Leben! Ein junger Mann, der jeden Moment, jede Gelegenheit auslebte, voller Hoffnung für seine Zukunft. Ich war froh, ihm Raum und die Geborgenheit zu geben, in der er von seinem Leben vor Auschwitz sprechen konnte – für ihn war es eine verlorene Zeit. Zu seinen leuchtenden Zukunftsträumen war er nie zurückgekehrt; der Holocaust hatte diese glücklichen Zeiten zunichtegemacht.

Staunend lauschte ich seinen Beschreibungen von den schönen Frauen und seinem sorglosen Leben, und mein Blick glitt von diesem freudig erregten 88-Jährigen zum Foto von Gita auf seinem Schränkchen. Wie unpassend es wirkte, dass er sich später ausgerechnet an diesem Ort verliebte und unter diesen Umständen. Häufig sagte er mir, er habe fest daran geglaubt, dass er Auschwitz-Birkenau überleben und sein altes Leben in Bratislava wieder aufnehmen würde. Bestimmt mit einer der schönen Frauen, die er dort kannte und zu denen er zurückzukehren hoffte? Er gestand mir, dass er nicht unbedingt mit jüdischen Mädchen ausging, dass viele seiner »Freundinnen« keine Jüdinnen waren. Nun aber hatte er die Hand dieses jungen, in Lumpen gekleideten Mädchens gehalten, und er sagte: »In dieser Sekunde wusste ich, dass ich nie eine andere lieben konnte.« Was genau hatte Gita, was unseren Playboy so verzauberte? Er meinte, es waren ihre Augen: Sie waren schwarz, sie waren lebendig, sie bohrten sich in ihn hinein, und er konnte nicht wegsehen. An diesem schrecklichen Ort des Todes sah er in diesen Augen Trotz und Überlebenswillen.

Als Lale sich weiter öffnete, wurde ich zwar häufig Zeuge seiner tiefen Qual, aber mir wurde auch immer bewusster, dass ihm das Erzählen ein Stück Heilung verschaffte. Für ihn war es eine körperliche und eine emotionale Heilung. Wieder zu lachen, mit seiner Gemeinschaft in Kontakt zu kommen, mit mir ins Kino und ins Café zu gehen, einzukaufen und für uns beide zu kochen, Zeit mit meiner Familie zu verbringen. Und dann gab es den Tanz mit Tootsie. Wie er die Vorderbeine dieses armen Hundes hielt und sich im Kreis drehte, während Tootsie ihm stolpernd folgte – ich sagte ihm oft, dass das für einen Mann in seinem Alter ganz schön gefährlich war.

Auch machte er diesen kleinen Hüpfer. Immer wenn er aufstand, machte er zwei Schritte, hüpfte leicht in die Luft und brachte die Knöchel zusammen. Zum ersten Mal sah ich den »Hüpfer« ein halbes Jahr nach Beginn unserer Freundschaft – und dann bis zum Ende seines Lebens. Ich glaube, er zeigte mir den Mann, der er vor dem Holocaust gewesen war, vielleicht einen Mann, der er mit Gita nie wirklich sein konnte, bei all dem, was sie gemeinsam durchgemacht und miterlebt hatten. Vielleicht half ich ihm gewissermaßen, wieder dieser Mann zu werden.

Auch wenn ich nun weiter Geschichten über Hoffnung, Mut, Liebe und Überlebenswillen aufschreibe, konzentriere ich mich ganz darauf, auf die Person aufzupassen, die mir ihre Geschichte erzählt, auf mich zu achten, und ich bemühe mich, beim Erzählen dieser Geschichten immer den Betroffenen und ihrem Narrativ zu folgen. Es ist ein solches Privileg, im Wohnzimmer ganz gewöhnlicher Menschen zu sitzen, die außergewöhnliche Zeiten erlebt haben, bei ihnen zu sein, wenn sie sich aufmachen zu einer Reise durch ihre Erlebnisse. Und durch die allmählich vertiefte Bekanntschaft mit ihnen und ihren Familien, auch durch das wechselseitige Erzählen von meiner eigenen Familie, sind lebenslange Freundschaften entstanden, die mein Leben unendlich bereichern.

Kürzlich war ich ein zweites Mal in Israel bei der Familie, deren Geschichte ich als Nächstes erzählen möchte. Diesmal hatte ich Schekel dabei: Ich kannte mich nun schon ein bisschen aus mit den Regeln, die in Israel herrschen. Die Bekanntschaft mit dieser wunderbaren Familie ist zu einer der großen Freuden in meinem Leben geworden.

Das Erste, was mir auffiel, als ich Livias Wohnung betrat, war das große Puzzle auf ihrem Esstisch. Ich brauchte nicht lange, um mich darauf zuzubewegen und Livia zu sagen, wie gern ich selbst puzzelte. Damit schalte ich vom Schreiben ab. Bei nichts kann ich mich so sehr selbst vergessen, als wenn ich mich über tausend winzige Pappteilchen beuge, die mich anflehen, sie zusammenzusetzen, aus dem Chaos ein Ganzes zu schaffen. Ein Buch zu lesen oder einen Film anzuschauen, bringt mein Gehirn nicht so gut herunter wie ein Puzzle. Ordnung aus dem Chaos? Winzige Teilchen zu einer ganzen Geschichte zusammensetzen? Die Interpretation überlasse ich Ihnen.

Als ich das Livia gegenüber erwähnte, war sie auf der Stelle meiner Meinung. Unwillkürlich nahm ich ein Puzzleteil in die Hand und fing an zu suchen, wo es wohl passen würde, bevor mir klar wurde, was ich eigentlich tat. »Machen Sie ruhig weiter«, sagte sie. Egal, wer von ihrer Familie sie jeden Tag besucht, alle setzen sich nach der Begrüßung erst einmal an das Puzzle, das sie gerade in Arbeit hat, und legen ein oder zwei Teile an, bevor sie wieder gehen.

Eine Woche später verbrachten wir meine letzten paar Stunden bei dieser Frau damit, uns gegenüberzusitzen und einander im Anlegen von Puzzleteilchen zu übertrumpfen. Dabei redeten wir über unsere Familien und verglichen unser Leben mit dem Puzzle, das vor uns lag: kompliziert, aber letztlich lohnend. Über diese eine Gemeinsamkeit, unsere Puzzlesucht, lernte ich diese Frau auf einer ganz anderen Ebene kennen als die Frau, die Angst und Schrecken überlebt hatte. Ich sah, mit welcher Ruhe und Konsequenz sie ein kleines Puzzleteil musterte, es über die Vorlage hielt und entweder an seinen Platz steckte oder es sorgsam zur Seite legte, um es später wieder zur Hand zu nehmen. Unser Gespräch kreiste um ihre jahrzehntelange Hoffnung auf ein gutes Leben für ihre Kinder und inzwischen auch für ihre Enkel und Urenkel. Sie sei stolz, ihre Geschichte zu erzählen, sagte sie mir, und sie hoffe, bei anderen damit etwas zu bewirken. Und ich bin stolz, wenn ich ihre Geschichte über Hoffnung und Resilienz erzählen kann. Ich habe es schon oft gesagt – meine Bücher sind nicht meine Geschichten, es sind die Geschichten von Lale, Cilka und hoffentlich bald auch von diesen drei wunderbaren Schwestern.

Eines, was mir jede und jeder Überlebende gesagt hat, war: »Ich hatte Glück.« Vielleicht klingt das merkwürdig – inwieweit hat man Glück, wenn man seiner Religion wegen im Holocaust verfolgt wurde?

Im April 2018 war ich beim alljährlichen Marsch der Lebenden in Auschwitz. Gemeinsam mit Tausenden Männern und Frauen, Mädchen und Jungen zogen wir von Auschwitz nach Birkenau. Wir saßen an einem schönen Frühlingstag im Gras, während Würdenträger und Politiker von der Notwendigkeit sprachen, nie zu vergessen. Nie wieder.

Als die Eingangsmusik des offiziellen Teils zu Ende war, sprach als Erster ein älterer Herr. Er trug die blau-weiß gestreifte Häftlingskleidung. Dem Programm war zu entnehmen, dass er als polnischer Gefangener hier gewesen war, wo ich saß, und jetzt in den USA lebte. Mühsam trat er ans Mikrofon, an seiner Seite seine Enkelin, die ihn emotional und körperlich stützte (zweimal wäre er beinahe gestürzt, konnte sich aber fangen und bestand darauf weiterzusprechen).

Ich saß im Gras und inspizierte jeden Halm davon. Hatten Gita und die anderen Mädchen hier gesessen und nach vierblättrigen Kleeblättern gesucht? Ich suchte, bis die Worte des alten Mannes mich innehalten und zur Bühne aufblicken ließen.

Ich weiß nicht, was ich eigentlich erwartete, was er sagen würde, wahrscheinlich etwas über seine Zeit hier vor beinahe 75 Jahren, aber davon sagte er kein Wort. Er begann mit Worten des Danks und Lobs für den amerikanischen Produzenten und Regisseur Steven Spielberg. Er sprach davon, wie stark Spielberg mit seinem Film *Schindlers Liste* (1993) dazu beigetragen hatte, die Geschichte des Holocausts lebendig zu halten. Es ging immer weiter so, er drängte uns alle zu einem Applaus für ihn – bestimmt zehnmal nannte er Spielbergs Namen.

Natürlich hält dieser Film neben vielen anderen die Erinnerung an die Geschichte des Holocausts wach. Ich hatte das Privileg, Thomas Keneally kennenzulernen und mit ihm auf der Bühne zu stehen – dem Mann, der die literarische Grundlage zu Spielbergs Film geschrieben hatte; Keneally ist für mich ein australischer Held. Doch wenn ich an Spielberg denke, fällt mir nicht nur der Film ein; für seinen größten Verdienst halte ich das, was er nach dem Film getan hat, um das Narrativ des Holocausts lebendig zu halten: die Gründung der USC Schoah Foundation.

Dazu schickte er Kamerateams in weit entfernte Länder und zeichnete die Geschichten einzelner Überlebender auf; er gab ihnen, ihrer Resilienz und ihrem Mut eine Stimme und die Gelegenheit, ihre Geschichte zu erzählen. Viele Überlebende sagten auch zu mir: Es gibt keine zwei Menschen, die dieselbe Geschichte erzählen. Jeder hat den Holocaust anders erlebt, hat anderes durchgemacht. Je nach persönlichem Hintergrund fand jeder zu einer einmalig individuellen Interpretation der Ereignisse. Niemandes Geschichte ist besser oder wahrer als eine andere. Natürlich gleichen sich viele Erfahrungen auf unvermeidliche, furchtbare Weise, insbesondere wenn es um miterlebte Gräueltaten geht; doch anerkannt und erzählt werden muss das persönliche Leid, nicht nur das kollektive.

Zwei der drei Schwestern, deren Geschichte ich demnächst erzählen werde, machten dieselben schrecklichen Erfahrungen, aber eine beschreibt, wie sie sich die meiste Zeit, die sie in Birkenau verbrachte, in einem »Zombie«-artigen Zustand befand. Ein Psychiater würde das als »Dissoziation« bezeichnen: Das Bewusstsein befreit sich von Gefühlen und Emotionen, um mit schwerem Stress oder Traumatisierung fertigzuwerden. Die andere Schwester dagegen riss weit die Augen auf. Sie erinnert sich an jedes Detail und kann beschreiben, wie sie reagierte, wie sie ihre kleine Schwester hinter sich herzog, nach ihr suchte, für sie sorgte.

Ich komme zurück auf die vielen Kinder und Enkel, die mir erzählt haben, wie dringend sie sich wünschen, dass der oder die Holocaust-Überlebende in ihrer Familie davon spricht, ihre oder seine Geschichte erzählt, und wie selten sich Angehörige von Holocaust-Überlebenden in der Lage fühlen, danach zu fragen, oder wie oft ihre Fragen brüsk abgewiesen werden.

Ich bin selbst Mutter, Großmutter. Ich glaube nicht, dass ich je meinen Kindern oder Enkeln in die Augen blicken und erzählen könnte, was ich in meinem Leben Schlimmes durchgemacht habe. So habe ich meinen Kindern auch nur widerwillig von dem Horror erzählt, den ich von Lale Sokolov erfuhr – ich wollte sie vor der indirekten Traumatisierung schützen.

Meine Begegnung mit den Angehörigen der drei Schwestern und Holocaust-Überlebenden war extrem bereichernd für mich. Zum ersten Mal verbrachte ich Zeit mit Nachkommen der ersten und zweiten Generation, die von Kindheit an im Detail die Geschichten dieser tapferen Mädchen kannten. Sie erzählten mir, dass sie in Selbsthilfegruppen von Überlebenden-Kindern Neid auf sich zogen, weil diese Frauen sich entschlossen hatten, von ihren Erlebnissen zu erzählen. Die gegenseitige Liebe dieser Angehörigen war mit Händen zu greifen. Ich glaube, ihre Liebe zueinander verdanken sie der Ehrlichkeit und Offenheit, die ihre Eltern ihnen gegenüber gezeigt hatten, indem sie ihre Geschichten erzählten – immer angepasst an das jeweilige Alter und in kindgerechter Sprache.

Für mich war offensichtlich, dass diese Familie das

Trauma, das ihre Eltern durchgemacht hatten, verarbeitet hatte. Ihre schmerzliche Vergangenheit sollte nie vergessen werden, sie wurde häufig besprochen und immer wieder thematisiert. Hut ab vor dieser Tapferkeit.

Es muss immer dem Individuum überlassen bleiben, worüber gesprochen wird und was unausgesprochen bleibt. Dankenswerterweise hat Steven Spielberg dafür gesorgt, dass heute Tausende Zeugenberichte von Überlebenden existieren, und die individuellen Holocaust-Geschichten dürfen nie in Vergessenheit geraten. Diese Videos geben ihren Machern und auch uns Hoffnung, dass auch in den dunkelsten Zeiten der Geschichte die Menschen zusammenhielten und hofften, durch ihr Überleben Generationen von der Hoffnung zu berichten, die sie in sich trugen. Die Hoffnung stirbt zuletzt. Ja, wie einst die junge Frau im Krankenhaus zu ihrer Mutter sagte: »Das Sterben dauert nur Sekunden, die übrige Zeit leben wir.«

Mit jedem Atemzug leben wir.

Ich entschied mich, Lales Geschichte zu fiktionalisieren, weil ich sie so weitergeben wollte, wie er sie mir erzählt hatte. Es ging ja um *seine* Geschichte und nicht um meine Version davon, und daher blieb ich bei seiner Erzählung, bei seinem Narrativ, indem ich seine Erlebnisse nachbildete. Das Einzige, was ich nicht imitieren konnte, war sein köstlicher osteuropäischer Akzent, seine Art, Wörter zu verdrehen oder so durcheinanderzubringen, dass wir beide lachen mussten. Er lachte sehr gern über sich selbst. Da wir keinen Termin hatten, hatte auch keiner von uns irgendeinen Zeitdruck, weder er beim Erzählen noch ich beim Zuhören.

Sich die Zeit zu nehmen, jemandem wirklich zuzuhören und seine Geschichte aufzunehmen, erfordert Geduld und

Ausdauer. Vor ein paar Jahren las ich einen Artikel über die bevorstehenden Olympischen Spiele. Es ging darin um die Kosten für den Schutz von Athleten und Begleitern. Im letzten Absatz war die Rede von den Olympischen Spielen in Melbourne 1956 und dem damals noch sehr kleinen Sicherheitsteam. Der Security-Chef war zu der Zeit gerade erst 23 Jahre alt. Mich faszinierte diese Geschichte, ich wollte mehr darüber erfahren; ich rechnete schnell nach und befand, dass der Mann vielleicht noch lebte. Nachdem ich in Melbourne alle Personen mit diesem Namen angerufen hatte, wurde ich schließlich fündig. Ich fragte den älteren Herrn am anderen Ende der Leitung, ob ich wohl vorbeikommen und mit ihm über die Spiele von 1956 sprechen könnte. Leider hatte er nicht vor, über damals zu sprechen, Staatsgeheimnis und so weiter, aber am Ende rang ich ihm doch noch einen gemeinsamen Kaffee ab.

Lale war gestorben, und ich hatte jetzt sonntags frei. Beinahe ein Jahr lang ging ich zwei- bis dreimal im Monat zum Kaffeetrinken mit diesem Mann, der bei der Olympiade 1956 Security-Chef gewesen war. Wir saßen gern zusammen, der Kaffee war viel besser als der von Lale, aber er hielt mich sehr hin und ließ nur sehr wenig heraus.

Eines Tages rief er aus heiterem Himmel an und sagte, es gehe mit seiner Gesundheit bergab und er wolle mir alles erzählen. Ich vereinbarte mit dem Verwalter des Austragungsortes der Spiele, dass wir Zugang bekämen, und mit meinen Kindern als Kamerateam nahmen wir mehrere Stunden lang seine Geschichte auf. Die Spiele von 1956 wurden auch als »Friendly Games« bezeichnet, aber sie fanden auf einem Höhepunkt des Kalten Krieges statt, zeitgleich mit dem Einmarsch der Sowjetarmee in Ungarn und mit der Suezkrise.

Lügen, Spionage, Mord und Entführung waren Realität. Dieser eine Mann stand an vorderster Front bei alldem. Er sah die Entführungen, saß mit den Politikern zusammen, die mit allen Mitteln zu vertuschen suchten, was da in unserer Stadt los war. In der untersten Schublade meines Schreibtischs liegt ein Drehbuch zu dieser Geschichte. Vielleicht erblickt sie eines Tages das Licht der Welt.

Wie für Lale war es für diesen Mann fast im therapeutischen Sinn befreiend, seine Geschichte zu erzählen. Ich sollte noch viele wunderschöne Momente mit ihm verbringen, bevor er starb. Ich hörte auch, was er nach den Spielen noch erlebte, und wie Lale wollte er mir vor allem von der Liebe zu seiner Frau und der gemeinsamen Familie erzählen. Da ich bei jedem Besuch bei ihm auch Zeit mit seiner Frau verbrachte – in Wirklichkeit machte nämlich sie den leckeren Kaffee –, begriff ich auch seine anfängliche Zurückhaltung. Er hatte ein herrliches Leben gehabt im Kreis seiner Lieben, er brauchte nicht zurückzublicken; aber wie so oft entschied er sich gegen Ende, doch zu reden. Ich entschied zuzuhören, und es hat mich bereichert, ihn zu kennen und seine Geschichte zu hören.

Die Welt ist groß; Ihr Umfeld, Ihre Nachbarschaft sind klein dagegen. Geschichten wie die, die ich erzählt habe, finden sich immer und überall bei den Menschen, mit denen wir zusammenleben. Wenn Sie sich hingezogen fühlen, wenn Sie denken, es könnte eine Bereicherung für Sie sein, Menschen außerhalb Ihres engsten Bezugskreises kennenzulernen, Zeit mit ihnen zu verbringen, ihnen zuzuhören, dann werden Sie vielleicht feststellen, dass das Ihr Leben verändert – sehen Sie sich einfach um.

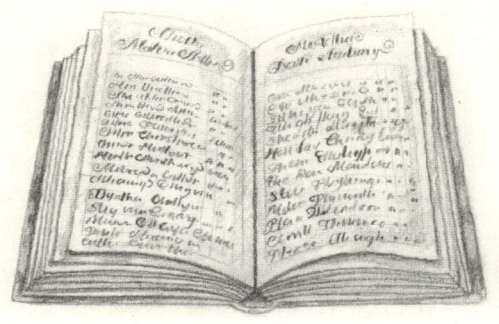

7 Cilkas Schicksal – auf die Geschichte hören

Nach der Veröffentlichung des *Tätowierers von Auschwitz* erhielt ich Zuschriften aus aller Welt. Die Menschen schrieben mir, wie sie Lales und Gitas Geschichte liebten, aber viele fragten auch: »Was wurde aus Cilka?« Die Leute wollten es wissen, und ich wollte es ihnen sagen. Ich musste mein Versprechen an Lale halten, Cilka Kleins Geschichte aufzuschreiben – sie wurde zu dem Roman *Das Mädchen aus dem Lager*.

Ich hatte bereits recherchiert: Ich hatte mit Überlebenden gesprochen, die Cilka in Birkenau kannten, und ich hatte in Moskau eine professionelle Rechercheurin engagiert, die alle Dokumente und Informationen über den Gulag Workuta sammeln sollte, das »Besserungsarbeitslager«, in das Cilka bei Kriegsende geschickt wurde. Was mir fehlte, waren aber Details zu Cilkas Leben in der Slowakei, sowohl vor

Auschwitz als auch nach ihrer Freilassung aus Sibirien. Auskunft zu Lales und Gitas Leben gaben mir seine eigenen Aussagen und meine Freundschaft zu ihm; zu Cilka hatte ich nur die Erinnerungen anderer. Ich wollte sie besser kennenlernen. Ich wollte wissen, wo sie herkam, wollte die Wege gehen, die sie gegangen war. Ich musste ihre Geschichte aus erster Hand hören.

Es war nicht meine erste Reise in die Slowakei. Meine wunderbaren Rechercheure – meine *Freunde* – aus Lales Heimatstadt Krompachy hatten Begegnungen für mich organisiert, Besuche an verschiedenen Orten, Einsicht in Dokumente, damit ich alles über das Mädchen namens Cilka herausfinden konnte. Bei einem Zwischenstopp in London stieß meine Verlegerin Margaret zu mir, und gemeinsam flogen wir nach Košice.

Der Fahrer der Bürgermeisterin von Krompachy, Peter, holte uns ab und fuhr uns zum Rathaus von Krompachy, wo uns die Bürgermeisterin, der stellvertretende Bürgermeister und die beiden Frauen empfingen, die in meinem Auftrag versucht hatten, Einzelheiten über Cilka herauszufinden. Anna, die Stadthistorikerin, eine Frau weit über siebzig, aber voller Lebhaftigkeit und Begeisterung, empfing mich mit einer herzlichen Umarmung. Wir hatten uns ein Jahr zuvor in Auschwitz kennengelernt. Sie war gemeinsam mit 25 weiteren Bürgern aus Lales Heimatstadt dorthin gereist, als sie hörten, ich würde am Marsch der Lebenden teilnehmen; aber das ist eine andere Geschichte. Anna hatte Lenka dabei, ihre Schwiegertochter, eine hübsche junge Frau, die 15 Jahre in Irland gelebt hatte. Wie sie mit dem schönsten irischen Akzent sowohl Englisch als auch Slowakisch sprach, war einfach nur köstlich anzuhören.

Im Büro der Bürgermeisterin wurde Margaret mit *Sliwowitz* bekannt gemacht. Ich war dem Pflaumenbrand bereits begegnet, wir waren schon alte Freunde – und ich sah dem Wiedersehen mit Angst und Freude entgegen. Der erste Schluck verbrannte mir wie immer die Kehle, raubte mir den Atem, schmeckte aber so viel besser, als ich ihn schließlich so trank, wie es sich gehörte: auf Ex! Auch Kaffee und Kuchen standen bereit und federten die Wirkung des Alkohols teilweise ab. Bei einem Spaziergang durch die Stadt machten wir beim Holocaust-Denkmal halt, das wir gemeinsam finanziert hatten. Von da aus ging es in ein Restaurant, in dem Margaret mit der slowakischen Küche Bekanntschaft machte.

Natürlich begleitete uns unser Freund *Sliwowitz* auch zum Essen.

Nach der Rückkehr nach Košice fielen wir direkt ins Bett.

Am nächsten Morgen holten uns Peter, Anna und Lenka ab. Wir kannten den Namen der Stadt, in der Cilka geboren war: Sabinov, und den Namen der Stadt, von der aus sie und ihre Familie die verhängnisvolle Fahrt nach Auschwitz antreten mussten: Bardejov.

Lenka hatte uns in großartiger Arbeit Zugang zu Dokumenten über Cilkas Geburt verschafft. In Holocaust-Datenbanken hatten wir einen Eintrag zu ihr gefunden, und wir waren ziemlich sicher, dass wir ihren Vater und eine Schwester identifiziert hatten. Doch erst ein Blick auf ihre Geburtsurkunde konnte uns die tatsächlichen Verwandtschaftsverhältnisse bestätigen.

Am Rathaus von Sabinov ließen wir Peter das Auto parken, während Lenka, Anna, Margaret und ich schon hineingingen. Den Flur hinunter, einen anderen hinauf, um mehrere Ecken, bis wir schließlich an der Tür klopften, hinter der eine Beamtin uns Cilkas Geburtseintrag zeigen sollte. Sie saß an einem großen Schreibtisch, gegenüber standen zwei Stühle. Vor ihr lag ein dickes Buch mit einem schönen alten Ledereinband. Lenka und ich setzten uns auf die beiden Stühle, und sie drehte das Buch um und zeigte uns den Eintrag, den wir suchten. Das Erste, was mir auffiel, waren die großen weißen Papierbögen, die die Einträge über und unter Cilkas abdeckten. Mir war klar, dass mich die Namen in den anderen Einträgen auf der Seite nichts angingen – bei mir waren ihre Daten jedenfalls sicher, denn ich verstand nicht ein Wort Slowakisch.

Anna und Margaret beugten sich über unsere Schulter, während Lenka die Einzelheiten vorlas und ich die Augen aufriss. Meine Bitte, mit meinem Handy ein Foto machen zu dürfen, wurde scharf abgewiesen. Lenka las die Einzelheiten vor, und Anna schrieb mit – das durften wir:

17. März 1926
Cecilia [Cilka ist eine Abkürzung von Cecilia]
Mädchen
Vater Mikuláš Klein – jüdisch – 28 Jahre
Mutter Fany Blech – jüdisch – 22 Jahre

Eine gestochene Handschrift hielt die genauen Details zu Cilkas Geburt fest. Sofort erkannten wir den Namen ihres Vaters als den aus den Datenbanken. Neu war uns, dass ihre Mutter Fany hieß. Für beide waren die Geburtstage vermerkt, und als Staatsangehörigkeit stand beim Vater Ungarisch. Am unteren Ende des Eintrags war in einer anderen

Schrift und mit einem anderen Stift noch etwas dazuge-
schrieben worden – wir ignorierten das zunächst und be-
fassten uns nur mit diesen Informationen.

Mit Lenka als Dolmetscherin erzählten wir der Beamtin
von Cilka und dem Buch, an dem ich arbeitete. Nachdem sie
anfangs etwas frostig gewesen war, fing sie nun an, nachzu-
fragen und sich für Cilkas Geschichte zu interessieren. Als
sie anbot nachzusehen, ob sie auch die Heiratsurkunde von
Cilkas Eltern hatte, antworteten wir im Chor: »Ja, bitte!«
Sie brauchte nur an den Schrank an der Rückwand zu gehen; er enthielt die Standesamtsregister aus der Zeit, in der
Mikuláš und Fany ungefähr geheiratet haben mussten.

Als sie sich zu den Schränken umwandte, schob ich
schnell die weißen Papierbögen über den anderen Einträgen zur Seite. Ich blätterte vor und zurück, überflog die
Seiten, ob noch andere Einträge Zusätze enthielten wie
Cilkas. Ich sah keine. Ich bat Lenka, mir den Zusatzeintrag
vorzulesen, und ich war froh, dass ich schon saß, als sie das
tat: Die Notiz besagte, dass Cecilia Klein 1958 in diesem
Büro in Sabinov ein Dokument der Regierung in Bratislava vorgelegt hatte, das sie als Bürgerin der Tschechoslowakei auswies.

Bis zu diesem Moment hatte es eine unschöne Diskre-
panz gegeben, die sich aus den Datenbanken zu Überlebenden und Opfern des Holocausts ergab. Cilka war dort
als »in Auschwitz ermordet« ausgewiesen, was aber, wie ich
von Lale wusste, nicht stimmte. Sie hatte sowohl Auschwitz-Birkenau als auch den Gulag Workuta überlebt, war
heimgekehrt und hatte den Rest ihres Lebens im slowakischen Košice verbracht. Cilka und Gita blieben nach dem
Umzug nach Australien in Kontakt, und Gita hatte Cilka

mehr als einmal besucht, als sie mit ihrem Sohn Gary in die Slowakei reiste. Hier aber hatten wir einen echten schriftlichen Beweis dafür, dass sie überlebt hatte. Cilka hatte sich die Mühe gemacht, in ihre Geburtsstadt zu fahren und ihren Geburtseintrag ergänzen zu lassen. Warum wohl, fragten wir uns. Vielleicht musste sie ihre Identität nachweisen, entweder um eine Arbeitsstelle zu bekommen oder um zu heiraten – beides hat sie tatsächlich getan.

»Ich habe es!«, meldete die Beamtin, hob einen weiteren dicken Band auf den Tisch und drehte ihn uns hin. Diesmal war sie entspannt und machte sich nicht die Mühe, andere Namen abzudecken – sie war jetzt genauso aufgeregt wie wir.

Wir lasen: Am 19. Juni 1919 heiratete Mikuláš Klein Cecilia Blech – ja, Cecilia, nicht Fany, die als Cilkas Mutter verzeichnet war. Da machte die immer sehr aufmerksame Margaret einen Kommentar zum Hochzeits- und zu Cilkas Geburtsdatum: Dazwischen lagen sieben Jahre. Heute würde es keinen wundern, wenn ein Paar erst sieben Jahre nach der Hochzeit Kinder bekommt, aber für Anfang des 20. Jahrhunderts erschien uns das ungewöhnlich. Sie fragte die Beamtin, ob wir im Geburtenregister zurückblättern und nachsehen dürften, ob Mikuláš und Fany noch weitere Kinder hatten.

Tatsächlich war am 23. August 1924 Magdalena geboren; stolz hatte Mikuláš die Geburtsanzeige seiner neugeborenen Tochter unterschrieben. Wir blätterten weiter zurück. Am 29. Dezember 1921 war Olga verzeichnet, doch der Name der Mutter lautete hier Cecilia. Dies war der erste Eintrag, den Mikuláš als stolzer Vater unterschrieben hatte.

Wir freuten uns zu erfahren, dass Cilka zwei ältere

Schwestern hatte, aber gleichzeitig verstanden wir nicht, warum als Olgas Mutter der Name Cecilia verzeichnet war, bei Magdalena und Cilka aber Fany. Zurück bei Cilkas Eintrag, sahen wir jetzt, dass nicht Mikuláš sie angemeldet hatte, sondern ihre Großmutter Roza Weisz. Später erfuhren wir, dass Mikuláš' erste Frau Cecilia vier Monate nach Olgas Geburt gestorben war. Er heiratete daraufhin Cecilias Schwester Fany, die Mutter von Magdalena und Cilka – damals ein ganz üblicher Vorgang. Wir können nur spekulieren, warum Cilkas Großmutter ihre Geburt anzeigte, aber jedenfalls gab sie ihrer Enkelin den Namen ihrer verstorbenen Tochter.

Die Puzzlestücke passten zusammen.

Nächster Schritt: Bardejov, wohin die Familie bald nach Cilkas Geburt gezogen war; wir wussten auch, dass sie von dort aus mit dem Zug nach Auschwitz deportiert wurde. »Das ist nur eine Stunde von hier«, sagte Lenka zu Margaret und mir, als wir fragten, wie lange es dauern würde, dorthin zu fahren. Die ostslowakischen Städte Krompachy, Sabinov, Bardejov und Vranov – ich kenne sie inzwischen alle ganz gut – sind alle nur eine Stunde von Košiče und genauso weit voneinander entfernt.

Wieder hatte Lenka gezaubert, und das Schulamt in Bardejov hatte uns einen Einblick in Cilkas zwei letzte Schulzeugnisse gestattet. Wieder betraten wir ein Büro und standen vor einer argwöhnischen Beamtin, die ein dickes Konvolut umklammerte. Unsere Personalausweise wurden verlangt, vorgezeigt, mitgenommen und wahrscheinlich kopiert. Erst dann kam das Buch auf den Tisch, und wir durften hineinsehen.

Wieder fesselte Cilkas Geschichte eine Beamtin, und im

Nu stöberte sie in dem Buch nach den Schulzeugnissen von Magdalena und Olga. Vorsichtig fragte ich, ob ich sie wohl fotografieren dürfe, und diesmal durfte ich. Margaret und ich holten unsere Handys heraus und knipsten los. Lenka und Anna übersetzten die Zeugnisse. Und das erfuhren wir: Cilka war ein aufgewecktes Kind mit sehr guten Noten in Sport und Mathematik. Als Religion war vermerkt: israelitisch. Unter Mikuláš' Beruf stand Fahrer und Angestellter.

Zurück in der Hitze und der hellen Sonne auf der Straße, mussten wir nur ein paar Hundert Meter weit gehen, bis wir vor dem Haus standen, in dem Cilka und ihre Familie gelebt hatten – bis sie es eines Tages verlassen mussten.

Auf dem Weg zu dieser Adresse war die Straße menschenleer, wahrscheinlich wegen der extremen Hitze, bei der kein vernünftiger Mensch sich draußen hätte aufhalten sollen. Als wir auf das Haus zukamen, hörten wir Musik, vielleicht aus einem Radio, und dazu Stimmen, die laut mitsangen.

Ich ging bewusst auf die gegenüberliegende Straßenseite, weil ich das Gebäude als Ganzes wahrnehmen wollte: das Dach, die Lage der Fenster und Türen. Von gegenüber sah ich auch die Sänger – zwei Arbeiter, die im Nachbarhaus Dachbalken ersetzten. Anna flüsterte mir zu, dass sie ein ukrainisches Volkslied sangen. Sie erinnerte uns daran, dass wir nicht weit von der ukrainischen Grenze entfernt waren und dass die Menschen in Bardejov Ukrainisch konnten, außerdem Ungarisch und womöglich noch Polnisch. Wieder einmal war es mir peinlich, wie schlecht ich in Fremdsprachen war. Ich bewunderte meine vielsprachigen Begleiterinnen. Und endlich verstand ich auch, wie Cilka in

Workuta zurechtgekommen war – sie hatte einfach schon gute Russisch-Grundlagen.

Ich ließ Cilkas Haus auf mich wirken, ein pastellgrünes Landhaus mit weißen Fenster- und Türrahmen, ordentlich unterhalten, mit einem direkten Zugang auf die gepflasterte Straße. Über der Eingangstür konnten die Bewohner durch zwei Mansardenfenster auf die Straße herunterblicken. Ich fragte mich, ob eines davon zu Cilkas Zimmer gehört hatte. Neben der Haustür gab es etwas zurückgesetzt eine hölzerne Doppeltür; hier ging es wohl in den Hof hinter dem Haus.

Ich berührte die Haustür. Eine neue Tür, wohl nicht die, die Cilka und ihre Familie aufmachten, um in ihr sicheres Heim zu treten. Hatten sie immer weiter gehofft, eines Tages hierher zurückzukehren?

Ich glaube, Cilka tat das.

Der Fußweg zur Synagoge war anstrengend, es ging durch die Hitze, ohne Schatten auf der Straße. Wir wurden von einem Mitglied des Jüdischen Kulturvereins empfangen. Er sollte uns die alte und die neue Synagoge (aus den 1950er-Jahren) zeigen. Auf dem Weg zu dem kleinen, einfachen neuen Bau hörten wir aus dem Inneren schöne, ergreifende Musik. Wir traten an die Türen zum Gebetsraum, dann blieben wir im Rahmen stehen, erstarrten, während die Musik uns umhüllte und wir auf einen Chor von etwa zwanzig Jungen und Mädchen blickten, begleitet von einem Streichquartett. Ihre glockenhellen Stimmen hallten von den Mauern zurück und landeten tief in meiner Brust.

Instinktiv tasteten Margarets und meine Hände nacheinander, trafen sich, und wie gebannt starrten wir auf die

Szene vor uns. Ich spürte, wie mir langsam die Tränen über die Wangen rannen. Als das Lied zu Ende war, sah ich, wie auch Margaret sich Tränen aus den Augen wischte. Lenka und Anna umarmten uns angesichts unserer emotionalen Reaktion auf diesen unerwarteten Anblick. Das war ein slowakisches Liebeslied, erklärte uns Anna.

Wir blieben und hörten noch ein Lied, ohne dass die Musiker von uns Notiz nahmen. Unser Führer wollte weiter, und wir folgten ihm nach oben auf eine kleine Empore. Hier waren Fotos ausgestellt, Bilder von kleinen Kindern – die einzigen Überreste der jüdischen Gemeinschaft in Bardejov vor 1942.

Draußen nahmen wir das Dutzend Stufen, die uns mit der alten Synagoge verbanden. Ich erwartete Dunkelheit, aber als die Tür aufging, begrüßte uns blendendes Licht. Ein Teil des Dachs fehlte, und die Sommersonne schien in die Ruine hinab. Auch ein Teil des Fußbodens fehlte, unter den verbliebenen Dielen lag der Dreck. In einer Ecke standen ein paar übrige Bänke. Wir sahen auf zu der Empore, auf der Cilka, ihre Mutter und Schwestern Platz nahmen, während ihr Vater unten betete. Ein zerstörtes Gebäude als Denkmal für zerstörte Leben – und doch zeugte es noch von der spirituellen Kraft, die es einst vielen Menschen verlieh.

Einen Ort hatten wir noch zu besichtigen. Hinter einem abgesperrten Tor betraten wir einen Garten mit grünem Gras, bunten Blumen und einer Marmormauer. Wir gingen an der Wand entlang und suchten nach den Namen, von denen wir hofften, wir würden sie nicht finden – aber wir fanden sie. Hier waren die Namen der Bardejover Juden aufgelistet, die den Holocaust nicht überlebt hatten. Wir fanden hier die Namen von Cilka, ihren beiden Schwestern und ihrem Vater. Wie in den Holocaust-Datenbanken, die wir durchsucht hatten, wurde Cilka als Verstorbene aufgeführt. Es gab keinen Eintrag für ihre Mutter, und wir konnten nicht herausfinden, was aus ihr geworden war. Lale zufolge hatte Cilka als einziges Familienmitglied den Holocaust überlebt, ihr Vater war sofort nach der Ankunft in Auschwitz in die Gaskammer geschickt worden, und ihre Schwestern und ihre Mutter waren später verstorben. Andere Quellen über Cilka, die ich gehört und gelesen habe, bestätigen das.

Als Peter uns die eine Stunde zu unserem Hotel in Košice zurückfuhr, sprachen Margaret und ich sehr wenig. Wir waren beide in Gedanken, verarbeiteten alles, was wir erfahren und gesehen hatten. Ich mühte mich, meine Begeisterung darüber, dass ich etwas über Cilkas Kindheit erfahren hatte, zu trennen von der überwältigenden Trauer über die verlorenen Leben, den Schmerz und die Traumatisierung, die so viele Menschen so lange hatten erfahren müssen. Ich hatte vor einem schönen Haus gestanden, aber seine Schönheit wurde getrübt durch das Wissen, was mit den rechtmäßigen Eigentümern passiert war.

Es gab ein Letztes zu tun, bevor ich wieder zurück nach Australien fliegen sollte. Die Inhaberin einer Buchhandlung in Košice hatte mich gebeten, an einem Nachmittag in ihrem Laden zu ein paar Lesern zu sprechen. Ich sagte zu – mehr als fünfzig Menschen erschienen und drängten sich in dem hübschen Geschäft. Der Dolmetscher kam ein paarmal ins Stocken, woraufhin einzelne Zuhörer anfingen, ihm zu helfen, und es wurde eine einzige laute Unterhaltung.

Ich sprach von Lales Geschichte; Cilkas war noch in

Arbeit. Als ich mit meinem Vortrag fertig war, sagte ich, dass ich mich in Košice aufhielt, um für mein nächstes Buch zu recherchieren, *Das Mädchen aus dem Lager*. Da meldete sich ein älterer Herr aus der Mitte der Menge und fragte: »Geht es da um Cecilia Kováčová?« (Das ist ihr Ehename.) Ich stürzte mich auf ihn, sagte Ja, ob er sie etwa kannte? Er sagte mir, er sei ihr Nachbar gewesen und würde gern mit mir über sie sprechen.

Wir saßen auf Hockern – Michael, Margaret, der Dolmetscher und ich. Michael, ein kleiner, gebückter Herr mit lebendigen, kräftig blauen Augen, saß bei mir. Er erzählte mir, dass er jahrzehntelang im selben Wohnblock wie Cilka gelebt hatte; sie beide waren dort die einzigen Juden gewesen. Er erzählte, wie er und Cilka einander als Mit-Überlebende erkannt hatten, aber im Geheimen – der Holocaust war im Kommunismus ein Tabu. Er wollte, dass wir uns seine Geschichte anhörten: Er war als Kind versteckt worden, überlebte den Holocaust, indem er im nahen Tatra-Gebirge von Familie zu Familie weitergereicht wurde. Er und Cilka hatten überlegt, gemeinsam Israel zu besuchen, aber keiner von beiden machte sich jemals auf die Reise. Es war ein großartiges Privileg, ihm zu begegnen und seine Geschichte zu hören.

Ich benutze oft die Worte »Ich fühle mich geehrt«. Das liegt daran, dass ich mich wirklich geehrt fühle und es mich mit Demut erfüllt, dass ich meine Geschichten erzählen konnte, dass ich mit so vielen Menschen weltweit zusammentreffen und sprechen konnte. Ich hoffe, dass ich Cilka mit ihrer Geschichte gerecht geworden bin, wie ich es Lale versprochen habe. Ich fühle mich geehrt, dass ich dieses Privileg genießen durfte.

8 Der Preis des Zuhörens

Manchmal brauchen wir keinen Rat, sondern einfach nur jemanden, der uns zuhört.

»Gut.« Etwa ein halbes Jahr nach dem Beginn unserer Freundschaft war das meine Standardantwort auf die Frage meiner Familie: »Wie geht es Lale?«, wenn ich von einem Besuch bei ihm heimkam.

Lale Sokolov hatte meine Familie kennengelernt, mit meiner Tochter geflirtet, mit meinem Mann gewitzelt, dass ich vielleicht dessen Frau, aber Lales Freundin war. Meine drei erwachsenen Kinder und mein Mann hatten dieses charmante alte Schlitzohr ins Herz geschlossen, und so fiel ihnen allen auf, dass ich neuerdings ganz anders auf ihre neugierige Bitte um ein Update über Lale und seine Geschichten antwortete.

Seit ich Lale bei uns zu Hause eingeführt hatte, kam ich oft erst nach Hause, wenn das Essen auf dem Tisch stand, und die gesamte Mahlzeit über erzählte ich von den Launen seiner Hunde und deutete in groben Linien an, worüber wir geredet hatten – das heißt, ich berichtete nie wirklich Details, sondern nur, worüber wir ungefähr gesprochen hatten. Und jetzt bekamen sie nur ein Wort: »Gut.« Ich war abweisend, aber zugleich war mir bewusst, wie aufmerksam meine Familie das verfolgte, dass sie besorgt war, aber unsicher, was zu tun war.

Zu dieser Veränderung kam es in der Zeit, als Lales Wauwaus mich in den engeren Kreis aufgenommen und er angefangen hatte, mich auch emotional an seinem anhaltenden Schmerz über die Zeit in Auschwitz-Birkenau teilhaben zu lassen. Wie gesagt hatte Lale zu Beginn nur aus einer fast klinischen, sehr sachlichen Distanz heraus erzählt. Er sagte mir, dass er einen Bruder und eine Schwester hatte, sprach kurz von seinen Eltern, aber er erzählte nichts von seiner Kindheit, woraus ich hätte schließen können, wie er zu dem erwachsenen Lale geworden war. Er beschrieb mir Auschwitz und Birkenau so lebhaft, dass ich, als ich 2018 zum ersten Mal dort war, genau wusste, wo ich nach seiner Baracke suchen musste, nach Gitas Baracke, nach seinem Arbeitsplatz in der Nähe der Gaskammer und des Krematoriums. Doch bei diesen ersten Begegnungen ließ er nichts darüber heraus, wie er sich fühlte, als er durch diese Hölle auf Erden ging. Ich wusste, dass da noch etwas war, was weiterhin schwer auf ihm lastete, und ich spürte auch, dass er mir alles sagen wollte. Dann setzte er an, brach aber wieder ab und verstummte. Er schürzte die Lippen, ließ den Kopf auf die Brust sinken, und eine Hand tastete nach einem Hund. Seine Handlungen zeigten, welche Qualen er innerlich litt. Wie gesagt: Erst als ich ihn meiner Familie vorstellte und mich selbst verletzlich machte, konnte ich eine wirklich empathische Verbindung aufbauen. Und mit ihr kamen Vertrauen und der Anfang unserer zunehmend tiefen Freundschaft.

Diese Vertrauensebene – symbolisiert dadurch, dass Tootsie mir den Ball brachte – war eine riesige Ehre für mich, aber mit ihr ging eine emotionale Last einher, mit der ich zu kämpfen hatte. Im Rückblick hätte ich die Anzeichen früher erkennen müssen, ich hätte aus meiner Arbeit wissen können, was los war, aber so etwas erkennt man immer leichter bei anderen als bei sich selbst. In den sozialen Berufen wird viel geredet, aber oft verliert man sich dabei selbst aus dem Blick. Daher ist für das Personal in psychologischen und psychiatrischen Berufen regelmäßige, strukturierte Supervision absolut unerlässlich. Auch unsere »informellen Mini-Nachbesprechungen« in meinem Job im Krankenhaus waren eine sehr große Hilfe. Wir wussten, dass wir uns immer an eine Kollegin wenden konnten, die uns ein paar Minuten zuhörte, sodass wir von einer verstörenden Situation erzählen konnten – dabei musste sie nicht einmal unbedingt etwas kommentieren oder einen Ratschlag geben, sondern einfach nur zuhören.

Mir flossen die Tränen, wenn Lale mir Dinge erzählte, die so furchtbar waren, dass ich sie kaum fassen konnte. Wenn ich ihm zuhörte, wie er die Unmenschlichkeit gegen andere Menschen beschrieb, das, was der Mensch hier neben mir – und unzählige andere – durchgemacht hatte, spürte ich einen tiefen Schmerz geradezu körperlich in der Brust. Bisweilen blieb mir buchstäblich die Luft weg. Oder es war, als streikte mein Gehör: Ich sah, wie Lale die Lippen bewegte, aber ich hörte nichts. In dem Buch *Verkörperter Schrecken* beschreibt der Trauma-Experte Bessel van der Kolk unsere Reaktion auf Traumata als nicht allein mentalen, sondern stark physiologischen Vorgang. Ich steckte in einem »*fight or flight*«-Konflikt als Reaktion auf das, was ich da hörte; man spricht hier von einer indirekten Traumatisierung, und ich reagierte mit einer sogenannten Dissoziation, um mich selbst vor dem Gehörten zu schützen. Mein Gehirn schaltete ab in dem Versuch, mit meinen körperlichen Reaktionen fertigzuwerden.

Ich riss mich gewaltsam aus meiner vom Unterbewusstsein gesteuerten Trance und versuchte mich zu konzentrieren – mit der Zeit schaute ich mir wie gesagt bei Lale ab, mit der Hand nach unten zu tasten und die Hunde zu kraulen, um mich in die Gegenwart zurückzuversetzen. Manchmal wünschte ich mir in solchen Situationen, ich hätte Stift und Papier vor mir liegen, um mich abzulenken, indem ich das Gehörte direkt niederschrieb. Versuchen Sie das einmal, es funktioniert wirklich: Schreiben Sie beim Zuhören ganz genau mit. Selbst wenn Sie sehr schnell schreiben können und jedes Wort mitbekommen, ist die emotionale Wirkung des Gesagten nie so stark, als würden Sie uneingeschränkt und ohne Ablenkung zuhören. Längst nicht so stark. Sie hören, aber Sie hören nicht wirklich zu. Wir haben hier ein funktionierendes Hilfsmittel zur Distanzierung, das manchmal sehr nützlich sein kann.

Nun wusste ich aber, dass ich Lale wirklich zuhören musste, dass ich mitbekommen musste, was er mir sagte – darin bestand mein Privileg und meine Verantwortung. Wie gesagt hatte ich von Anfang an zu unseren Begegnungen nichts zum Aufzeichnen mitgebracht, weder Schreibzeug noch ein Aufnahmegerät. Ich wusste aus der Erfahrung in der Arbeit, dass Menschen ungehemmt reden, wenn sie wissen, dass sie die volle Aufmerksamkeit des Zuhörers haben, und mir war aufgefallen, dass das besonders bei Senioren der Fall ist. Im Gespräch mit älteren Menschen fiel mir oft auf, wie dringend sie etwas loswerden wollten. Auf Unterbrechungen reagierten sie immer sehr unwirsch. Ich erinnere mich, wie ich einmal eine Dame unterbrach, weil ich etwas, was sie gerade gesagt hatte, genauer wissen wollte. Sie schnauzte mich an, ich solle den Mund halten und zuhören. Wahrscheinlich merkte sie mir meine Empörung an. Da erklärte sie: »Wissen Sie, wie schwer es in meinem Alter ist, jemanden zum Zuhören zu finden? Keiner will hören, was ich zu sagen habe – fast, als wäre ich unsichtbar! Also bitte, hören Sie einfach nur zu, denn was ich Ihnen mitteilen will, sage ich Ihnen schon.«

Dieser kurze Wortwechsel gab mir das gesamte nötige Rüstzeug, um älteren Menschen zuzuhören. Nur allzu oft sind sie unsichtbar, und selbst wenn sie gesehen und wahrgenommen werden, erwarten wir von ihnen nichts, was für unser Leben relevant wäre. Wir hören nicht zu, wir fragen gar nicht erst.

Und das ist ein großer Fehler.

Schnell merkte ich bei unseren Gesprächen, dass Lale sich nicht gern durch eine Frage unterbrechen ließ. War er erst einmal in seinem Fluss unterbrochen, lenkte ihn das so ab, dass er nur schwer wieder zu dem zurückfand, was er gerade erzählt hatte. Er reagierte nicht etwa verstimmt auf mich, aber es war eindeutig, dass er sich nicht gerne unterbrechen ließ, es brachte ihn durcheinander, und häufig brach er bald danach ab. Mir kam es wiederholt so vor, als hätte Lale im Voraus eingeübt, was er mir sagen wollte. Er wusste, wann ich kam, entweder nach der Arbeit oder sonntagnachmittags. Ganz offensichtlich hatte er sich einen oder zwei Tage davor überlegt, worüber er sprechen wollte. Praktisch ohne einleitendes Geplänkel begann er geradewegs mit einer Geschichte. Aber das war kein Problem. Die größte Schwierigkeit für mich bestand darin, mich ohne Aufzeichnungen an die Namen und Titel der SS-Leute und Funktionshäftlinge zu erinnern. Und etwas problematisch war auch, dass Lale manchmal ins Slowakische, Deutsche oder Russische verfiel.

Beim Schreiben dieses Buches habe ich nochmals die Notizen durchgelesen, die ich jeweils direkt nach meinen Besuchen bei Lale machte, um nur ja alles zu Papier zu bringen, bevor ich es vergaß. Dabei war ich amüsiert über meine Versuche, Namen und Titel niederzuschreiben; zum Glück hatte ich das Internet und die Bücher und außerdem Fachleute, die mir dabei halfen, Menschen und Orte zu identifizieren. Wieder sehe ich sein tadelloses Wohn- und Esszimmer vor mir, das Bild von der Zigeunerfrau, seine Wauwaus Tootsie und Bam Bam, wie sie mich schwanzwedelnd an der Wohnungstür begrüßen, einem Tennisball nachjagen oder schlafend unter dem Tisch liegen, an dem wir häufig saßen. Ich schmecke Lales grässlichen Kaffee. Ich genieße die süßen Waffelkekse, die er mir vorsetzte. Ich sehe die Packung, sehe die hebräische Aufschrift, mit der er mich so gerne aufzog, weil ich sie nicht lesen konnte. Ich überfliege meine sorgfältigen Notizen über seine und meine Stimmung, und als wäre es gestern gewesen, spüre ich noch meine Sorge und mein Verantwortungsgefühl gegenüber diesem Mann. Und dann denke ich an weniger weit zurückliegende Erinnerungen, wie ich in Israel bei der 92-jährigen Livia sitze, die mir genau dieselben Waffelkekse anbietet.

Sie schmecken immer noch wunderbar.

Die Zeit mit Livia und die kurze Zeit mit ihrer Schwester Magda, ihre Erzählungen von ihrer Vergangenheit – das alles war ganz anders als meine Begegnungen mit Lale. Bei den Schwestern nahmen auch andere Familienmitglieder am Gespräch teil, manchmal ganz aktiv, wenn sie etwa Livia und Magda an Ereignisse erinnerten, die sie übergangen hatten. Die drei Schwestern hatten ihre Geschichte so oft und so ausführlich erzählt, dass ich beim Zuhören mit großem Erstaunen feststellte: Dass sie ihr Trauma ihrer ausgedehnten Familie mitgeteilt hatten, hatte aus ihrer dunklen Geschichte heraus ein Narrativ von Überlebensmut und Hoffnung entstehen lassen.

Ich kann nur aus meiner eigenen Erfahrung sprechen, aber bei meinen Besuchen in Israel hatte ich nie das Gefühl, ich müsste mich von dem Schmerz und dem Trauma dieser Frauen distanzieren, wie es bei Lale der Fall gewesen war. Natürlich war es immer noch da, sichtbar auf ihren Gesichtern. Ich hatte immer noch das Bedürfnis, Livias Hand zu berühren, ihr zu zeigen, dass ich ihr zuhörte, dass ich merkte, wie sehr ihre Geschichte sie belastete, besonders wenn sie von ihrer Mutter, ihrem Großvater und ihrer Kindheit erzählte. Und im Vergleich dazu Lale und Gita, die sich mit ihrem Schmerz und ihren Traumata überwiegend ganz allein herumschlugen.

Geschichte und Gedächtnis. Geschmack und Klang. Alles, was uns daran erinnert, dass wir leben, gelebt haben, lieben, geliebt haben, geliebt werden. Und ich lebe weiter, liebe weiter und werde weiter geliebt. Genau diesen Verbindungen verdanke ich letztlich die Kraft, mich dem zu öffnen, was ich von Lale hörte, und es treu wiederzugeben.

Mein Mann und meine Kinder fragten weiter, warum ich nicht von meinem Besuch bei Lale erzählen wollte und warum ich jedes Mal, wenn ich von ihm nach Hause kam, zerstreuter und unaufmerksamer war. Ich wich ihren Fragen aus, so gut ich konnte, kam mit der faulen Ausrede, sie bräuchten schließlich nicht im Detail zu wissen, welche Entsetzlichkeiten er miterlebt und selbst durchgemacht hatte. Es ging ihm gut und mir auch. Mehrere Wochen lang fragten sie wieder und wieder, und ich sah die Blicke, die sie wechselten.

Ich denke, dass ich keines von Lales Traumata mit in die Arbeit nahm und die Menschen, mit denen ich dort zu tun hatte, damit belastete. Es kann natürlich sein, dass meine Kollegen das anders sehen. Aber ich glaube wirklich, dass ich meine Arbeit sehr erfolgreich von meinem Privatleben trennte und jeweils nur das erzählte, was ich ihnen von meinem anderen Leben mitteilen wollte.

Ich erinnere mich, wie einmal eine Kollegin zu mir kam und erzählte, eine Patientin auf ihrer Station habe eine Nummer auf dem Arm. Sie wollte wissen, ob sie sie danach fragen solle. Noch einmal, ich bin kein Experte, aber ich riet ihr: »Frag ruhig, entweder will sie darüber reden oder nicht – das entscheidet sie.« Sie fragte und führte mit der Patientin ein langes Gespräch über ihre Zeit in Auschwitz. Die Kollegin meinte später, dass sie über die Nummer gesprochen hatten, habe ihnen beiden gutgetan. Die Patientin hatte eine emotional unabhängige Gesprächspartnerin, von der sie nichts zu befürchten hatte;

und meine Kollegin erfuhr etwas über eine Überlebensgeschichte.

Von meiner Freundschaft mit Lale wusste nicht nur meine Familie. Auch meinen Arbeitskolleginnen hatte ich von meinen Begegnungen mit ihm und von seiner Holocaust-Geschichte erzählt, und sie interessierten sich für meine Freundschaft zu diesem Mann, der »lebenden Geschichte«. In der Danksagung zum *Tätowierer von Auschwitz* danke ich meiner früheren Chefin Glenda Bawden. Hätte sie mir nicht dabei geholfen zu verstehen, wie mich meine Begegnungen mit Lale belasteten, würde ich das hier heute vielleicht nicht schreiben. Wieder und wieder kam ich zu ihr mit der Bitte, eine oder zwei Stunden früher gehen zu dürfen, um ihn zu besuchen, mit ihm ins Kino zu gehen oder ihn zurückzurufen, wenn er wieder einmal gefragt hatte: »Wo bleiben Sie, haben Sie mein Buch schon fertig?« Sie begriff, welchen Weg die Trauer sich bahnen kann, und ihr Nicken sagte mir: »Los mit dir.«

Ich hatte mich noch einer oder zwei anderen Kolleginnen anvertraut, ebenfalls Sozialarbeiterinnen im Krankenhaus, die Patienten und ihren Angehörigen durch schwere Zeiten halfen. Eines Tages unterhielt ich mich gerade mit einer Kollegin und Freundin. Als mein Telefon klingelte, stützte ich den Kopf in die Hände. Zwar liebte ich Lales köstlichen osteuropäischen Akzent, aber als ich ihn diesmal fragen hörte: »Wo bleiben Sie?«, wurden mir plötzlich die Knie weich, und ich war fix und fertig. Wie lange war es her, dass ich ihn zum letzten Mal besucht hatte? Plötzlich konnte ich nicht mehr denken, mein Kopf war völlig leer. Lale beantwortete die Frage umgehend: »Ihr letzter Besuch ist zwei Wochen her. Wann kommen Sie wieder?«

Zwei Wochen. Mir war nicht bewusst, dass es schon so lange her war. Sonst sahen wir einander ein- bis dreimal pro Woche. Sofort versprach ich, gleich nach der Arbeit zu ihm zu kommen, und zu meinen weichen Knien gesellten sich jetzt noch heftige Schuldgefühle.

Als ich auflegte, fragte meine sehr aufmerksame Kollegin: »Was ist los?«

Es tat gut, mit einer Person zu sprechen, die ich seit Jahren kannte und mochte. Ich erzählte, wie schwer es mir fiel, länger bei Lale zu sein und ihm zuzuhören, wie er mir so viel Schreckliches erzählte. Mehreres kam zusammen: Ich konnte gar nicht vollständig begreifen, was ich da hörte, und zugleich wusste ich, dass dieser Horror beinahe drei Jahre lang seine Lebenswirklichkeit gewesen war. Meine Kollegin hörte zu, während meine Gefühle aus mir heraussprudelten, mein Unbehagen, dass ich mich von meiner Familie zurückzog, weil ich ihr diese entsetzlichen Geschichten nicht weitererzählen wollte. Meine Sorge, dass ich Lale zu sehr wehtat und ihm womöglich schadete, und die Feststellung, dass inzwischen ich selbst körperliche Stresssymptome zeigte.

Sie fragte, ob ich das Gefühl habe, dass er von mir und der Rolle, die ich in seinem Leben spielte, abhängig wurde. Ich war nicht ganz sicher, aber es schwang immer ein gewisser Vorwurf mit, wenn er das Gefühl hatte, dass unser letztes Treffen zu lange her war. Und der Anruf, den sie gerade mitbekommen hatte, war nicht der erste während der Arbeitszeit. Immer fragte er rundheraus: »Wo bleiben Sie?«, und nie: »Hallo, wie geht's?«

Als sie mich fragte, ob Lale sich seit unserer ersten Begegnung verändert habe, räumte ich ein, dass er ganz offensichtlich über den lebhaften Schmerz hinweggekommen war, den Gitas Tod ihm bereitete, und dass ich ihn inzwischen manchmal lachen hörte. Dieses Lachen – eher ein Kichern als ein Lachen – war Musik in meinen Ohren. Außerdem vollführte er beim Aufstehen einen kleinen Hüpfer. Sogar bei einem Tanz mit seinem Hund hatte ich ihn erwischt, für den er Tootsie an den Vorderpfoten hielt.

»Also«, sagte sie, »Lale kichert, vollführt Sprünge und tanzt mit seinem Hund, während du depressiv und ängstlich bist, nicht mit deiner Familie darüber sprechen kannst und Zusammenkünfte mit ihm lieber ein bisschen aufschiebst. Was, glaubst du, haben wir da?«

Ich murmelte vor mich hin, vielleicht sei es ja falsch gewesen, auf seine Bitte einzugehen, ihm zuzuhören und seine Geschichte zu erzählen, ich steckte das einfach nicht weg, ich hatte das Gefühl, ich würde ihm nicht gerecht werden, schließlich hatte ich meine Arbeit und meine Familie. Während ich mich so selbst bemitleidete, holte meine Kollegin mich zurück in die Wirklichkeit. »Ganz ehrlich, Heather«, erklärte sie bestimmt. »Du steckst in einem klassischen Fall von indirekter Traumatisierung. Gesteh dir das ein, werd damit fertig, such dir eine Strategie, mit der du weiterkommst. Du weißt, du hast kein Recht, dir seinen Schmerz, seine Trauer oder sein Trauma auch nur stückweise anzueignen: Es sind nicht deine.«

Ihre Worte waren ein Schlag ins Gesicht. Das hätte mir nicht passieren dürfen. Ich wusste das alles, wie hatte ich es zulassen können? Ich war einem Fremden begegnet, der jemandem seine Geschichte erzählen wollte. Jemandem, der kein Jude war. Über Monate hinweg hatten wir uns langsam kennengelernt. Seine Geschichte wurde zu einer

Geschichte, die ich auf meinem Computer niederschrieb. Meine Recherche lehrte mich Dinge, die meine neuseeländische Kleinstadterziehung mich nicht gelehrt hatte – nämlich, wie unmenschlich, wie niederträchtig der Holocaust war.

Intensiv zuzuhören, wie jemand von seinen traumatischen Erfahrungen spricht, ist gefährlich, merkte ich jetzt. Jeder, der therapeutisch arbeitet, muss lernen, sich selbst auf Anzeichen für sekundäre Traumatisierung zu überwachen; die ersten Anzeichen dafür sind häufig körperlich, wie bei mir: Herzklopfen, flauer Magen, die Momente, in denen ich scheinbar aus dem Raum verschwand. Mein Körper zeigte sichtbare Traumaspuren. Eine weitere Begleiterscheinung sind häufig Schuldgefühle. Ich hatte diese furchtbare Zeit nicht miterlebt, daher verdrängte ich meine Gefühle, und dadurch überwältigten sie mich schließlich. Ich musste jetzt mich selbst in den Blick nehmen. Ich wusste, ich wollte Lales Geschichte weiterhin erzählen – wir beide waren schon so weit gekommen, und unsere Verbindung war echt. Gleichzeitig wusste ich, als ich ehrlich darüber nachdachte, dass ich durchaus wegstecken konnte, was ich da hörte, dass es mir nicht zu viel wurde, wenn ich nur herausfand, wie ich für mich selbst sorgen konnte.

Gleich nach diesem Gespräch begann ich zu überlegen, mit welchen Strategien ich dieser Übertragung von Schmerz und Traumatisierung entgegenwirken konnte. Manche Ideen waren geeignet, andere unrealistisch, zum Beispiel, Lale zu bitten, vorbereitete Fragen zu beantworten, damit ich steuern konnte, was er erzählte. Das war völlig undenkbar. Genauso wenig wollte ich mir jemanden suchen, der ihm an meiner Stelle zuhören würde. Ich wusste, dass er mich »auserwählt« hatte, unsere Beziehung war etwas sehr Besonderes, und ich verfügte über die Resilienz, die ich für diesen Job brauchte.

Meine Kollegin fragte, was an dem Unbehagen, das mir die gemeinsame Zeit mit Lale bereitete, mich am stärksten verunsicherte. Meine Antwort kam wie aus der Pistole geschossen. Am stärksten belastete mich, in welcher Stimmung ich von meinen Besuchen bei ihm zu meiner Familie zurückkam. Für mich war es eine Sache, fremde Erfahrungen von Schmerz und Trauer verinnerlicht zu haben, und eine andere, das an meiner Familie auszulassen, die gar nicht ahnte, wie ich mich fühlte, weil ich sie, so meinte ich zumindest, vor Lales Schmerz »schützte«. Ich war auf eine Weise verschlossen, zurückgezogen, wie sie es noch nie erlebt hatte. Egoistisch verbot ich ihr, mir in dieser Zeit zu helfen, ließ ihr keine Chance, mich zu trösten und mir die emotionale Last abzunehmen, an der ich alleine trug; und obendrein redete ich mir noch ein, ich würde sie damit schützen. Im Rückblick machte ich es einfach genauso wie auch sonst mit den Tragödien, die ich in meinem Job tagein, tagaus zu hören bekam – ich erzählte sie nicht weiter. Doch ich merkte nicht, dass dies hier etwas anderes war: Sie alle kannten Lale persönlich und fieberten bei seiner Geschichte genauso mit wie ich, während die Menschen, mit denen ich jeden Tag in der Arbeit zu tun hatte, für sie Unbekannte waren – den »Brotjob« ging ich eben so professionell an, dass ich damit fertigwurde. Bei Lale zahlte ich einen unglaublich hohen Preis dafür, dass ich diese beiden so unterschiedlichen Erfahrungen nicht voneinander trennte.

Worin bestand also die Lösung? Lale wohnte im ersten

Stock eines Mietshauses, mit Blick auf die Straße. Ich bekam immer einen Parkplatz direkt vor dem Haus. Jedes Mal, wenn ich ging, machte er einen Witz darüber, dass »hinausbegleiten« auf Englisch *to see somebody to the door* heißt und er mir gleich zum Auto »nachsehen« würde. Während ich nach unserem Abschiedskuss an seiner Wohnungstür die Treppe hinunter- und den kurzen Weg zur Straße ging, traten er und seine Wauwaus auf den Balkon, von dem aus er mir nachwinkte und zurief, ich solle vorsichtig fahren. Für mich klang das immer ironisch, schließlich war ich nur einmal mit ihm mitgefahren, was damit endete, dass ich erklärte, ich hätte noch ein langes Leben vor mir und würde von jetzt an selbst fahren. Wenn ich losfuhr, winkte er immer noch von seinem Balkon. Er sollte nie erfahren, dass ich von diesem Tag an nur die 200 Meter bis in eine kleine Seitenstraße fuhr, wo ich anhielt und in Ruhe meine Gedanken ordnete, mir den Kopf frei machte und die Trennung zwischen Lale und meiner Familie vollzog. Ich nannte das meine »Selbstzentrierung«. Manchmal griff ich nach meiner Heimweg-CD, schloss die Augen und verlor mich in der Musik. Es war und ist bis heute der Soundtrack meines Lieblingsfilms – *Jenseits von Afrika*. Irgendwann spürte ich dann, dass es Zeit war, den Motor anzulassen und nach Hause zu meiner Familie zu fahren, um die Frau und Mutter zu sein, die ich sein wollte und musste. Und, genauso wichtig: Ich konnte mich wieder auf meinen nächsten Besuch bei Lale und seinen Wauwaus freuen.

Wie gesagt lernte ich, nach unten zu tasten und einem der Hunde den Kopf zu tätscheln, wenn ich mich bei Lale zentrieren musste, wenn das, was er erzählte, uns beide zu

verschlingen drohte. Dann holte ich mich in diesen picobello ordentlichen Raum zurück und zu diesem schönen
Mann, meinem Freund. Ich lernte, wann es Zeit war, abzu-
brechen und zu einem friedlicheren Thema überzugehen.
Ich versuchte ihn dazu zu bringen, dass er mir zum Ausgleich eine positive Geschichte aus der Zeit nach dem
Krieg erzählte, und wenn ich wegfuhr, hielt ich mich in
Gedanken daran. Sorgfältig vermied ich es, mir vorzustellen, die entsetzlichen Erlebnisse, von denen er erzählte,
würden mir oder meiner Familie zustoßen. Ich sah es immer als seine Erlebnisse, als Gitas und Cilkas – allerdings
dachte ich mir dazu fast einen anderen Lale als den, den ich
jetzt kannte. Ich stellte es mir im Rahmen der Geschichte
vor, an der ich arbeitete, und ich wiederholte für mich wieder und wieder, dass Lale, Gita und Cilka überlebt hatten,
sich nach dem Krieg ihr eigenes Leben aufgebaut, ihr
Glück gefunden hatten. Ihre Geschichten endeten jenseits
des Holocausts, und ich erzählte ja *ihre* Geschichten und
nicht die Geschichte dieser ganzen Schreckenszeit.

Und damit öffnete ich mich meiner Familie, erklärte ihr,
dass Lale mir entsetzliche Episoden aus seiner Überlebensgeschichte erzählte, dass es ihm sehr schwerfiel, darüber zu
sprechen. Wir vereinbarten, dass ich ihnen das eine oder
andere davon weitererzählen würde, dass sie aber mich entscheiden ließen, was genau. Für sie reichte es zu wissen,
dass ich es ihm ermöglichte, sich in einem geschützten
Rahmen zu öffnen und über seine Vergangenheit zu sprechen, und dass ich mit der emotionalen Belastung, die damit einherging, fertigwurde. Ich erzählte offen von meinem
Besuch bei ihm, wenn auch nicht unbedingt alles, worüber
wir gesprochen hatten. Und ich redete mit meinen Kolle-

ginnen im Krankenhaus, die unendlich hilfsbereit und zu-
packend waren. Hätte ich sie nicht gehabt, so hätte ich mir
Supervision gesucht – häufig ist das eine wesentliche Säule
in der Bewältigung einer eigenen oder indirekten Traumatisierung.

Praktische Tipps, wie wir dem
Preis des Zuhörens entgegenwirken

Hier eine kurze Rekapitulation dessen, was wir lernen müssen, wenn wir Menschen zuhören, die eine traumatische Erfahrung gemacht haben:

- Achten Sie auf Ihre eigene Reaktion – manchmal denken wir, alles wäre in Ordnung, aber dann bemerken wir ein Zittern oder ein Herzklopfen. Dann übernimmt unser Körper die emotionale Reaktion – damit müssen Sie umgehen;
- Entwickeln Sie ein Ritual, um sich selbst zu »erden«, um das Gehörte abzulegen und in Ihr Privatleben zurückzukehren. Meines bestand darin, kurz hinter Lales Wohnung stehen zu bleiben und dann erst nach Hause zu fahren, dieser Weg trennte mich von dem Erlebten;
- Achten Sie darauf, sich nie sich selbst oder jemanden, den Sie lieben, in der erzählten Situation vorzustellen. Kreieren Sie stattdessen eine Cartoonversion, einen Darsteller des Erzählenden, und lassen Sie sich so durch die Erlebnisse führen;
- Wie meine Freundin und Kollegin sagte: Was Sie hören, ist nicht Ihre Geschichte, Sie haben nicht das Recht, sie sich anzueignen;
- Bleiben Sie im Alltag geerdet, machen Sie sich bewusst, wo Sie hingehören, wer Ihnen den Rücken stärkt;

- Suchen Sie sich einen Gesprächspartner – alle Therapeuten haben ihren eigenen Therapeuten, den sogenannten Supervisor, als objektiven Resonanzboden für ihre Arbeit;
- Achten Sie auf das Zeitmanagement. Versuchen Sie nicht, die Rolle des Zuhörers einzunehmen, wenn Sie gerade hungrig/müde/von einem langen Tag erschöpft sind. Im Rückblick stelle ich fest, dass ich Lale häufig nach einem anstrengenden Arbeitstag besuchte. Ich fühlte mich wohler und steckte die Besuche besser weg, wenn ich am Wochenende kam;
- Kümmern Sie sich um sich selbst – das sollten wir alle, und wir wissen das auch alle, aber häufig lassen wir es trotzdem bleiben. Sorgen Sie für einen guten Ausgleich zwischen Arbeit und Freizeit. Pflegen Sie Kontakte. Bewegen Sie sich. Ernähren Sie sich gesund. Trinken Sie nicht zu viel – vor allem wenn Sie merken, dass Sie Alkohol als Bewältigungsmechanismus benutzen.

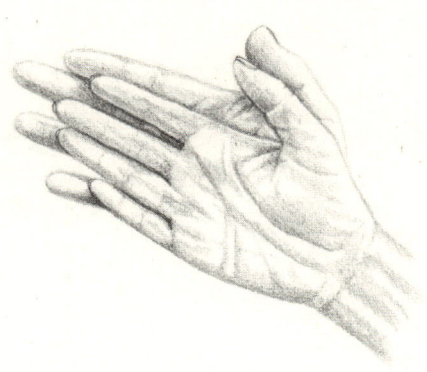

Nachwort

Geschichten der Hoffnung begleiten die Menschheit seit jeher; sie werden über die Generationen weitergereicht, Freunden erzählt, mit Fremden ausgetauscht. Sie sind das, was in jedem von uns zuletzt sterben wird.

Ich hatte das Glück, in den letzten Jahren Tausende solcher Hoffnungsgeschichten zu hören zu bekommen. Die Menschen möchten, dass ich erfahre, wie Lales, Gitas und Cilkas Mut und Liebe sie stützt und wie sie sich durch die Überlebenden solcher Traumata ermutigt fühlen, ihr Leben so gut zu leben wie möglich. Vielleicht merken sie gar nicht, dass sie mir da selbst ihre Hoffnungsgeschichte erzählen, wie oft sie das Wort *Hoffnung* verwenden – dabei springt mir dieses Wort geradezu entgegen, wenn ich ihre E-Mails und Briefe lese oder ihnen weltweit bei meinen Lesungen selbst zuhöre.

Trotzdem ist es nicht alltäglich, dass ich Post von einem Gefängniswärter bekomme. Ehrlich gesagt ist mir das nur ein einziges Mal passiert. Doch es führte zu einem Erlebnis, das mich immer begleiten wird. In diesem Gefängnis gab es für die 1500 Insassen eine kleine Bibliothek. Ich erfuhr, dass ein paar Häftlinge mein Buch gelesen und anderen ihre Version von Lale erzählt hatten, die wiederum weiteren Häftlingen davon erzählten. Der Wärter wollte mich wissen lassen, dass er noch nie erlebt hatte, dass ein Buch so einschlug. Genauer will ich dabei nicht werden, um die Privatsphäre der Betroffenen zu schützen; aber ich entschloss mich zu einem Besuch bei ihnen.

Meine Pressereferentin und ich durchliefen alle anfallenden Security-Checks, und bis auf die Kleider, die wir am Leib hatten, wurde uns alles abgenommen; dann wurden wir in die Bibliothek eskortiert. Die Regale waren zur Seite geschoben worden, und in der Mitte standen Plastikwürfel, auf denen die Männer sitzen konnten.

Bald kamen die Häftlinge hereingeschlendert, alle begrüßten mich laut, wollten einen Faustcheck mit mir; ein paar schüttelten mir auch die Hand, aber die meisten wollten den Faustgruß. Ich hatte einen kleinen Vortrag geplant, aber dazu kam es nicht. Die nächsten zwei Stunden verbrachten wir mit einer formlosen Unterhaltung. Die Männer sprachen untereinander über Lale, manchmal redete ich mit ein paar von ihnen, während daneben andere Gespräche liefen. Ihre Themen waren ihr Privatleben draußen und alles, wohin sie zurückwollten, um gut zu leben, wie Lale und Gita. Ein Mann sagte: »Dieser Lale hatte es im Knast viel schlimmer als wir«, und das war der Startschuss für einen Vergleich. Sie lachten, manche weinten auch und ließen sich vom Nebenmann trösten.

Mein Verlag hatte ein paar Exemplare des *Tätowierers von Auschwitz* geschickt. Nun nahmen die Zuhörer sich ein Buch und kamen zu mir, um es sich signieren zu lassen. Jemand musste mir einen Stift besorgen; meiner war in meiner Handtasche irgendwo im Eingangsbereich des Gefängnisses. Die ersten paar Männer nannten mir ihren Namen, und ich schrieb ihnen eine Widmung. Dann reichte mir ein junger Mann sein Buch, und als ich ihn nach seinem Namen fragte, sagte er, er könne nicht lesen und schreiben. Er bat mich, das Buch seiner Mutter zu widmen und dazuzuschreiben: »Ich verspreche dir, Mum, ich komme nie wieder hier rein.« Die Männer in der Schlange hinter ihm hörten das. In der nächsten Stunde signierte ich nicht mehr Bücher für die Männer selbst, sondern für die Menschen, die ihnen draußen am wichtigsten waren – ich wehrte mich kein Stück dagegen.

»Für meine Tochter, sie ist sechzehn, schreiben Sie, wie stolz Daddy ist, dass sie ein Bewerbungsgespräch hat.« »Für meine Frau, schreiben Sie, es tut mir leid, dass sie sich allein um die Kinder kümmern muss.« »Für meine große Liebe«, flüsterte einer: »Macht es etwas aus, dass es ein Mann ist?« »Für meine Frau«, »Für meine Freundin«, »Für meine Oma«, und ganz viele von ihnen: »Für meine Mum«. Etwas Überwältigenderes hatte ich praktisch noch nie erlebt. Dass ich diesen Männern Hoffnung geben konnte, dass ich die Mittel hatte, sie mit der Geschichte meines lieben Freundes Lale in Verbindung zu bringen, bedeutet mir mehr, als ich mit Worten ausdrücken kann.

Mir fällt kein besseres Ende für dieses Buch ein als ein kurzer Auszug aus meinem nächsten Roman, der aus der E-Mail entstanden ist, die aus heiterem Himmel bei mir eintraf, als ich gerade in Südafrika war. Der Roman beruht auf dem Leben dreier tapferer Schwestern, deren Liebe zueinander ihnen half, die furchtbarsten Schreckenszeiten zu überleben. Die Hoffnung, die sie nie aufgaben, gab ihnen die Entschlossenheit, jeden Morgen wieder aufzuwachen. Auch Lale sagte ja immer: »Wenn du am Morgen aufwachst, ist es ein guter Tag.«

Livias Geschichte

Ein Todesmarsch durch das ländliche Polen im Winter Anfang 1945. Die deutschen Soldaten, die die Gefangenen bewachen, beginnen zu fliehen, denn sie wissen, wie nah inzwischen die Rote Armee ist. Dreizehn junge Mädchen lösen sich aus der Gruppe, lassen den Zug stolpernder, sterbender junger Frauen hinter sich.

Als es dunkel wird, halten sie sich bei den Händen und laufen. Es sind immer noch Soldaten da, aber sie wollen lieber auf der Flucht in den Rücken geschossen werden als erfrieren oder verhungern. Bald finden sie sich in einem Wald wieder. Sie hören keine Schüsse mehr, sie haben es geschafft – weg von den übrigen SS-Leuten und ihren Hunden. Der Wald bietet keinen Schutz. Die Blätter sind längst von den Bäumen gefallen und liegen tief begraben unter dem Schnee, durch den sie mühsam stapfen.

Es wird wieder Tag, die Sonne strahlt vom Himmel, der blendend weiße Schnee leuchtet ihnen ins Gesicht. Sie streifen jetzt über offene Weiden, auf einigen steht Vieh, Kühe fressen von frisch ausgelegtem Heu.

»Hier muss irgendwo ein Bauernhof sein«, sagt eines der Mädchen.

Tatsächlich, dahinten steht ein großes Haus zwischen Obstbäumen und einem ungepflegten Garten.

Auf einem Weg durchqueren sie eine Weide und steuern auf das Haus zu. Eines der Mädchen findet, es sieht aus wie ein Schloss, so herrschaftlich wirkt es auf sie. Sie beschließen, die Bewohner um Essen und Hilfe zu bitten.

Sie steigen über die Treppe zu dem imposanten Holztor hinauf, das mutigste Mädchen betätigt den massiven Messingklopfer und tritt zurück. Sie warten geduldig. Niemand kommt. Die anderen ermutigen sie, noch einmal zu klopfen. Wieder keine Antwort. Sie beschließen, um das Haus herumzugehen.

Auf der Rückseite stoßen sie auf die Leiche eines Mannes. Er ist ordentlich gekleidet, aber die Schusswunde in seiner Brust ist unübersehbar.

»Wir können ihn nicht so hier draußen liegen lassen«, sagt eines der Mädchen.

Sie beschließen, ihn zu begraben.

In einer Scheune finden sie Schaufel und Spaten. Trotz Hunger und Erschöpfung wechseln die Mädchen sich beim Graben ab, bis sie durch den Schnee ein ausreichend tiefes Loch ausgehoben haben. Gemeinsam manövrieren sie ihn in das Grab. Nacheinander sagen sie die Gebete auf, an die sie sich noch erinnern, dann bedecken sie ihn mit Erde und Schnee.

In der Gewissheit, das Richtige getan zu haben, drücken sie mit neuem Mut gegen eine Hintertür, die tatsächlich nachgibt. In der Küche finden sie eine Vorratskammer mit Essensresten. Am verschimmelten Brot erkennen sie, dass das Haus schon eine

Zeit lang leer steht. Ganz vorsichtig wagen sie sich weiter vor. Oben sind genügend Schlafzimmer für sie alle.

Zurück im Erdgeschoss, einigen sie sich, dass die Besitzer ihnen bestimmt etwas von den Essensresten überlassen würden, aber es kommt ihnen nicht richtig vor, in einem Haus, das nicht ihres ist, in dem großen Esszimmer zu speisen.

»Können wir den Tisch hinaustragen?«, fragt eines der Mädchen. »Ich habe schon so lange nicht mehr an einem Tisch gesessen.«

Vom Esszimmer führen Doppeltüren in den Garten mit Blick auf den Obstgarten. Der Tisch ist schwer, aber mit Mühe schaffen sie es, ihn anzuheben und nach draußen zu tragen, wo sie ihn auf eine schneebedeckte Terrasse stellen. Dann holt jede sich noch einen Stuhl. Laternen und dicke Kerzen in gläsernen Gefäßen vollenden den Tischschmuck.

Aus der Küche bringen sie Teller, Besteck, Reste von Obst und Gemüse und geräucherten Schinken, den sie sorgfältig auf Platten auslegen. In der Vorratskammer finden sie Käse mit verschimmelter Rinde, der aber für essbar befunden wird. Eines der Mädchen öffnet einen Schrank und reißt die Augen auf, als es darin mehrere Flaschen Wein findet. Ernsthaft wählt sie zwei Flaschen aus und stellt sie zusammen mit Weingläsern auf den Tisch.

Als die Sonne untergegangen ist und der Nachthimmel von Sternen funkelt, tanzt das Licht der Laternen und Kerzen auf dem Tisch vor ihnen. Dreizehn junge Frauen, die die Hölle auf Erden überlebt haben, essen seit langer Zeit zum ersten Mal an einem Tisch. Nach dem Abwasch beraten sie, wie sie schlafen sollen. Wieder befinden sie, dass sie nicht in einem Bett schlafen dürfen, das nicht ihres ist, aber bestimmt ist es den Eigentümern recht, wenn sie die Decken von den Betten borgen.

Jede holt sich aus den Kammern oben eine Decke und ein Kissen, dann legen sie sich gemeinsam auf den Esszimmerboden, wo zuvor Tisch und Stühle standen.

Es ist ein Moment der Freiheit für dreizehn junge Frauen, die das Unvorstellbare überlebt haben. Wer weiß, was vor ihnen liegt – aber für den Moment wenigstens sind sie in Sicherheit, gemeinsam, mit einem Dach über dem Kopf.

Dank

Danken möchte ich den Leserinnen und Lesern meiner Bücher *Der Tätowierer von Auschwitz* und *Das Mädchen aus dem Lager,* die sich per E-Mail über meinen Verlag bei mir gemeldet haben oder zu einer meiner Lesungen gekommen sind und mich persönlich angesprochen haben. Ihretwegen habe ich dieses Buch geschrieben. Sie haben mir Ihre Geschichten über die Hoffnung erzählt und sie auf Lale, Gita und Cilka bezogen. Sie haben mich zu Tränen gerührt, Sie haben mich zum Zuspruch animiert, als Sie den Mut fanden, mir etwas zutiefst Persönliches zu erzählen, und mir vertrauten, dass ich zuhöre – was ich auch tat.

Zwei Personen in meinem Verlag sind für dieses Buch verantwortlich. Kate Parkin und Margaret Stead, ich schulde euch unendlichen Dank für eure Aufmunterung, eure Begeisterung, eure Expertise, die Liebe, mit der ihr dieses Buch bis in den Druck begleitet habt. Ihr habt genauso innig davon geträumt, diese Worte zu schreiben, wie ich.

Ich habe sie schon in der Widmung erwähnt, aber hier danke ich noch einmal den Mitarbeitenden, Patienten und ihren Angehörigen und Freunden, die zu meinem Leben im Monash Medical Centre in Melbourne gehörten. Besonders hervorzuheben ist hier Glenda Bawden: eine unfassbar mitfühlende und großzügige Frau, die ich zu meinem Stolz über zwanzig Jahre lang meine Chefin nennen durfte.

Meiner Tochter und meinem Schwiegersohn, dass sie mir erlaubt haben, eine sehr persönliche, schwierige Passage aus ihrem Leben zu erzählen. Ich hoffe, indem ihr davon sprecht, helft ihr anderen.

Livia, Pam und Oded Ravek, Dorit Philosoph, die Familien von Magda und Cibi, dass sie sich an mich gewandt haben, sich mir anvertraut und mir einen Grund gegeben haben, zuzuhören.

Die wunderbaren Menschen bei meinem Verlag Bonnier Books UK, dass sie mir als Romanautorin die Chance gegeben haben, ein Sachbuch zu schreiben. Perminder Mann, Ruth Logan, Claire Johnson-Creek, Clare Kelly, Francesca Russell, Stephen Dumughn, Blake Brooks, Felice McKeown, Vincent Kelleher, Elise Burns, Stuart Finglass, Mark Williams, Carrie-Ann Pitt, Laura Makele, Nick Stearn, Alex May, die ganze Bande.

Meine Freundin, Managerin, Reisepartnerin; die, die mich zum Lachen bringt, Benny Agius. Wir hatten ein paar herrliche Abenteuer zusammen und werden noch weitere erleben. Vielen Dank für alles, was du für mich tust.

Hoffnung und Inspiration schöpfe ich bei den Mitgliedern meiner Familie. Sie sind und bleiben die wichtigsten Menschen in meinem Leben, die mir Stoff und Ausdauer zum Schreiben geben und Grund für mein Leben. Meine Kinder Ahren, Jared und Azure-Dea. Ihre Partner Bronwyn, Rebecca und Evan. Meine wachsende Zahl von Enkeln, Henry, Nathan, Jack, Rachel und Ashton. Angeblich ist damit Schluss. Warten wir ab. Und Steve. Ich liebe euch alle. Danke!

Leseempfehlungen

Julia Samuel, *This Too Shall Pass*, London 2020

Lisa Damour, *Wenn Töchter erwachsen werden: Was Mädchen in der Pubertät brauchen*, Übers. Christina Jacobs, München: Kösel 2016

Philippa Perry, *Das Buch, von dem du dir wünschst, deine Eltern hätten es gelesen (und deine Kinder werden froh sein, wenn du es gelesen hast)*, Übers. Karin Schuler, Berlin: Ullstein 2020

Stephen Grosz, *Die Frau, die nicht lieben wollte und andere wahre Geschichten über das Unbewusste*, Übers. Bernhard Robben, Frankfurt: S. Fischer 2013

Trish Gribben, *Pyjamas Don't Matter*, Pretoria 1981

Brené Brown, *Dare to Lead – Führung wagen: Mutig arbeiten. Überzeugend kommunizieren. Mit ganzem Herzen dabei sein*, Übers. Petra Pyka, München: Redline 2022

Brené Brown, *Die Gaben der Unvollkommenheit: Lass los, was du glaubst, sein zu müssen, und umarme, was du bist. Leben aus vollem Herzen*, Übers. Ute Weber, Bielefeld: Kamphausen 2012

Brené Brown, *Verletzlichkeit macht stark: Wie wir unsere Schutzmechanismen aufgeben und innerlich reich werden*, Übers. Margarete Randow-Tesch, München: Kailash 2013

Brené Brown, *Laufen lernt man nur durch Hinfallen: Wie*

wir zu echter innerer Stärke finden, Übers. Margarete Randow-Tesch, München: Kailash 2016

Bessel van der Kolk, *Verkörperter Schrecken: Traumaspuren in Gehirn, Geist und Körper und wie man sie heilen kann,* Übers. Theo Kierdorf und Hildegard Höhr, Lichtenau: Probst 2015

Matt Haig, *Ziemlich gute Gründe, am Leben zu bleiben,* Übers. Sophie Zeitz, München: dtv 2016

Fearne Cotton, *Endlich Ruhe finden: Mit Stress gelassen umgehen,* Übers. Ulrike Kretschmer, München: Irisiana 2018

Fearne Cotton, *Happy: Den Perfektionismus loslassen und jeden Tag ein bisschen glücklicher werden,* Übers. Ulrike Kretschmer, München: Irisiana 2018

Fearne Cotton, *Quiet,* London 2018

Bella Mackie, *Läuft bei mir (nicht): Wie du deiner Depression auf die Nerven gehst,* Übers. Johanna Wais, Hamburg: HarperCollins 2020

Bryony Gordon, *You Got This,* London 2019

Suzanne Franks and Tony Monk, *Get Out of My Life,* London 2020

Anna Mathur, *Mind Over Mother: Every Mum's Guide to Worry and Anxiety in the First Year,* London 2020

Liebe Leserin, lieber Leser,

vielen Dank, dass Sie zu den *Geschichten der Hoffnung* gegriffen haben. Dieses Buch ist für mich etwas ganz Besonderes, und ich fühle mich geehrt, dass ich es schreiben durfte. Und das habe ich wirklich wegen Ihnen getan, meinen Lesern. Die tollen Reaktionen auf meine Bücher *Der Tätowierer von Auschwitz* und *Das Mädchen aus dem Lager* brachten mich zu der Erkenntnis, was für ein Privileg es ist, Menschen zuhören und ihre Geschichten weitererzählen zu dürfen – Geschichten von Leben, Tod, Freude und Traurigkeit. Ich hoffe, ich bin dem, was ich erzählt bekommen habe, gerecht geworden.

Wie Sie gerade in diesem Buch gelesen haben, bin ich mit den Geschichten meines Urgroßvaters aufgewachsen, die mir erstmals zeigten, wie wichtig es ist, anderen zuzuhören. Später arbeitete ich im sozialen Dienst eines Krankenhauses, und wieder nutzte ich da meine Gabe zum Zuhören, um Menschen durch ihre schwersten Zeiten zu helfen. Aus diesen Erfahrungen heraus lernte ich, wie ich Lale Sokolovs Geschichte über seine Zeit in Auschwitz anhören und sie zu einem Roman verarbeiten konnte. Lale erzählte mir auch von Cilka Klein, dem tapfersten Menschen, dem er je begegnet ist; ihre Geschichte wurde zur Grundlage meines zweiten Romans *Das Mädchen aus dem Lager*. Ich werde Lale immer dankbar sein, er war mir und meiner Familie ein großartiger Freund, und er brachte meine Reise als Schreibende in Gang.

Dieses Buch nun war für mich etwas ganz Neues. Während ich mit dem *Tätowierer von Auschwitz* und dem *Mädchen aus dem Lager* Romane schrieb, die allerdings weitgehend auf den wahren Geschichten beruhen, die diese unglaublichen Menschen mir erzählten, ist *Geschichten der Hoffnung* ein Sachbuch auf der Grundlage meiner eigenen Lebenserfahrung. Ich hoffe, meine Gedanken und Ratschläge zur Kunst des Zuhörens helfen Ihnen, Ihre eigene Form des Zuhörens zu finden gegenüber den Menschen, denen Sie im Leben begegnen – Ihren Liebsten, Freunden oder auch Fremden. Ich glaube ehrlich, dass es nichts Befriedigenderes gibt, als einem anderen Menschen zu helfen, sich zu öffnen und seine Erfahrungen zu überdenken. Dass ich diese Fähigkeit entwickelt habe, hat mein Leben verändert, wie ich es niemals für möglich gehalten hätte. Ich hatte das Glück, wunderbare Menschen kennenzulernen und mit ihnen zu sprechen, und das werde ich, wenn möglich, weiterhin tun. Wie gesagt arbeite ich derzeit an meinem neuen Roman über drei wunderbare Schwestern, die alle Auschwitz-Birkenau überlebten. Diese Geschichte kam über eine unglaubliche Folge von Begebenheiten zu mir, und ich bin so dankbar, dass ich diese Gelegenheit erhalten habe. Ich fühle mich unendlich geehrt, ihre Geschichte erzählen zu dürfen.

Wenn Sie sich genauer über meine derzeitige Arbeit informieren möchten, über das neue Buch oder über die Bücher *Der Tätowierer von Auschwitz, Das Mädchen aus dem Lager* und *Geschichten der Hoffnung,* besuchen Sie meine Homepage www.heathermorrisauthor.com. Und wenn Sie sich in größerem Rahmen über meine Bücher austauschen möchten, schreiben Sie doch eine Rezension über *Geschich-*

ten der Hoffnung, oder reden Sie mit Freunden, Verwandten und Leseclubs darüber! Ihre Gedanken mitzuteilen, hilft anderen Lesern, und ich höre immer gerne, was die Menschen aus meinen Büchern schöpfen.

Noch einmal vielen Dank, dass Sie *Geschichten der Hoffnung* lesen – ich hoffe, Sie greifen auch zu meinem nächsten Buch!

Mit herzlichen Grüßen,
Heather